MOTIVATIONSFORSCHUNG · BAND 13

Abwägen und Planen

MOTIVATIONSFORSCHUNG

HERAUSGEGEBEN VON JULIUS KUHL UND FRANK HALISCH
BEGRÜNDET VON HEINZ HECKHAUSEN

BAND 13

Abwägen und Planen

von
Peter M. Gollwitzer
München

Hogrefe · Verlag für Psychologie
Göttingen · Toronto · Zürich

Abwägen und Planen

Bewußtseinslagen in verschiedenen Handlungsphasen

von

Peter M. Gollwitzer

Hogrefe · Verlag für Psychologie

Göttingen · Toronto · Zürich

Peter M. Gollwitzer, geb. 1950, PD, Dr. phil., studierte Erziehungswissenschaften und Psychologie an den Universitäten Bochum und Regensburg. 1977 Erwerb des Diploms der Psychologie an der Ruhr-Universität Bochum. 1981 Promotion zum Dr. phil. an der University of Texas. 1988 erfolgte seine Habilitation an der Ludwig-Maximilians-Universität in München. Seit 1983 arbeitet Peter M. Gollwitzer als wissenschaftlicher Angestellter am Max-Planck-Institut für psychologische Forschung in München. Er erhielt 1990 den Max-Planck-Forschungspreis.
Seine Forschungsschwerpunkte: Psychologie des Zielstrebens (Informationsverarbeitung in verschiedenen Phasen des Zielstrebens; Wirkungsweise von Absichten und Vorsätzen; Effekte emotionaler Stimmungslagen auf die Handlungsinitiierung). Identitätsentwicklung (motivationale vs. implementale Krisen; Bedingungen und Prozesse symbolischer Selbstergänzung).

Druck- und Bindearbeiten: Offsetdrukkerij Kanters B. V., Alblasserdam
Printed in The Netherlands
ISBN 3-8017-0380-0

Vorwort der Herausgeber

"Das Motivationsproblem, nämlich wie die zielgerichtete Selbststeuerung des Verhaltens näher zu erklären sei, ist so alt wie die Psychologie und hat nichts von seiner Faszination und Aktualität eingebüßt." Mit diesem Satz eröffnete Heinz Heckhausen 1973 die Monographiereihe "Motivationsforschung" - bemerkenswerterweise mit einem Band, der sich ganz im Rahmen der seinerzeit gängigen Erwartungs x Wert-Theorien bewegte und in dem das damals in der Motivationspsychologie äußerst einflußreiche Risikowahl-Modell von Atkinson einer kritischen empirischen Prüfung unterzogen wurde.

Heckhausens Bestimmung des Forschungsgegenstandes der Motivationspsychologie hat auch heute nichts von ihrer Gültigkeit eingebüßt.

Allerdings hat sich in den vergangenen 20 Jahren einiges in der Landschaft psychologischer Teildisziplinen geändert. Grenzen haben sich verwischt, etwa die zwischen einer Kognitionspsychologie, die an der funktionalen Architektur des Geistes interessiert ist, und einer Motivationspsychologie, die dynamische Prozesse und zielgerichtetes Handeln erforscht. Längst hat der Zielbegriff in kognitionspsychologische Modelle Eingang gefunden, und in der Motivationspsychologie ist deutlich geworden, daß die Berücksichtigung funktionaler Merkmale der kognitiven Architektur der Analyse zielgerichteten Verhaltens förderlich ist. Konzeptuelle Festungen sind verwittert oder gar zerfallen wie die Erwartungs x Wert-Theorie in der Motivationspsychologie und der Symbolismus in der Kognitionspsychologie. Solche Auflösungserscheinungen von Theorien und Systemen bieten jedoch auch die Chance zum Neubeginn. Sie als solche zu nutzen, ist nicht immer leicht gefallen. Jedoch die in völlig neuer Form wieder erstandene Volitionspsychologie, wie sie auch in dem hier nun vorgelegten Band auf den Plan tritt, ist ein deutliches Zeichen für einen solchen Neubeginn.

Heute beginnt die Motivationspsychologie, neues Profil zu gewinnen, das durch die folgenden Merkmale gekennzeichnet ist. (1) *Molare Analyseebene* - Untersuchung komplexer Handlungsphänomene (z.B. Leistungshandeln in übergreifenden Lebenszusammenhängen) statt molekularer Einzelphänomene (z.B. Gedächtnisspanne oder Präferenzmaxima von Entscheidungen in eingeschränkten Laborsituationen). (2) *Ökologische Repräsentativität* - Beobachtung im natürlichen Handlungskontext oder Berücksichtigung ökologischer Merkmale im Labor. (3) *Funktionale Orientierung* - Berücksichtigung funktionaler Merkmale der mentalen Architektur (z.B. Funktionsmerkmale des Intentionsgedächtnisses, Funktionsmodelle der Selbstregulation). (4) *Dynamischer Fokus* - Globale und spezifische Zielsysteme (z.B. Motive) und deren (Des-)Aktivierungs-, Verschiebungs-, Substitutions- und Inhibitionsrelationen als Handlungsgegenstand der Motivationspsychologie. (5) *Integrative Perspektive* - Verbindungsfunktion zwischen sämtlichen Teilgebieten der Psychologie.

Wenn wir nun die Reihe "Motivationsforschung" nach dem Tode von

Heinz Heckhausen als neue Herausgeber fortsetzen, so wollen wir solchen Arbeiten ein Forum bieten, die diesen fünf Merkmalen (oder einigen davon) verpflichtet sind. Bei der Auswahl von Publikationen werden die traditionellen Schwerpunkte der Motivationspsychologie, wie sie Heckhausens Herausgeberschaft prägten, weiter zu ihrem Recht kommen. Aber neue Themen und Schwerpunkte werden hinzukommen; Themen, die sich unter der Herausgeberschaft unseres Vorgängers - dem Zeitgeist entsprechend - (noch) nicht stellten. Eine besondere Zielsetzung wird dabei sein, die integrative Perspektive auszubauen und Arbeiten zu fördern, die an den Schnittstellen traditioneller Teilgebiete der Psychologie angesiedelt sind. Das können (und sollen) Arbeiten mit entwicklungs-, persönlichkeits-, kognitions- und emotionspsychologischen Elementen sein, soweit sie im Sinne der oben aufgeführten Kriterien eine motivationspsychologische Fragestellung berühren. Ein besonderes Anliegen ist es uns, auch weiterhin grundlagentheoretische und/oder anwendungsbezogene Arbeiten zu präsentieren, die nicht nur wegweisende theoretische Fundierung sondern auch eine solide empirische Überprüfung vorlegen. Zwar soll die Reihe in erster Linie monographischen Arbeiten vorbehalten sein, gelegentlich wird jedoch auch Sammelwerken Raum gegeben, solange es sich dabei nicht bloß um eine mehr oder weniger unverbundene Aneinanderreihung von Einzelarbeiten, sondern um eine integrative, konzise Darstellung eines geschlossenen Forschungsprogramms handelt.

Wie wohl kaum eine andere ist die nun vorgelegte Arbeit von Peter M. Gollwitzer geeignet, Kontinuität und Neubeginn - sowohl in der Motivationsforschung allgemein als auch in dieser Monographiereihe - gleichermaßen zu markieren. Sie wurde noch von Heinz Heckhausen initiiert und unter seiner Herausgeberschaft in die Reihe aufgenommen. Sie ist aus dem volitionspsychologischen Forschungsprogramm des Münchner Max-Planck-Instituts für psychologische Forschung entstanden, mit dem Heckhausen durch die Wiederaufnahme willenspsychologischer Vorstellungen in die Theoriebildung und durch die Formulierung des "Rubikon-Modells der Handlungsphasen" der Motivationspsychologie eine Neuorientierung gab. Durch die Metapher des Rubikon-Modells wurde die erst in jüngster Zeit "wiederentdeckte" Trennung von Motivationsprozessen der

Zielwahl und Volitionsprozessen der Handlungsinitiierung und -ausführung zum Forschungsgegenstand. Gollwitzer greift dieses Modell auf und stellt es in seinen vier Handlungsphasen des Abwägens, Planens, Handelns und Bewertens ausführlich dar. Sein Grundpostulat ist, daß diesen Handlungsphasen unterschiedliche phasentypische kognitive Orientierungen (*Bewußtseinslagen*) zuzuordnen sind. Die Bewußtseinslagen des Abwägens und Planens werden einer ausführlicheren Analyse unterzogen, und im empirischen Teil wird die Annahme ihrer unterschiedlichen Wirkung - in erster Linie auf Informationsaufnahme und -verarbeitung, - in einer Serie von experimentellen Untersuchungen in eindrucksvoller Weise belegt.

Diesem Band werden weitere mit sehr unterschiedlichen Schwerpunkten folgen. Derzeit sind Bände mit folgenden Themen in Vorbereitung: Handlungskontrolle und Leistung, Entwicklung von Motivation und Handeln, Emotion und Motivation, Absicht und Vorsatz. Es scheint kein Mangel an motivationspsychologischen Themen, die es wert sind, auch über die Grenzen der Fachdisziplin hinaus publik gemacht zu werden. Dies bestärkt uns in unserem Entschluß, die Reihe wieder aufleben zu lassen - nicht zuletzt im Sinne von Heckhausens Zielsetzung, die er im Schlußsatz des Vorworts zum ersten Band formulierte: Dem schnelleren Umschlag von neuen Ideen, Ansätzen und Ergebnissen zu dienen, um die Motivationsforschung und ihre möglichen Praxisanwendungen mehr als bisher zu fördern.

November, 1991

Julius Kuhl
Frank Halisch

Vorwort des Autors

Während meines vierjährigen sozialpsychologischen Graduiertenstudiums in den USA (1977-1981) begann ich, mich mehr und mehr für Fragen des Zielstrebens zu interessieren, und dabei insbesondere für Lewins Überlegungen zum Thema der Willenshandlung. Dies führte schließlich in Zusammenarbeit mit Robert Wicklund zu einer Theorie des Zielstrebens im Bereich der Identität, der sog. Symbolischen Selbstergänzung. Weil mir meine Forschungsinteressen mehr motivations- als sozialpsychologisch erschienen, wollte ich nach meiner Rückkehr nach Deutschland im Jahre 1982 an einem motivationspsychologischen Lehrstuhl weiterarbeiten. Ich nahm deshalb dankbar das Angebot Heinz Heckhausens an, mich seiner Bochumer Forschungsgruppe "Motivation und Entwicklung" anzuschließen.

Die Enttäuschung war dann sehr groß, als mir Heinz Heckhausen nach einer Präsentation der Theorie der symbolischen Selbstergänzung im Mittwochs-Kolloquium seiner Abteilung lapidar mitteilte, daß meine Arbeiten zum Zielstreben zwar höchst interessant wären, aber mit der heutigen Motivationsforschung nichts zu tun hätten. Sie wären nicht einmal integrierbar. Ein Jahr danach, als Heinz Heckhausen am Münchner Max-Planck-Institut für psychologische Forschung eine neue Arbeitseinheit aufbaute, die sich volitionalen Fragestellungen zuwenden sollte, verstand ich seinen Kommentar. Heinz Heckhausen hatte bereits begonnen, strikt zwischen Motivation (der Wahl von Zielen) und Volition (der Verwirklichung von Zielen) zu unterscheiden, und die Selbstergänzungstheorie war für ihn eine Volitionstheorie.

Von 1983 bis 1988 habe ich dann in München die Projektgruppe "Motivation-Volition" geleitet, wo ich meinem Interesse an Themen der Zielrealisierung uneingeschränkt nachgehen konnte. Es sind die in dieser Forschungsgruppe entstandenen Gedanken und Studien, die in der vorliegenden Monographie ausführlich berichtet werden. Da es sich um eine überarbeitete Habilitationsschrift handelt, die im Februar 1988 an der Ludwig-Maximilians-Universität München eingereicht wurde, sind an vielen Stellen spätere Überlegungen und Forschungsergebnisse eingeflochten.

Die vorliegende Schrift ist wie folgt aufgebaut: Ausgangspunkt (*Teil I*) ist die Frage, ob die Phänomene, die der Ablauf zielorientierten Verhaltens impliziert, homogen oder heterogen sind. Obwohl die frühen Erforscher dieser Fragestellung (Narziß Ach, Kurt Lewin) davon ausgingen, daß Zielsetzen und Zielstreben unterschiedlichen Funktionsprinzipien unterliegen und deshalb eine Homogenitätsannahme vehement ablehnten, wurde diese Auffassung in der späteren Motivationsforschung weitgehend ignoriert (z.B. in den Untersuchungen, die durch Atkinsons Risikowahl-Modell angeregt wurden). Als ein wiederaufgenommener Versuch, die verschiedenen spezifischen Phänomene zielorientierten Verhaltens voneinander abzugrenzen, wird das Rubikonmodell der Handlungsphasen vorgestellt. Dieses Modell führt schließlich zur Differenzierung der folgenden Phänomene zielorientierten Verhaltens: das

Abwägen von Wünschen, das Planen zielrealisierenden Handelns, die Ausführung dieser Handlungen und schließlich die Bewertung des Zielstrebens (d.h. der Handlungsergebnisse und deren Folgen). Davon ausgehend, daß sich diese Phänomene subjektiv als einzelne, jeweils verschiedene Aufgaben stellen, die der Reihe nach gelöst werden müssen, wird das Konzept der Bewußtseinslage eingeführt. Es wird argumentiert, daß ein hohes Engagement bei der Bearbeitung dieser Aufgaben stark ausgeprägte charakteristische Bewußtseinslagen nach sich zieht, deren kognitive Merkmale eine effiziente Aufgabenlösung begünstigen. Diese funktionalen kognitiven Merkmale werden für jede Bewußtseinslage anhand der Analyse der Anforderungen der jeweils zugrundeliegenden Aufgabe bestimmt.

In *Teil II* wird eine Reihe von Experimenten dargestellt, in denen die für die abwägende und planende Bewußtseinslage postulierten kognitiven Merkmale empirisch überprüft werden. Dabei stellt sich heraus, daß die abwägende Bewußtseinslage die Verarbeitung von Information hinsichtlich Realisierbarkeit und Wünschbarkeit begünstigt, eine akkurate Analyse realisierbarkeitsbezogener Information und eine ausgewogene Analyse von wünschbarkeitsbezogener Information erlaubt, und daß sie mit einer großen Offenheit für verfügbare Informationen einhergeht. Die Bewußtseinslage des Planens begünstigt dagegen die bevorzugte Verarbeitung von Information, die sich auf die Ausführung zielrealisierender Handlungen bezieht. Weiterhin fördert sie eine optimistische Überschätzung der Realisierbarkeit von ins Auge gefaßten Wünschen und begünstigt eine einseitige Gewichtung derjenigen Anreize, die für eine hohe Wünschbarkeit sprechen. Im Vergleich zur Bewußtseinslage des Abwägens zeigt sich eine reduzierte Offenheit für vorliegende Informationen.

In *Teil III* werden zunächst diese Befunde bewertet und neuere Arbeiten diskutiert, die ähnliche Ergebnisse erzielt haben. Schließlich wird die Frage aufgeworfen, wie Bewußtseinslageneffekte zustande kommen. Abschließend wird exploriert, in welchen Forschungsgebieten (z.B. Selbstkonzeptforschung, Entscheidungsforschung) man mit einer Bewußtseinslagenperspektive neue Einsichten gewinnen könnte.

Ein Forschungsprogramm wie das hier vorgestellte ist letztendlich ein Produkt des Umfeldes, in dem die Forschungsarbeit stattfindet. Das Max-Planck-Institut für psychologische Forschung war in jeder Hinsicht ein ideales Umfeld. Heinz Heckhausen war ein hervorragender Lehrer. Ohne ihn wäre diese Arbeit nicht begonnen worden, und sie hätte nie die Breite und Tiefe erreicht, die sie heute erlangt hat. Letzteres habe ich aber auch meinen Kollegen zu verdanken, die mich durch ihre kompetente Kritik immer wieder angespornt haben: Jürgen Beckmann, Joachim Brunstein, Ulrich Geppert, Frank Halisch, Paul Lütkenhaus und Fritz Strack. Die wirkliche Arbeit beim Erstellen des Versuchsmaterials, dem Durchführen und Auswerten der Studien sowie dem Darstellen der Ergebnisse wurde schließlich von Hilfskräften, Praktikanten, psychologisch-technischen Assistentinnen, Doktoranden, Sekretärinnen und technischen Angestellten des Instituts geleistet: Fiorello Banci, Ute Bayer, Veronika Brandstätter, Ottmar Braun, Eva-Maria Detterbeck, Gabi Dubbert, Martina Eckert, Andrea Ennerst, Petra Felber, Roswitha Flüge, Angelika Gilbers, Thomas Grözinger, Armin Günther, Karl-Heinz Honsberg, Ronald Kinney, Angelika Lengfelder, Christine Liu-Perkins, Dorette Lochner, Markus Lutz, Juliane Malzacher, Kerstin Matthias, Michael Niepel, Karin Ortner, Regine Piekara, Heike Ratajczak, Erika Regnet, Marion Reilmann, Andreas Schmidt, Werner Schneider, Max Schreder, Erich Schröger, Monika Schütt, Birgit Steller, Isabell Überall, Hedi Wolf. Ihnen allen möchte ich meine Anerkennung aussprechen und danken für die schönen Zeiten, die diese Zusammenarbeit mit sich gebracht hat.

Heinz Heckhausen widme ich dieses Buch.

München, 12. November 1991

Inhalt

Teil I: Theoretische Ausgangspunkte

Teil II: Empirische Analysen

I THEORETISCHE AUSGANGSPUNKTE

1 Motivation vs. Volition: Eine notwendige Differenzierung

Motivation vs. Kognition: Eine unfruchtbare Gegenüberstellung

Der Ruf nach interdisziplinärer Forschung erschallt in der heutigen Psychologie in all ihren Teildisziplinen. So wünschen sich Kognitionspsychologen die Zusammenarbeit mit der Informatik, klinische Psychologen mit der medizinischen Forschung und Sozialpsychologen mit der Betriebs- oder gar der Volkswirtschaft. Für diese neuen "Super"-Wissenschaften werden auch bereits passende Etiketten gehandelt, wie Kognitionswissenschaft (*Psychologische Rundschau*, 1988, *1*), Gesundheitspsychologie (Taylor, 1986) bzw. Wirtschaftspsychologie (Frey & Gülker, 1988). Dabei wird großzügig darüber hinweggegangen, daß der bescheidenere Anspruch, nämlich die Zusammenarbeit zwischen den einzelnen Teildisziplinen der Psychologie, noch weitgehend im argen liegt, wie sich am Beispiel der Motivations- und Kognitionspsychologie leicht demonstrieren läßt. Häufig wird die Forschung der anderen Seite als überflüssig betrachtet und nicht zur Kenntnis genommen. So z.B. in der sog. *social cognition* Forschung (Strack, 1988), die sich der Theorie der Informationsverarbeitung verschrieben hat. Beobachtet man, daß Versuchspersonen (Vpn) bestimmte Informationen nicht so effektiv verarbeiten, wie sie es nach der Theorie eigentlich können müßten, wird *nicht* nach motivationalen Beweggründen gesucht, sondern nach Auslösebedingungen für inadäquate Informationsverarbeitung (z.B. das Übergeneralisieren einer Heuristik). Man begreift den Menschen lieber als *faulty computer*, als sich die Frage zu stellen, ob bisweilen einfach die Motivation fehlt, Informationen so effektiv zu verarbeiten, wie dies möglich ist.

Kognitions- und Motivationsforscher gehen häufig jedoch in die Offensive, indem sie versuchen, die zentrale Fragestellung oder die Grundannahmen der jeweiligen Nachbarpsychologie als falsch zu demaskieren. So zielten die Motivationspsychologen der "New Look"-Forschung in den 50er Jahren (Bruner & Goodman, 1947) darauf ab, die Wahrnehmung des Menschen als ein Resultat seiner Bedürfnisse (*needs*) zu entlarven. In der Kognitiven Psychologie zählt zu den offensiv-aggressiven Auseinandersetzungen mit der anderen Seite bspw. der Versuch, das asymmetrische Attributionsmuster (Mißerfolge werden bevorzugt externalen Ursachen zugeschrieben, Erfolge dagegen internalen Ursachen; Bradley, 1978; Gollwitzer, Earle & Stephan, 1982; Stephan & Gollwitzer, 1981) auf unterschiedliche Informationsbedingungen zurückzuführen (Miller & M. Ross, 1975; Nisbett & L. Ross, 1980). Weiterhin zählen dazu Versuche, bestehende Motivationssysteme als hedonistisch zu verdammen und ihnen alternative kognitive Theoriegebäude entgegenzusetzen, in denen der Mensch nicht mehr nach der Maximierung von Affekten, sondern von Informationsverarbeitung strebt (Trope, 1975; Weiner, 1972).

Derartigen Versuchen, die andere Seite widerlegen zu wollen, liegt eine unselige, konfrontierende Definition von Kognition und Motivation zugrunde. Demnach sind Kognitionen affektlos und Affekte informationslos: Der Mensch wird als ein affektlos bzw. informationsfrei funktionierender Organismus verstanden. Erfreulicherweise sind diese radikalen Positionen auf dem Rückzug. Man hält nicht mehr viel von der sog. *New Look* Forschung, und es gibt bereits Bemühungen (Sorrentino & Higgins, 1986; Higgins & Sorrentino, 1990), die sich auf sich selbst beschränkenden kognitionspsychologischen Ansätze zu überwinden.

Die vorliegende Arbeit stellt ebenfalls einen Versuch dar, die Gegenüberstellung von Motivation einerseits und Kognition andererseits aufzulösen. Der Ausgangspunkt ist eine erweiterte Motivationspsychologie, die die lange vergessene deutsche Willenspsychologie (siehe zusammenfassend Ach, 1935) miteinbezieht. Im Mittelpunkt dieser *neuen* Motivationspsychologie steht der *Handlungsablauf*, beginnend mit den Wünschen einer Person bis hin zu den erzielten Handlungsergebnissen, einschließlich ihrer Bewertung; dazwischen liegen die Wahl eines Handlungsziels, die Initiierung relevanter Handlungen sowie ihre effiziente Ausführung. Diese umfassende Perspektive wirft natürlich nicht nur die zentralen motivationspsychologischen Fragestellungen auf, wie die Wahl von Handlungszielen und wie die Bewertung des erzielten Handlungsergebnisses ausfällt, sondern schließt darüber hinaus auch die kognitionspsychologischen Fragen ein, auf welche Art und Weise die Wahl eines Handlungszieles, die zugehörige Handlungsausführung und die Bewertung des Handlungsergebnisses ablaufen. Diese Vorgehensweise macht das notwendige Ineinandergreifen der motivationalen und kognitiven Fragestellung deutlich. Die nach motivationspsychologischen Gesichtspunkten segmentierten verschiedenen Abschnitte des Handlungsverlaufes müssen hinsichtlich der kognitiven Prozesse erforscht werden, die den erfolgreichen Abschluß des jeweiligen Handlungssegments begünstigen.

Die deutsche Willenspsychologie

Die experimentellen Psychologen der wissenschaftlichen Psychologie in ihren Anfängen interessierten sich wenig für die Analyse zielorientierten Handelns. In Wundts Leipziger Labor stand die Erforschung der Sinneswahrnehmung im Vordergrund (Wundt, 1887). Erst bei Külpe - zunächst in seiner Habilitationsschrift (1889) und daraufhin in seinem Lehrbuch (1893), das Wundts "Grundzüge" ablösen sollte - gewinnt der Begriff des Willens an Bedeutung. In seinem Lehrbuch vertritt Külpe die Ansicht, es gebe im Prinzip

> "...keinen Gegenstand psychologischer Forschung, der nicht der experimentellen Forschung zugänglich wäre" (1893, S. 12).

Damit stellte sich Külpe gegen die Überzeugung Wundts, daß nur die experimentelle Analyse der einfacheren und nicht der höheren psychologischen Vorgänge möglich sei und erklärte somit die Willensprozesse zu einem möglichen Gegenstand der experimentellen Psychologie.

Achs Analyse des Willens

Überlegungen zu einer systematischen experimentellen Analyse des Willens wurden dann auch bald von Ach angestellt. Ach (1905, 1910) läßt das Wollen einer Person in den Realisierungstendenzen aufgehen, die ausgehend von einem Vorsatz, in einer bestimmten Weise zu handeln (nach Ach *Zielvorstellung*), auf die Verwirklichung dieses Vorsatzes drängen. Diese Realisierungstendenzen stellen nach Ach eine *Determinierung* oder *Determination* dar, die ebenso von Kommandos, Aufgaben, Instruktionen oder der Hypnose ausgehen kann. Wie bei der Hypnose drängt sich die Zielvorstellung auf, wenn die zu ihrer Verwirklichung passenden Gelegenheiten (nach Ach: *Bezugsvorstellungen*) gegeben sind.

Die Stärke der Determination versuchte Ach mit Hilfe einer einfachen Anordnung zu messen. Zunächst wurden in einem ersten Versuchsdurchgang assoziative Reproduktionstendenzen zwischen sinnlosen Silben induziert, indem diese häufig miteinander präsentiert wurden. Im zweiten Versuchsdurchgang wurden Silben dargeboten, auf die bspw. ein Reim gebildet werden mußte. Wurde nun im zweiten Teil eine Silbe präsentiert, die im ersten Versuchsdurchgang mit einer Silbe assoziativ verknüpft worden war, die keinen Reim bildete, erlebte die Vp einen Konflikt. Die assoziative Reproduktionstendenz und die determinierende Tendenz (als Ergebnis der Übernahme der vom Versuchsleiter aufgetragenen Aufgabe, auf die vorgegebenen Silben zu reimen), favorisieren verschiedene Silben. Um die Stärke der Determination zu messen, hielt Ach fest, wie gut es der Vp gelang, auch gegen starke assoziative Tendenzen (basierend auf 50, 100 oder noch mehr gemeinsamen Präsentationen im ersten Versuchsabschnitt) ihren Willen durchzusetzen. Es wird also beobachtet, ob die Vp auf die vorgegebene Silbe (Stimulus) einen Reim findet (Reaktion) und wie lange sie dazu braucht (Reaktionszeit). Eine starke determinative Tendenz sollte sich folglich auch noch gegen eine starke assoziative Reproduktionstendenz erfolgreich durchsetzen. Ach sprach vom *assoziativen Äquivalent* der Determination und vom *Wirkungsgrad des Wollens*.

Dieses Verfahren, das Ach als das *kombinierte* bezeichnet hat, weil es das klassische Assoziationsexperiment (1. Versuchsabschnitt) mit dem Reaktionszeitexperiment (2. Versuchsabschnitt) zu einem einzigen Versuchsparadigma verknüpft, wurde allerdings vor allem durch die introspektive Erweiterung der abhängigen Maße bekannt. Nach dem Versuch, einen Reim zu produzieren, wurde die Vp ausführlich befragt, was sie dabei erlebt habe. Das hierzu notwendige introspektive Verfahren, nämlich das Geschehen in Abschnitte zu gliedern (z.B. Erscheinen des Stimuluswortes, Suche nach dem Reaktionswort, Erleben des Reaktionswortes) und die Vp zu diesen Erlebenssegmenten zu befragen, entwickelte Watt (1905). Ach nannte es die systematisch-experimentelle Selbstbeobachtung und benützte es zur Bestimmung der phänomenologischen Seite des Willensaktes.

Folgende Erlebnis-Charakteristika machen nach Ach den energischen Willensakt aus: Die wollende Person erlebt intensive, körperliche Spannungsempfindungen (*anschauliches* Moment) und hat anschauliche Vorstellungen von der zu realisierenden Handlung (*Zielvorstellung*) und den Stimulusgegebenheiten, an denen diese Handlung vollzogen werden soll (*Bezugsvorstellung*). Letzteres nannte Ach das *gegenständliche* Moment des Willensaktes. Schließlich und am wichtigsten erlebt die *wollende* Person eine aktuelle Betätigung, die von der unanschaulichen Bewußtheit *ich will* begleitet ist (*aktuelles* Moment) und die Person auf ein kommendes Verhalten des Ich eindeutig festlegt. Der ganze Vorgang des Wollens ist darüber hinaus durch ein anschauliches Erleben gekennzeichnet, sich in einem bestimmten Zustand zu befinden, nämlich dem der Anstrengung (*zuständliches* Moment).

Ach erkennt den Willensakt im energischen Entschluß seiner Vpn, trotz hoher assoziativer Reproduktionstendenz, die eine andere (widersprechende) Reaktion nahelegt, zu reimen. Diesen Entschluß sieht er in einen Vorsatz verwandelt, wenn die Vp ihn nicht sofort vollziehen kann, sondern auf das Erscheinen der passenden Silbe (Gelegenheit) warten muß. Hier beobachtet Ach auch eine stärkere Veranschaulichung der intendierten Handlung und ihrer Kontextbedingungen. Von Absichten spricht Ach, wenn der gegenständliche Inhalt (Zielhandlung und Gelegenheit) nicht als die einzige Realisierungsmöglichkeit des gefaßten Entschlusses erlebt wird, und andere Möglichkeiten der Realisierung nicht

> "...im Erlebnis ausgeschlossen sind" (1910, S. 242).

Ach bringt deshalb die Absicht mit dem abgeflachten oder uneigentlichen Wollen (sekundäre Willensakte) in Beziehung.

Der *energische* Entschluß seiner Versuchspersonen bildete den Gegenstand der Achschen Analyse. Dieses energische Willenserlebnis, das Ach als den primären Willensakt bezeichnet, wird auf seine Konsequenzen bzgl. der Ausführung des vorgenommenen Handelns analysiert (*Wirkungsgrad des Wollens*) und in seine Erlebniskomponenten (die *Momente* des Willensaktes) zerlegt. Die Entstehung des Entschlusses interessierte Ach damals noch nicht (später, s. Ach 1935, rückt diese Frage ins Zentrum seiner Forschungsinteressen). Kurz und klar formuliert Ach:

> "Auf die Art der Motivation, d.h. wie ein derartiger Entschluß entstanden ist, kommt es hier nicht an" (1910, S. 238).

Natürlich forderte Achs Analyse des Willens zur Kritik heraus. Wundt (1907) brachte vorwiegend methodologische Argumente vor und bezeichnete Achs introspektives Selbstbeobachtungsverfahren abwertend als Ausfrageexperiment. Eine treffendere, konzeptuelle Kritik brachte Selz (1910) vor. Ihm erschien es unangemessen, den von Ach analysierten Konflikt zwischen determinierender Tendenz und assoziativer Reproduktionstendenz als das einzige Willensphänomen anzusehen, das zu untersuchen sinnvoll sei. Er argumentierte wie folgt:

> "Sehr zweifelhaft ... ist es, ob der Untersuchungsgegenstand Achs wirklich, wie er glaubt, der Willensakt gewesen ist. In dem Zeitpunkt nämlich, in welchem Ach die Willenserlebnisse untersucht hat, ist der Entschluß zur Übernahme der vom Versuchsleiter zu stellenden Aufgabe längst erfolgt. Ja auch die Übernahme der speziellen Aufgabe, z.B. auf die demnächst erscheinende Silbe einen Reim zu bilden, liegt schon vor der Vorperiode, in welcher die beobachteten Vorgänge stattfinden. Was Ach untersucht hat, scheint demnach nicht der Entschluß, sondern die auf die Verwirklichung des bereits gefaßten Entschlusses gerichtete Willensanspannung zu sein, ..." (1910, S. 250).

Selz interpretiert den von Ach untersuchten primären Willensakt folglich nur als eine energische Wiederholung der bei der Übernahme der Instruktion erfolgten Determinierung. Diese energische Wiederholung wäre immer dann vonnöten, wenn den Vpn beim Bearbeiten der ihnen aufgetragenen Aufgaben Fehler unterlaufen. Erleben oder antizipieren die Vpn keine Schwierigkeiten, verlassen sie sich seiner Meinung nach auf die ursprüngliche Determinierung durch die Instruktion - von Selz auch *Prädeterminierung* genannt.

Selz geht also davon aus, daß Wollen durchaus *verschachtelt* sein kann. Ein zweites Wollen kann der Verwirklichung des ersten dienen, indem es das Schaffen oder Aufsuchen der Realisierungsbedingungen eines bereits gewollten Ziels vorantreibt. Die Verwirklichung eines Wollens wird also nicht notwendigerweise als unmittelbare Herstellung des Ziels verstanden, sondern als Schaffen der dafür notwendigen Bedingungen und Voraussetzungen. Selz bezieht somit die Wahlentscheidung zwischen Handlungszielen als *erstes Wollen* in den Begriff der Willensakte mit ein.

Obwohl von Ach (1910) scharf kritisiert, vertraten andere Zeitgenossen ebenfalls diese Auffassung. Auch Michotte und Prüm (1910) sahen in der Wahlentscheidung einen unzweifelhaften Willensakt. Zu dessen introspektiver Analyse entwickelten sie folgendes Paradigma: Den Vpn wurden jeweils zwei Zahlen dargeboten, die verschiedene Rechenoperationen ermöglichten. Wurden zwei vierstellige Zahlen als Stimuli dargeboten, mußten die Vpn entscheiden, ob sie nun addieren oder subtrahieren wollten. Wurde eine vierstellige und eine niedrige, meist einstellige Zahl präsentiert, mußte zwischen Multiplikation und Division gewählt werden. Die gewählte Rechenoperation kam nicht zur Ausführung; vielmehr wurden die Vpn befragt, was sie zwischen dem Erscheinen der Stimuli und der nach wenigen Sekunden erfolgten Reaktion (Wahl) erlebt hätten.

Die Selbstbeobachtung der Vpn brachte eine Phasenabfolge zutage, beginnend mit der Bewertung der Alternativen, einem Bewußtsein des Zweifelns oder Zögerns als Zwischenphase und einer Endphase, die vom Bewußtsein des Handelns gekennzeichnet war. Letzteres sahen Michotte und Prüm als Bestätigung ihrer Annahme, daß es sich bei Wahlentscheidungen um Willensakte handelt, obwohl die von Ach postulierten weiteren Charakteristika eines Willensaktes fehlten. Michotte und Prüm erklärten das Fehlen dieser Aspekte oder Momente, indem sie darauf verwiesen, daß es sich bei der von ihnen untersuchten Wahlentscheidung im Gegensatz zum Achschen Entschluß, der assoziativen Reproduktionstendenz entgegenzutreten, nicht um die erfolgreiche Realisierung einer für die Zukunft vorgenommenen Handlung geht. Die Wahlentscheidung (ob man nun addieren oder subtrahieren will) ist ein aktuelles Tun, das durch den Vollzug seinen Abschluß findet.

Kurt Lewins Theorie der Vornahmehandlung

Die Auffassung Selzs, daß das Wollen durchaus verschachtelt sein könne, wurde einige Jahre später von Kurt Lewin in seinem Aufsatz "Vorsatz, Wille und Bedürfnis" (1926) aufgegriffen und ausgearbeitet. Seiner Meinung nach sind Vornahmen (zu einem zukünftigen Zeitpunkt oder bei einer günstigen Gelegenheit eine bestimmte Handlung ausführen zu wollen) als Vorbereitungshandlungen zu verstehen, die im Dienste überdauernder und übergeordneter zentraler *Wollungen* von der Art etwa des Berufswillens oder anderer echter Bedürfnisse stehen. Daraus ergibt sich, daß Vornahmen dann gebildet werden sollten, wenn Schwierigkeiten bei der Realisierung dieser übergeordneten Ziele antizipiert werden, und daß Vornahmen eigentlich nur dann Sinn machen, wenn man sie im Kontext dieser übergeordneten Zielsetzungen sieht.

So ging Lewin der Frage nach, wie Vornahmen helfen könnten, den übergeordneten Zielen näherzukommen. Ach hatte die Frage nach der Wirkungsweise von Vornahmen mit dem Konzept der Determination beantwortet. Je energischer eine Vornahme (oder auch Entschluß, wie Ach zu sagen pflegte), desto stärker die Determination. Die Stärke der Determination nimmt jedoch auch zu, je mehr eine Vornahme Ziel- und Bezugsvorstellung spezifiziert (1910, S. 255, *Gesetz der speziellen Determination*). Die Verwirklichung der Vornahme geschieht schließlich umso rascher und sicherer, je stärker die von ihr ausgehende Determination ist. Da für Lewin die Vornahme im Dienste höherer Wollungen steht, gibt er zu bedenken, daß der Wirkungsgrad der Vornahme von der Stärke des übergeordneten Wollens abhängig ist und nicht nur von Qualitäten der Vornahme selbst, wie es Ach postuliert.

Aber Lewin geht noch einen Schritt weiter: Bei der Analyse der Wirkungsweise von Vornahmen bedient er sich der Begriffe und Überlegungen seiner allgemeinen Motivationstheorie *gespannter Systeme*, die für die Analyse der Wirkungsweise von Bedürfnissen und zentraler Wollungen sehr hilfreich war und eine Reihe interessanter experimenteller

Arbeiten angeregt hat (Birenbaum, 1930; Lissner, 1933; Mahler, 1933; Ovsiankina, 1928; Zeigarnik, 1927). Ja er versieht Vornahmen sogar mit dem Etikett *Quasibedürfnisse*, um die Ähnlichkeit der Wirkung eines echten Bedürfnisses und der Nachwirkung einer Vornahme zu unterstreichen. Bedürfnisse und Quasibedürfnisse führen zu sog. gespannten Systemen, die ein Handlungsfeld ausgrenzen, in dem bestimmte Objekte und Ereignisse Aufforderungscharakter erwerben. Eine Entspannung tritt erst ein bei Bedürfnisbefriedigung oder - im Falle von Quasibedürfnissen - bei Erledigung der Vornahmehandlung.

Wenige Jahre nach Lewins Ausführungen begann die Krise der deutschen Willenspsychologie. Man mag daher versucht sein, Lewin anzulasten, daß sein kritischer Beitrag das schwindende Interesse an der Willensthematik in der wissenschaftlichen Psychologie ausgelöst oder gar verursacht hat (siehe bspw. Kuhl, 1983, S. 327). Aber für dieses Phänomen liegen wesentlich stichhaltigere Gründe vor. In der in den 20er Jahren erstarkten amerikanischen Psychologie wurde der Begriff des *Willens* unter die mentalen Begriffe eingereiht und fiel so der dominanten Wissenschaftsphilosophie, dem Behaviorismus, zum Opfer (Watson, 1930). Auch die introspektiven Beobachtungsverfahren der deutschen Willenspsychologie waren behavioristisch arbeitenden Forschern natürlich ein Greuel, da diese nur beobachtbares Verhalten als valide Datenbasis zur Entwicklung und Prüfung von psychologischen Theorien anerkannten. Kein Wunder also, daß die Willenspsychologie nicht vom amerikanischen Forschungsboom in der Psychologie profitierte.

Die Bedeutung des Lewinschen Werkes für den weiteren Verlauf der Willensforschung scheint mir auch deshalb überschätzt, weil gerade dieses Werk erst 1951 (Rapaport, 1951) das erste Mal in englischer Sprache erschien. Aber selbst wenn der Aufsatz "Vorsatz, Wille und Bedürfnis" in der amerikanischen Psychologie bekannt gewesen sein sollte, bleibt immer noch die Frage zu beantworten, warum gerade dieser Beitrag eine Abkehr von der Willenspsychologie bewirkt haben soll. Kuhl (1983) vermutet, daß Lewins Homogenisierung von echten Bedürfnissen und Quasibedürfnissen dafür verantwortlich ist. Wenn, wie Lewin behauptet, echte Bedürfnisse und übergeordnete Ziele in gleicher Weise wirksam werden wie Vornahmen, dann bedürfe es auch keiner eigenen Willenspsychologie. Eine Motivationspsychologie reiche völlig aus und stelle darüber hinaus eine sparsamere Art der Theoriebildung dar. Angesichts der Tatsache, daß die an zielorientiertem Handeln interessierte Forschung seit 1940 fast ausschließlich Motivationspsychologie betrieben hat, dränge sich die Vermutung auf, Lewin habe die Weichen in diese Richtung gestellt.

Andererseits kann man dahingehend argumentieren, daß die Erforschung der Wirkungsweise von Vornahmen gerade durch die Lewinsche Position hätte belebt werden müssen. Denn Lewin warf eine Reihe von neuen Forschungsfragen auf, die bis heute noch nicht entschieden sind. So blieb z.B. die Frage unbeantwortet, ob der Wirkungsgrad der Vornahmen durch die Stärke der übergeordneten Ziele und Bedürfnisse beeinflußt wird oder ob eine Vornahme auch dann ihre Wirksamkeit entfaltet (oder zumindest Aspekte davon), wenn das übergeordnete Ziel erledigt bzw. das Bedürfnis befriedigt ist. Weiterhin ist unklar, ob eine Vornahme, wie ein Bedürfnis oder übergeordnetes Ziel auch, gleich mehrere Objekte oder Ereignisse mit einem Aufforderungscharakter versieht oder nur die in der Vornahme spezifizierten. In engem Zusammenhang damit steht die Frage, ob es für eine Vornahme Ersatzhandlungen gibt. Nach Lewin müßte dies der Fall sein, denn für ihn ist eine Vornahme ein Quasi-Bedürfnis, das, wie ein echtes Bedürfnis, einer ganzen Reihe von Objekten und Ereignissen Valenz und damit Aufforderungscharakter verleiht.

Lewin verweist auf die Wiederaufnahmestudien Ovsiankinas (1928), in denen die Wiederaufnahme einer Handlung nach einer erzwungenen Pause untersucht wird, und die Ersatzhandlungsstudien Mahlers (1933) und Lissners (1933), die die Wiederaufnahme einer unterbrochenen Handlung nach Vollzug einer Ersatzhandlung analysieren. Diese Wiederaufnahmestudien zeigen, daß eine intendierte Handlung auch dann (weiter-)verfolgt wird, wenn die vorgenommene Gelegenheit nicht mehr gegeben ist. Die Ersatzhandlungsstudien machen obendrein deutlich, daß Ersatzhandlungen an die Stelle der ursprünglich intendierten Handlung treten können, obwohl diese sich anderer Gelegenheiten und Mittel bedienen als die ursprünglich vorgenommenen. Die Ausführung der intendierten Handlung ist also nicht an den Eintritt der vorgenommenen

Gelegenheit und Mittel gebunden (Achs Bezugsvorstellung), sondern kann entsprechend einem echten Bedürfnis oder übergeordneter Wollung durch alternative Gelegenheiten ausgelöst und mit unterschiedlichen Mitteln realisiert werden.

Sprechen die Ergebnisse dieser Studien folglich für die Annahme Lewins, daß Vornahmen wie Bedürfnisse und übergeordnete Wollungen funktionieren? Dazu gibt es Einwände sowohl von Seiten Henles (1944) als auch von Wicklund und Gollwitzer (1982; Gollwitzer & Liu, im Druck). Diese Autoren argumentieren, daß Lewins Schüler nicht Vornahmen untersuchten, sondern übergeordnete Ziele (Wollungen), wie z.B. die Identitätsziele, eine kreative oder intelligente Person zu sein. Eine genauere Analyse der Arbeiten Lissners (siehe Wicklund & Gollwitzer, 1982, Kap. 2) zeigt, daß immer dann, wenn die Versuchsanordnung keine derartigen übergeordneten Ziele aktivierte, die Wirksamkeit der Ersatzhandlung gegen Null ging; also trotz Ersatzhandlung die unterbrochene ursprüngliche Handlung stets wieder aufgenommen wurde.

Lewins großes Verdienst liegt im Versuch, das von Ach und anderen Willenspsychologen als Motivation und "Kampf der Motive" bezeichnete Geschehen nicht zu ignorieren (wie dies in der Willenspsychologie üblich war), sondern in die Analyse der Wirkungsweise von Vornahmen einzubeziehen. Kurt Lewin postulierte nicht nur - wie Otto Selz -, daß das Wollen als verschachteltes Phänomen zu verstehen ist. Er schickte sich auch an, einen Beitrag zu diesem Verständnis zu leisten. Leider beschritten weder die theoretische Analyse noch empirische Studien den naheliegenden Weg, die Wirkung der übergeordneten Wollungen auf das Auftreten und die Wirkungsweise der untergeordneten Vornahmen zu bestimmen. Sowohl Lewin in seinen theoretischen Analysen als auch seine Schüler in ihren empirischen Studien ließen sich von der Generalhypothese blenden, Bedürfnisse und Vornahmen bestimmten auf ähnliche oder gar identische Weise unser Handeln. Nur sehr sporadisch äußert Lewin in seinem Werk "Vorsatz, Wille und Bedürfnis" Hypothesen bzgl. der Wirkungsweise von Vornahmen, die dieser leitenden Hypothese widersprechen und den Vornahmen ein gewisses Eigenleben und eine selbständige Wirksamkeit zugestehen.

Die deutsche Willenspsychologie nach Lewins "Vorsatz, Wille und Bedürfnis"

Im Jahre 1935 veröffentlichte Narziß Ach im Handbuch der biologischen Arbeitsmethoden die "Analyse des Willens" . Es handelt sich dabei um eine systematische Rückschau mit einem Schlußkapitel "Über die Motivation", in dem er z.B. Hoppes Studien zum Anspruchsniveau bespricht, aber sich insbesondere der Darstellung seiner eigenen Analysen der Wahlentscheidung widmet. Die in den fünf vorangestellten Kapiteln geleistete abschließende Betrachtung der Willensforschung enthält auch eine Besprechung der Wiederaufnahme- und Ersatzhandlungsexperimente der Schüler Lewins. Sieht man einmal von der Achschen Polemik ab, wonach diese Studien keine *exakten* Experimente sind (weil keine sinnlosen Silben produziert und reproduziert werden mußten, sondern so komplexe Handlungen verlangt wurden, wie z.B. das Bauen von Häusern aus Holzklötzen, das Lösen von geometrischen Problemen oder das Modellieren von Figuren aus Knetmasse), machen die Ergebnisse der von ihm zitierten Arbeiten der Achschen Schüler (Sigmar, 1926; Sandvoß, 1933) schnell deutlich, daß die Analyse der Wirksamkeit von Vornahmen wohl kaum ohne die, von Selz und Lewin postulierte und von Ach abgelehnte, Berücksichtigung übergeordneter Bedürfnisse und Ziele auskommen kann.

Aber Ach beschränkt sich nicht nur auf die Darstellung und Kritik des bisherigen Standes der Willensforschung. Er stellt auch eine konzeptuelle Neuentwicklung vor, nämlich die sog. *voluntionale Objektion* und greift damit ein Thema auf, das er bereits 1910 mit Begriffen wie *abgekürztes*, *schwaches* oder *geübtes Wollen* (sog. sekundäres Wollen) umschrieb, nämlich die Verschiebung der Auslösung des Wollens *von innen nach außen.* Ach schreibt:

"Es soll ... von voluntionaler Objektion ... gesprochen werden, wenn Willenserlebnisse bzw. Qualitäten, welche Willenserlebnissen entsprechen, auf das Objekt, an dem sich unser Wollen betätigt, verlegt werden. Unser Wollen erhält bei wiederholter Ausübung gleichartiger Handlungen eine Vereinfachung insofern, als eine Übertragung dessen, was gewollt wird, in einer entsprechenden Form auf die *konkrete Bezugsvorstellung* stattfindet, also auf das Objekt oder den Anlaß, bei dessen Erleben die Handlung zur Ausführung kommt. Hieraus ergibt sich die Folgewirkung, daß dann, also nach erfolgter Objektion, von dieser konkreten Bezugsvorstellung, von dieser Gelegenheit, unmittelbar der Anreiz zur Ausführung der Handlung ausgeht". (Ach, 1935, S. 320 - 321)

Nach abgeschlossener voluntionaler Objektion hat das Objekt, auf das sich ursprünglich das Wollen bezog, *finale Qualität* erworben. Ach erklärt dies wie folgt:

"Mit dieser finalen Qualität hat zugleich die Automatisierung von Tätigkeiten ihren letzten Abschluß erreicht. Jetzt kann ein derartiges mit finaler Qualität ausgestattetes Objekt unmittelbar und ohne Beziehung zur Ich-Seite des Bewußtseins, also auch ohne das Erlebnis einer Tätigkeitsbereitschaft oder eines Aufforderungscharakters zu einer der finalen Qualität entsprechenden Handlung führen, also völlig gewohnheitsmäßig und ohne Beteiligung der Aufmerksamkeit. Sie trägt in sich neben der qualitativen auch eine dynamische Eigenschaft, deren Wirkung nur durch einen entsprechenden Anlaß ausgelöst zu werden braucht." (Ach, 1935, S. 324)

Nach 1945 wurde die Achsche Willenspsychologie von seinen Schülern Düker (1966) und Mierke (1955) vertreten. Mierke war an leistungssteigernden Effekten der Willensanstrengung interessiert, während Düker die reaktive Anspannungssteigerung angesichts von Schwierigkeiten untersuchte. Diesen Forschern gelang es leider nicht mehr, die deutsche Willenspsychologie einem größeren Interessentenkreis nahezubringen. Aber auch Lewins Schüler taten wenig, um die Willenspsychologie populär zu machen. Sie begannen, ein neues Paradigma zu entwickeln, um die Wahl von Handlungszielen zu erforschen, und zwar im leistungsthematischen Bereich als Setzung des Anspruchsniveaus (Hoppe, 1930; Festinger, 1942). Anstatt die Willenspsychologie voranzutreiben, schlugen sie ein neues Kapitel in der Erforschung zielgerichteten Handelns auf. Insbesondere in der Leistungsmotivationsforschung hat dies in den letzten

40 Jahren zur Entwicklung immer ausgefeilterer Modelle zur Beantwortung der Frage geführt, welche Handlungsziele man in einer vorgegebenen Situation wählt.

Die moderne Motivationspsychologie

Der Begriff der Motivation hatte bei Ach noch eine Doppelbedeutung und bezog sich sowohl auf Phänomene des Wollens als auch des Wählens. So benannte Ach die von ihm postulierte Anstrengungsregulation als das "Schwierigkeitsgesetz der Motivation". Dieses Gesetz besagt:

> "Die Schwierigkeit einer Tätigkeit ist das Motiv für eine stärkere Willensanspannung bzw. Aufmerksamkeitskonzentration in dem Sinne, daß mit der Schwierigkeitssteigerung die Willensanspannung triebartig zunimmt ... bei der Auswirkung dieses Gesetzes handelt es sich also um eine *unmittelbare Anpassung* des Verhaltens an die gegebene Situation zum Zwecke der Erreichung des gesetzten Zieles oder der übernommenen Aufgabe. Die vorhandene Schwierigkeit, die dem Menschen bewußt wird, bewirkt dabei unmittelbar, d.h. ohne daß sich irgendwelche seelischen Prozesse, Überlegungen oder dergleichen einschieben müßten, eine Erhöhung der Willensanspannung, um trotz der Schwierigkeit, das Ziel zu erreichen ... Die Willensanspannung ist infolgedessen determiniert. Sie ist bedingt durch die von der Übernahme der betreffenden Aufgabe ausgehenden *Nachwirkung*." (Ach, 1935, S. 346)

Ganz offensichtlich geht es hier um die Regulation der Willensanstrengung, und Ach hätte dieses Gesetz wohl besser das Schwierigkeitsgesetz des Wollens und nicht der Motivation genannt, denn unter Motivationsproblemen pflegte man gemeinhin Probleme der Wahl von Handlungsalternativen zu verstehen, nicht aber deren Realisierung. Interessanterweise ist sich Ach dieser Konzeptualisierung bewußt, denn im letzten Kapitel seiner "Analyse des Willens" (1935), das den Titel "Über Motivation" trägt, werden primär Arbeiten über die Wahl von Tätigkeiten abgehandelt.

Ach berichtet dort auch über sein eigenes Paradigma für die Analyse der (motivationalen!) Fragestellung, weshalb eine Person das eine oder andere Handlungsziel wählt, die sog. *Vorhersagemethode*. Dabei wurden den Vpn sinnlose Silben präsentiert, und die Vpn mußten sich entscheiden, welche Veränderungen sie daran vornehmen wollten. In einem Vorversuch hatten sie eine Reihe von Abänderungsmöglichkeiten kennengelernt, die sich in ihrem Schwierigkeitsgrad unterschieden (z.B. Abänderung des Anfangskonsonanten in einen beliebigen anderen Konsonanten vs. Abänderung aller drei Konsonanten in die im Alphabet nachfolgenden Konsonanten). Nach einigen Versuchstagen ließ sich die jeweilige Wahl für die einzelnen Vpn recht gut vorhersagen. Obendrein ergaben die introspektiven Beobachtungen der Vpn, daß das entscheidende Motiv für die Wahl die relative Schwierigkeit der betreffenden Abänderung ist. Sog. introvertierte Vpn entschieden sich für die vergleichsweise schwierigeren Aufgaben, während die sog. extravertierten Vpn die leichteren bevorzugten. In diesem Zusammenhang bemerkt Ach, daß derartige Wahlentscheidungen auch stark vom angeregten Geltungsbedürfnis der Vpn sowie von der einen oder anderen Charaktereigenschaft (z.B. Wankelmut) abhängen. Festzuhalten gilt also, daß Ach sich gegen Ende seiner Forschungstätigkeit intensiv mit der Analyse des motivationalen Problems der Wahl eines Handlungziels beschäftigte.

Ach konnte bei dieser Analyse auf die Arbeiten des Lewin-Schülers Hoppe (1930) zurückgreifen, der seine Vpn nach erzieltem Leistungsergebnis hinsichtlich zukünftiger Leistungsansprüche befragte. Die Wahl des Anspruchsniveaus, die Hoppe - gemäß der Lewinschen Tradition - an Aufgaben wie Scheibenschießen, Lösen eines Denkproblems oder Kneten einer Figur analysierte, war von einem Persönlichkeitsmerkmal abhängig, das Hoppe *Selbstbewußtsein* (oder *Ich-Niveau*) nannte. Des weiteren verschob sich das Anspruchsniveau nach Erfolgen nach oben, nach Mißerfolgen hingegen nach unten. Emotionale Erfolgs- sowie Mißerfolgserlebnisse kamen nur in einem relativ engen mittleren Bereich des Anspruchsniveaus vor, während Erfolg bei zu leichten und Mißerfolg bei zu schwierigen Aufgaben nicht von emotionalen Effekten begleitet wurden.

Festingers Theorie der resultierenden Valenz

Der Lewin-Schüler Festinger (1942) ging bei seinen Studien über das Anspruchsniveau einen Schritt weiter, indem er eine formale Theorie des Anspruchsniveaus vorlegte. Er interpretierte die an die Vp herangetragene Aufgabe, sich nach einem erzielten Leistungsergebnis ein neues Handlungsziel zu setzen, als eine typische Wahlsituation. Die Vp muß entscheiden, ob sie ein schwereres, ebenso schweres oder leichteres Handlungsziel wählt oder ob sie die ihr gestellte Aufgabe innerhalb von 8, 10 oder vielleicht erst in 15 Minuten lösen will. Wie bereits Escalona (1940) sah Festinger das Ergebnis dieser Wahl als Funktion von Anreizen und deren Auftretenswahrscheinlichkeiten, wie dies von den Erwartungs-mal-Nutzen-Theorien für Wahlentscheidungen nahegelegt wird. Erwartungs-mal-Nutzen-Theoretiker versuchten primär, die Wahl von Einsätzen in Glücksspielen zu erklären (Bernoulli, 1738) und kamen dabei zu dem Ergebnis, daß immer diejenige Handlungsmöglichkeit gewählt werden sollte, bei der die Summe der erwarteten angenehmen Konsequenzen minus der Summe der erwarteten unangenehmen Konsequenzen ein Maximum erreicht, der erwartete Gesamtnutzen (expected utility; Abelson & Levi, 1985) also im Vergleich zu den möglichen Alternativhandlungen am höchsten ist.

Hat eine Person den Schwierigkeitsgrad einer bestimmten Aufgabe zu wählen, so sollte sie sich einerseits von ihrer Tendenz, Erfolg anzustreben, andererseits von der Tendenz, Mißerfolg zu vermeiden, leiten lassen. Für jedes potentiell wählbare Anspruchsniveau läßt sich die Stärke dieser beiden Tendenzen bestimmen, indem man die Wahrscheinlichkeit, das implizierte Handlungsziel zu erreichen, multipliziert mit dem positiven Anreiz eines Erfolges bzw. die Wahrscheinlichkeit des Nichterreichens mit dem negativen Anreiz eines Mißerfolges. Schließlich wird von der Annäherungstendenz die Vermeidungstendenz abgezogen und die Wahl desjenigen Anspruchsniveaus vorhergesagt, bei welchem diese Differenz im Vergleich zu anderen möglichen Anspruchsniveaus am positivsten ausfällt.

Wie aber lassen sich der positive Anreiz von Erfolg und der negative Anreiz von Mißerfolg bestimmen? Festinger postuliert einen Zusammenhang mit der objektiven Aufgabenschwierigkeit, wonach Erfolg bei leichten Aufgaben einen geringen, Erfolg bei schweren Aufgaben einen hohen positiven Anreizwert hat. Diese Funktion des Erfolgsanreizes läßt sich nach Festinger als eine S-förmige Kurve über der Schwierigkeitsabszisse abbilden, da zu schwierige ebenso wie zu leichte Aufgaben bzgl. ihres Erfolgsanreizes von den Vpn wahrscheinlich nicht mehr differenziert genug wahrgenommen werden können. Analog postuliert Festinger für den negativen Anreiz von Mißerfolg eine umgekehrte S-Funktion über der Schwierigkeitsabszisse, da Mißerfolg bei leichten Aufgaben als unangenehmer empfunden werden dürfte als bei schwierigen Aufgaben.

Die Erfolgswahrscheinlichkeit ist nach Festinger eine lineare, negative Funktion der objektiven Aufgabenschwierigkeit, d.h. sie ist bei leichten Aufgaben hoch und nimmt mit zunehmender Schwierigkeit stetig ab. Die Mißerfolgswahrscheinlichkeit ergibt sich dann rein algebraisch als (1 - Erfolgswahrscheinlichkeit). Für welches Anspruchsniveau sich der höchste Gesamtnutzen errechnet, hängt nun davon ab, wie die Erfolgs- und die Mißerfolgsanreizkurve verlaufen. Hat beispielsweise die Erfolgskurve bei den leichten Schwierigkeitsgraden bereits hohe Werte, ergibt sich der höchste Gesamtwert im Bereich niedriger Anspruchsniveaus. Weiterhin gilt, daß die absolute Höhe des Verlaufs der Erfolgs- und Mißerfolgskurve keine Verschiebung des maximalen Gesamtwertes nach oben oder unten bedingen. Sie drücken ausschließlich die Stärke der Tendenz aus, mit der das entsprechende Leistungsziel (gewähltes Anspruchsniveau) angestrebt wird.

Festingers Theorie der *resultierenden Valenz* stellt eine Explikation der Erwartungs-mal-Nutzen Theorien im Bereich der Wahl eines Anspruchsniveaus dar, jedoch keine Weiterentwicklung der Lewinschen Handlungstheorie gespannter Systeme (Lewin, 1936). Lewin sowie seine Schüler (Lewin, Dembo, Festinger & Sears, 1944) unterschieden in den 40er Jahren deutlich zwischen der Wahl von Handlungszielen und ihrer Realisierung:

"Within the field of *goal behavior* one can distinguish problems of *goal striving* and problems of *goal setting*. Goal striving is a *directed* behavior toward existing goals and is closely related to problems of locomotion toward a goal, of frustration, reaching a goal, and consummatory behavior. Goal setting is related to the question of what goal will emerge ...". (Lewin, Dembo, Festinger & Sears, 1944, S.376)

Für die Analyse der Anspruchsniveausetzung zog die Gruppe um Lewin das Erwartungs-mal-Nutzen Modell heran, da für sie die Wahl eines Anspruchsniveaus ein *goal setting* Problem war und kein Problem des *goal striving*. Für letzteren Problemkreis dagegen nutzte Lewin (1936) seine Feldtheorie. Entsprechend dieser Theorie wirken auf eine Person in einer gegebenen Situation psychologische Kräfte ein, die auf die Lokomotion in Richtung auf die von der Person gesetzten Ziele drängen. Die Stärke dieser Kräfte erweist sich als proportional zur Valenz der Ziele und umgekehrt proportional zur Entfernung der Person vom Ziel. Darüberhinaus führt Lewin die Variable *Potenz* ein, um die Frage lösen zu können, welche Ziele sich in einer gegebenen Situation durchsetzen. Die Potenz-Variable hat große Ähnlichkeit mit der *Salienzvariablen* der experimentellen Sozialpsychologie unserer Tage (Taylor & Thompson, 1982). Sie bestimmt nämlich, welche Ziele, welche Anreizkomponenten und zum Ziel führenden Wege die Person in einer gegebenen Situation berücksichtigt.

Festinger (1942) führt in seine Theorie der resultierenden Valenz die Wahrscheinlichkeitsvariable mit dem Terminus *Potenz* ein. Zwei Jahre später (Lewin, Dembo, Festinger & Sears, 1944) wird das Etikett *Potenz* für die Eintretenswahrscheinlichkeit von Erfolg und Mißerfolg wieder fallengelassen und der Terminus *probability* verwendet. Der Potenzbegriff erfährt allerdings eine Explikation im Rahmen der Anspruchsniveautheorie. Er wird zur Erklärung herangezogen, welchen Bezugsrahmen Vpn bei der Beurteilung ihrer Leistung (der Leistung, die der Wahl eines neuen Leistungsniveaus vorausgeht) anlegen, wobei unterschieden wird zwischen einem ipsativen Bezugsrahmen, der sich ausschließlich auf die eigenen früheren Leistungen bezieht, und einem sozialen Bezugsrahmen, der die Leistungen einer sozialen Gruppe als Vergleichungsmaßstab heranzieht. Hier wird der Potenzbegriff in seiner von Lewin geprägten ursprünglichen Bedeutung gebraucht. Trotzdem wäre es verfehlt anzunehmen, die Theorie der resultierenden Valenz sei eine Weiterentwicklung der Lewinschen Handlungstheorie. Die Forschungsgruppe um Lewin war sich sehr wohl der Tatsache bewußt, daß die Anspruchsniveausetzung ein Wahlparadigma ist (goal setting), zu dessen Analyse die Variablen einer Theorie des *goal striving* (man denke bspw. an die in Lewins Handlungstheorie enthaltene Variable *Zieldistanz*) wenig geeignet sind. Deshalb auch die bereitwillige Anleihe bei den Erwartungs-mal-Nutzen Modellen.

Das Risikowahl-Modell

Auf der Grundlage der Theorie der resultierenden Valenz entwickelte Atkinson (1957) das sog. Risikowahl-Modell. Erinnern wir uns: In Festingers Theorie wird der Erfolgsanreiz definiert als positive Funktion (S-Kurve!) der objektiven Aufgabenschwierigkeit, während der (negative) Mißerfolgsanreiz sich als negative Funktion (umgekehrte S-Kurve!) der Schwierigkeit darstellt. Atkinson operationalisiert die Aufgabenschwierigkeit als die subjektive Erfolgswahrscheinlichkeit, da bei schwierigen Aufgaben die subjektive Erfolgswahrscheinlichkeit niedrig, bei leichten dagegen hoch ist. Nimmt man nun im Gegensatz zu Festinger an, daß der Anreizwert von Erfolg eine positive lineare Funktion der Aufgabenschwierigkeit ist, ergibt sich der Anreizwert von Erfolg aus (1 - subjektive Erfolgswahrscheinlichkeit). Nimmt man weiterhin an, daß der negative

Mißerfolgsanreiz eine negative lineare Funktion der Aufgabenschwierigkeit ist, ergibt sich der negative Mißerfolgsanreiz aus [1 - (1 - subjektive Erfolgswahrscheinlichkeit)], also als negative Erfolgswahrscheinlichkeit.

Atkinsons Modell erlaubt folglich Vorhersagen, ohne daß man die Anreizwerte von Erfolg und Mißerfolg messen muß; diese können aus der subjektiven Erfolgswahrscheinlichkeit erschlossen werden. Die auf *subjektiver* Wahrscheinlichkeit liegende Betonung bei Atkinson findet eine Parallele in der Modellentwicklung der Erwartung-mal-Nutzen - Theoretiker seiner Zeit, die den Erwartungsparameter ebenfalls als subjektive Erfolgswahrscheinlichkeit definierten (Savage, 1954). Diese elegante Verkürzung des Festinger-Modells hat allerdings den Nachteil, daß keine individuellen Unterschiede mehr abgebildet werden können - sieht man einmal von den individuellen Unterschieden ab, die in der Einschätzung der Erfolgswahrscheinlichkeit bei vorgegebener Aufgabenschwierigkeit zum Ausdruck kommen können. In Festingers Modell konnten individuelle Unterschiede sowohl durch unterschiedliche Verläufe der Erfolgs- und Mißerfolgsanreizkurven, als auch durch die absolute *Höhe* dieser Kurven ausgedrückt werden.

Seit Hoppes (1930) Beobachtungen ist aber bekannt, daß die Wahl eines Anspruchsniveaus entscheidend von Persönlichkeitsmerkmalen (Hoppes *Selbstniveau*) mitbestimmt wird. Wie also löst Atkinson dieses Problem? Er postuliert zwei Dispositionsvariablen, nämlich das Motiv, Erfolg aufzusuchen (Erfolgsmotiv: Hoffnung auf Erfolg) einerseits und das Motiv, Mißerfolg zu vermeiden (Mißerfolgsmotiv: Furcht vor Mißerfolg) andererseits. Das Erfolgsmotiv wird als Gewichtungsfaktor für den erwarteten Erfolgsanreiz eingesetzt und das Motiv, Mißerfolg zu meiden, als Gewichtungsfaktor für den erwarteten Mißerfolgsanreiz.

Geht man nun davon aus, daß diejenige Aufgabe gewählt wird, bei der der subjektiv erwartete Gesamtnutzen am größten ist (subjektiv erwarteter Erfolgsanreiz - subjektiv erwarteter Mißerfolgsanreiz), so ergibt sich schließlich eine recht einfache Formel für die Vorhersage der Motivationstendenz, eine Aufgabe bestimmter, subjektiv wahrgenommener Schwierigkeit zu wählen. Nämlich: (Erfolgsmotiv-Mißerfolgsmotiv) x (subjektive

Erfolgswahrscheinlichkeit) x (1 - subjektive Erfolgswahrscheinlichkeit). Setzt man Zahlen in diese Formel ein, so zeigt sich, daß bei Personen, bei denen das Erfolgsmotiv stärker ausgeprägt ist als das Mißerfolgsmotiv, die Motivationstendenz generell positiv ist, d.h. daß primär Erfolgsmotivierte Leistungssituationen aufsuchen. Diese Aufsuchtendenz ist im mittleren Schwierigkeitsbereich besonders stark, und die Bevorzugung des mittleren Schwierigkeitsbereichs fällt umso stärker aus, je stärker das Erfolgsmotiv im Vergleich zum Mißerfolgsmotiv ist. Für Personen, bei denen das Mißerfolgsmotiv stärker ausgeprägt ist als das Erfolgsmotiv, ergeben sich generell negative Motivationstendenzen, d.h. sie tendieren dazu, Leistungssituationen zu vermeiden. Allerdings zeigt sich bei leichten und schwierigen Aufgaben eine niedrigere Vermeidungstendenz als bei Aufgaben mit mittlerem Schwierigkeitsgrad. Dieses Präferenzmuster ist umso stärker ausgeprägt, je stärker das Mißerfolgsmotiv im Vergleich zum Erfolgsmotiv ist.

Wie aber definiert Atkinson den neu eingeführten Begriff des Motivs? Atkinson (1957, S.360) schreibt:

> "A motive is conceived as a disposition to strive for a certain kind of satisfaction, as a capacity for satisfaction in the attainment of a certain class of incentives. The names given to motives - such as achievement, affiliation, power - are really names of classes of incentives which produce essentially the same kind of experience or satisfaction: pride in accomplishment, or the sense of belonging and being warmly received by others, or the feeling of being in control and influential" (p. 360).

Zur Messung des Erfolgs- und Mißerfolgsmotivs schlägt Atkinson ein Verfahren vor, das er einige Jahre vorher in Zusammenarbeit mit McClelland, Clark und Lowell (McClelland, Atkinson, Clark & Lowell, 1953) entwickelt hatte. Dabei handelt es sich um ein sog. projektives Verfahren; den Vpn werden Bilder dargeboten, zu denen sie Fantasiegeschichten schreiben sollen. McClelland et. al. erstellten einen Verrechnungsschlüssel zur Bestimmung leistungsthematischer Inhalte, der es erlaubt, der Vp einen Erfolgs-Motivwert zuzuschreiben. In seinem 1957er Artikel schreibt Atkinson noch, daß man getrost davon ausgehen darf, daß Vpn mit hohem Erfolgsmotivwert niedrige Mißerfolgsmotivwerte haben und daß das Umgekehrte für Vpn mit niedrigem Erfolgsmotivwert gilt. Folglich müsse man das Mißerfolgsmotiv erst gar nicht getrennt erfassen. Die Risikowahl-Forschung in der Tradition Atkinsons rückte allerdings bald (Atkinson & Feather, 1966) von dieser Auffassung ab und erhob das Mißerfolgsmotiv mittels Fragebögen, die zur Bestimmung der Prüfungsängstlichkeit entwickelt worden waren (z.B. Mandler & Sarason, 1952). Ausschließlich im deutschen Sprachraum wurde auch für das *Miß*erfolgsmotiv ein Inhaltsschlüssel erstellt (Heckhausen, 1963), der es ermöglicht, das Mißerfolgsmotiv mittels eines *Thematischen Apperzeptionstests* (= Bildervorgabe und Aufforderung zur Produktion von Fantasiegeschichten) zu erheben.

Der *Thematische Apperzeptionstest* (TAT) ist bei vielen Forschern unbeliebt, nicht zuletzt wegen seiner zeitintensiven Applikation und der nicht einfachen inhaltsanalytischen Auswertung; auch an den Testgütekriterien wurde heftige Kritik geübt (Entwisle, 1972). So wurden schließlich auch für die Messung des Erfolgsmotivs Fragebögen entwickelt (z.B. die *Achievement Risk Preference Scale* von Mehrabian, 1969). Erst kürzlich bekräftigte McClelland (1985) seine wiederholt geäußerte Auffassung (McClelland, 1958, 1980), die Frage nach der Art der Motivmessung sei kein rein methodologisches Problem und könne deshalb nicht nur aufgrund von Gütekriterien (z.B. interne Konsistenz, Test-Retestreliabilität) entschieden werden. McClelland argumentiert überzeugend, daß Fragebögen als sog. *respondente* Verfahren nur bewußte Wertschätzungen (values) messen, also ob eine Person bestimmten Auffassungen und Handlungen (z.B. sich in einer Testsituation anzustrengen) einen hohen oder niedrigen Wert beimißt. Motivmessung müsse sich dagegen *operanter* Meßverfahren bedienen, also projektiver Verfahren wie des TATs, denn unter einem Motiv würde schließlich die Bereitschaft verstanden, von sich aus Anreize der respektiven Inhaltsklasse des Motivs (z.B. beim Leistungsmotiv die Leistungsanreize) aufzusuchen. Dieses operante Verhalten kann nach McClelland am besten durch operante Meßverfahren vorhergesagt werden. Ist man dagegen an Werthaltungen einer Person im Leistungsbereich interessiert, und damit am respondenten Verhalten, sollte man sich nicht des TATs, sondern eines respondenten Meßverfahrens (z.B. Mehrabians Fragebogen) bedienen.

Elaboration des Risikowahl-Modells

Atkinsons Risikowahl-Modell mit seinen drei Variablen Motiv, Erwartung und Anreiz hat eine Anzahl von Elaborationen und Neuformulierungen erfahren (Feather, 1967; Heckhausen, 1977; Kuhl, 1978; Nygard, 1977; Raynor, 1969; Schneider, 1973; Weiner, 1974). Allein Heckhausens sog. erweitertes Modell soll hier dargestellt werden, weil es die meisten der auch von anderen Autoren vorgeschlagenen Erweiterungen berücksichtigt und die Begriffe dieses Modells in der vorliegenden Arbeit reichlich Verwendung finden werden.

Heckhausen (1977) geht davon aus, daß man bei der Bildung von Erwartungen eine Folge von vier Ereignissen antizipiert, nämlich in folgender Reihenfolge: Situation, Handlung, Ergebnis und Folgen. Der Angelpunkt bei der Bildung von Erwartungen liegt im vorweggenommenen Ergebnis. Die Verknüpfung des Ergebnisses mit jedem der drei anderen Aspekte der Ereignisfolge erlaubt die Differenzierung von vier verschiedenen Erwartungsarten, die im Motivierungsprozeß eine Rolle spielen: *Situations-Ergebnis-Erwartung* (als Erwartung, in welchem Maße eine gegenwärtige Situation ohne eigenes Zutun auf ein erwünschtes Ergebnis hinführen oder von ihm wegführen wird), *Handlungs-Ergebnis-Erwartung* (als Erwartung, mit welcher Wahrscheinlichkeit sich die gegenwärtige Situation durch eigene Handlungen so verändern läßt, daß das erwünschte Ergebnis eintritt), *Handlungs-bei-Situation-Ergebnis-Erwartung* (als Erwartung, daß äußere und variable Umstände der Situation die eigenen Handlungen in dem Bemühen fördern oder behindern, ein erwünschtes Ergebnis zu erreichen), *Ergebnis-Folge-Erwartungen* (als Erwartung, in welchem Maße das Ergebnis instrumentell sein wird für das Eintreten von Folgen mit bestimmten Anreizwerten).

Heckhausen differenziert aber nicht nur den Erwartungsbegriff, sondern auch den Anreizbegriff. So hat das Ergebnis selbst in der beschriebenen Ereignisfolge keinen Anreizwert, sondern erfährt diesen durch seine Folgen. Als unmittelbare Folge treten Ereignisse der *Selbstbewertung* auf; weitere Folgen sind die *Fremdbewertung* des Ergebnisses (d.h. ob die soziale Umwelt das erzielte Ergebnis positiv oder negativ bewertet) und ob das erzielte Ergebnis die Person einem übergreifenden *Oberziel* näherbringt oder die Entfernung zum Ziel erhöht. Schließlich kann das Ergebnis auch Konsequenzen haben, die außerhalb des ursprünglich angeregten Motivs liegen. Solche *Nebenwirkungen* stellen extrinsische, d.h. fremdmotivierte Anreize dar.

Schließlich plädiert Heckhausen dafür, auch den summarischen Motivbegriff zu differenzieren, indem nach Persönlichkeitsunterschieden geforscht wird, die sich auf die einzelnen Bestimmungsstücke des erweiterten Modells beziehen, nämlich auf Anreizgewichte von Oberzielen (Unterschiede bzgl. der Wertbesetztheit inhaltlich definierter Oberziele), Anreizgewichte für Erfolg und Mißerfolg (unterschiedliche Gütestandards bei der Selbstbewertung), Änderungsresistenz der Handlungs-Ergebnis-Erwartung nach Erfolg und Mißerfolg (unterschiedlich ausgeprägtes Selbstkonzept eigener Handlungsfähigkeiten sowie der Grad der Revidierbarkeit), Instrumentalität des erzielten Ergebnisses für die Selbstbewertung (unterschiedliche internale Ursachenzuschreibung) oder für das Erreichen von Oberzielen (unterschiedlich generalisierte Erfolgs-und Mißerfolgserwartungen) und schließlich die Anfälligkeit gegen Anreize extrinsischer Nebenwirkungen (unterschiedliche Hierarchie der Anreizgewichte für verschiedene Motivklassen).

In Heckhausens Modell wird die resultierende Motivationstendenz, ein Handlungsergebnis und die damit verbundenen Folgen anzustreben, wie folgt berechnet: Zunächst wird die *Ergebnisvalenz* bestimmt. Diese ergibt sich durch die über alle antizipierten Folgen summierten Produkte aus dem Anreiz jeder Folge und der Erwartung, daß das Handlungsergebnis diese Folge nach sich ziehen wird. Dann wird die Handlungs- und Situationsvalenz bestimmt. Die *Handlungsvalenz* ergibt sich aus der Multiplikation der Ergebnisvalenz mit der Summe aus *Handlungs-Ergebnis-Erwartung* und

Handlungs-bei-Situation-Ergebnis-Erwartung. Entsprechend wird die *Situationsvalenz* durch die multiplikative Gewichtung der Ergebnisvalenz mit der *Situations-Ergebnis-Erwartung* bestimmt. Zur Bestimmung der *resultierenden Motivationstendenz* wird schließlich die Differenz zwischen Handlungsvalenz und Situationsvalenz berechnet. Die Tendenz, eine Handlung durchzuführen, wird also um den Betrag reduziert, welcher der Erwartung entspricht, das erwünschte Ergebnis in der gegebenen Situation auch ohne eigenes Zutun erlangen zu können.

Das erweiterte Modell Heckhausens zeigt ganz deutlich die Spuren der Instrumentalitätstheorie Vrooms (1964), die im Rahmen der Arbeitspsychologie entwickelt wurde: so z.B. die Unterscheidung zwischen Handlungsergebnis und seinen anreizgeladenen Folgen und der Versuch, mehrere Variablen sowohl für Anreiz als auch für Erwartung zu differenzieren. Die von der Vroomschen Theorie angeregte neue Erwartungsvariable ist die *Ergebnis-Folge-Erwartung*, nämlich die subjektive Wahrscheinlichkeit, mit der ein Handlungsergebnis eine bestimmte Folge nach sich zieht. Die Unterscheidung zwischen *Situations-Ergebnis-Erwartung* einerseits und *Handlungs-Ergebnis-Erwartung* andererseits geht zurück auf Bolles' (1972) kognitive Umformulierung des S-R-theoretischen Ansatzes, wo deutlich zwischen diesen beiden Arten von Erwartung unterschieden wird.

Von Bedeutung ist auch, daß im erweiterten Modell Erwartung und Anreiz als voneinander unabhängig konzipiert wurden. Bei Atkinson (1957) wird - wie oben ausgeführt - der Anreiz als abhängig von der Höhe der Erwartung gesehen, und folglich algebraisch (als 1 - subjektive Erfolgswahrscheinlichkeit) berechnet. Dies mag zwar für den Leistungsbereich seine Gültigkeit haben, in anderen Inhaltsbereichen, wie z.B. Aggression, Machtausübung, Hilfeleistung und Affiliation dürften dagegen Erwartung und Anreiz relativ unabhängig voneinander sein, denn Akte sozialen Handelns werden nicht umso wertvoller, je leichter oder schwieriger ihr Gelingen erscheint. So bleibt das Atkinsonsche Risikowahl-Modell auf den Leistungsbereich beschränkt, während das Heckhausensche Motivations-Modell auf ganz unterschiedliche Lebensbereiche anwendbar ist.

Wählen und Wollen

Als Atkinson im Jahre 1957 sein Risikowahl-Modell vorstellte, machte er -ähnlich wie Lewin et al. (1954) - darauf aufmerksam, daß eine umfassende Motivationstheorie zwei Probleme lösen muß:

"The first problem is to account for an individual's selection of one path of action among a set of possible alternatives. The second problem is to account for the amplitude or the action tendency once it is initiated, and for its tendency to persist for a time in a given direction" (1957, S. 359).

Atkinson verstand Experimente zum Anspruchsniveau eindeutig als eine Analyse des ersten Problems ("the problem of selection rises in experiments which allow the individual to choose a task among alternatives that differ in difficulty"). Trotzdem versuchte er, seine für die Vorhersage der Wahl eines Anspruchsniveaus entwickelte Modellgleichung auch auf die Vorhersage der Qualität der Aufgabenbearbeitung auszudehnen, also auf Situationen, in denen mit der Bearbeitung der gewählten Aufgabe bereits begonnen wurde, oder aber der Vp eine ganz bestimmte Aufgabe zur Bearbeitung aufgetragen wurde (*constrained performance situation*).

Wie sehr werden sich Vpn in Abhängigkeit der Motivausprägung und der subjektiven Erfolgswahrscheinlichkeit anstrengen, eine gute Leistung zu erzielen? Für Erfolgsmotivierte postulierte Atkinson, daß sie sich bei mittlerer Aufgabenschwierigkeit am meisten anstrengen, also genau beim Schwierigkeitsgrad ihrer bevorzugten Anspruchsniveausetzung. Anders bei Mißerfolgsmotivierten! Hier geht Atkinson davon aus, daß sich die Mißerfolgsangst, die bei mittelschweren Aufgaben nach der Modellgleichung am höchsten ist, in zusätzlicher Anstrengung manifestiert. Von Mißerfolgsmotivierten wurde erwartet, daß sich ihre Mißerfolgsangst in erhöhte Anstrengung verwandelt, wenn sie erst einmal angefangen haben, eine Aufgabe zu bearbeiten. Damit gilt für Erfolgs- *und* Mißerfolgsmotivierte, daß die Motivation, eine Aufgabe erfolgreich zu erledigen, dann am größten ist, wenn die subjektive Aufgabenschwierigkeit ungefähr .50 beträgt, natürlich immer unter der Voraussetzung, daß die Aufgabe nicht für eine leichtere oder schwierigere aufgegeben werden kann.

Obwohl Atkinson (1957) zumindest bei den Mißerfolgsmotivierten zugesteht, daß sich die Motivationstendenz in der Aufgabenbearbeitung in anderer Weise manifestieren kann als in der Aufgabenwahl, wird bereits die Absicht deutlich, die von ihm als zweites Problem der Motivationsforschung bezeichnete Fragestellung (Einsatz und Anstrengung bei der Aufgabenbearbeitung) auf das sog. erste Problem (Aufgabenwahl) zu reduzieren. Ansonsten würde Atkinson nicht versuchen, mit den Variablen des Risikowahl-Modells auch die Qualität der Bearbeitung von Aufgaben vorherzusagen. Atkinson drückt auch zu Beginn seines Artikels die Hoffnung aus, daß dies eines Tages gelingen möge ("they may finally reduce to one").

Atkinson und Reitmann (1956) gingen schließlich einen Schritt weiter in Richtung der erwünschten Reduzierung. Die Motivationsstärke, definiert als "Erfolgsmotivation minus Mißerfolgsmotivation plus extrinsische Motivation (also das Streben nach Anreizen wie z.B. soziale Anerkennung, finanzielle Belohnung)" wurde in direkte Beziehung nicht nur zur aufgewendeten Anstrengung, sondern auch zur erzielten Leistung gesetzt. Die gewählte Definition der Motivationsstärke revidierte auch die ursprüngliche Auffassung Atkinsons, daß Mißerfolgsmotivation die Aufgabenbearbeitung unter bestimmten Bedingungen (d.h. bei mittlerer Aufgabenschwierigkeit) positiv beeinflussen kann.

Atkinson (1974) konstatierte rückblickend, daß der postulierte positive Zusammenhang zwischen Motivationsstärke und Leistung bei seiner empirischen Erforschung einen "now-you-can-see-it-now-you-don't" Charakter gezeigt hätte. Dies ist für Atkinson kein Grund, sein ursprüngliches Postulat in Frage zu stellen; vielmehr versucht er es zu retten, indem er ein neues Postulat hinzufügt, nämlich daß sich Aufgaben darin unterscheiden, mit welcher Motivationsstärke sie am effektivsten bearbeitet werden. Für manche Aufgaben sei eine geringe Motivationsstärke angemessen, denn bei hoher Motivationsstärke sei man "übermotiviert", würde sich folglich zu sehr anstrengen und sei dann zu sehr auf eine gute Leistung bedacht. Bei anderen Aufgaben sei eine mittlere Motivationsstärke ideal und bei wieder anderen Aufgaben würde ausschließlich eine sehr hohe Motivationsstärke zum Erfolg führen. Da man nicht wüßte, welche Aufgaben in die eine oder andere Kategorie fielen, ruft Atkinson die Leistungsmotivationsforscher auf, sich an die Arbeit zu machen und durch empirische Sisyphusarbeit diese Wissenslücke zu füllen

> "we must discover all this empirically since it is not already known..." (1974, S. 200).

Glücklicherweise fielen Atkinsons programmatische Worte nicht auf fruchtbaren Boden. Vielmehr wurde eine theoretische Lösung des von Atkinson skizzierten Problems angestrebt. Man besann sich wieder auf die ursprüngliche Unterscheidung zwischen den beiden Grundproblemen einer Psychologie zielgerichteten Handelns, nämlich Wählen (goal setting) und Wollen (goal striving). Eric Klinger (1977) erkannte diese Möglichkeit, als er sein Konzept der "current concerns" einführte. Er wies darauf hin (S. 22-24, 329-330), daß Erwartungs x Wert-Theorien wesentliche Aspekte des Zielstrebens, wie gezeigte Anstrengung und Leistungsqualität, nur sehr unvollkommen vorhersagen können. Im Mittelpunkt seiner Theorie steht daher konsequenterweise das Zielstreben und nicht das Zielsetzen. Seine Theorie erklärt problemlos die allgemein beobachtete spontane Aktivitätssteigerung, wenn man auf dem Weg zu einem gewählten Ziel auf Hindernisse stößt; ein Phänomen, das von Erwartungs x Wert-Theorien nicht erklärt werden kann, weil diese annehmen müssen, daß jeder Rückschlag im Zielstreben die Erwartung der Zielerreichung und damit die Motivation, etwas dafür zu tun, vermindert.

Julius Kuhl (1983) führte die Begriffe *Selektionsmotivation* (Auswahlmotivation) und *Realisationsmotivation* (Anstrengungsmotivation) ein, um deutlich zu machen, daß es sich hier um zwei verschiedene Fragestellungen handelt und die theoretischen Modelle, welche zur Analyse der Selektionsmotivation entwickelt wurden, nicht für das Verständnis von Anstrengungsmotivation geeignet sind. Nach Kuhl bezieht sich der dem

Risikowahl-Modell und all seinen Reformulierungen und Erweiterungen zugrundeliegende Motivationsbegriff eindeutig auf Auswahlmotivation.

Kein Wunder also, daß Vorhersagen hinsichtlich der Realisierung selbst- oder fremdgesetzter Ziele, die sich einfacher oder erweiterter Modelle des Risikowahl-Modells bedienen, meist fehlerhaft sind (siehe Atkinson, 1974). In den wenigen Studien, in denen Ausdauer (Feather, 1963) oder Leistung (Karabenick & Youssef, 1968) korrekt aufgrund des Risikowahl-Modells vorhergesagt werden konnte, kam ein Versuchsparadigma zum Einsatz, in dem die Vpn *wählen* konnten, sich bei leichten, mittelschweren oder schwierigen Aufgaben mehr anzustrengen und zu leisten. Ebensowenig überraschend ist es, daß Forschungsarbeiten, die sich mit der Realisierung von gesetzten Zielen beschäftigen, zu Erkenntnissen kamen, die nicht den Vorhersagen des Risikowahl-Modells entsprachen. So berichtet bspw. Locke (1968) von Befunden, nach denen die Leistung monoton mit der selbstgewählten oder fremdgesetzten Schwierigkeit einer Aufgabe steigt. Natürlich widersprechen diese Befunde nicht dem Risikowahl-Modell - wie von Locke nahegelegt. Locke fällt hier dem gleichen Trugschluß zum Opfer wie Atkinson. Auch Locke meint, daß das Risikowahl-Modell, das für die Wahl von Aufgaben verschiedenen Schwierigkeitsgrades formuliert wurde, die Qualität der Realisierung von Aufgaben verschiedener Schwierigkeitsstufen vorhersagen können müsse; eine Unterscheidung zwischen Selektionsmotivation und Realisierungsmotivation - wie Kuhl sagen würde - sei überflüssig.

Handlungskontrolltheorie. Zu Recht konstatiert Kuhl (1983), daß, nachdem die Willenspsychologie in Vergessenheit geraten war, sich die Motivationsforschung allein auf das Problem der Wahl von Handlungszielen konzentrierte und die Frage nach der Art der Realisierung selbstgewählter oder fremdgesetzter Handlungsziele entweder total vernachlässigte oder diese mit dem theoretischen Instrumentarium, das für die Lösung des Wahlproblems entwickelt worden war, in Angriff nahm. In der Motivationspsychologie wurden seit der Blütezeit der Willenspsychologie - sieht man einmal von den kybernetischen Handlungskontrollmodellen à la Miller, Galanter und Pribram (1960) ab - kaum Anstrengungen unternommen, Theorien bzgl. der Realisierung von Handlungszielen zu entwickeln.

Kuhls (1983) Handlungskontrolltheorie ist ein Versuch, dieses Vakuum zu füllen. Ausgehend von Atkinson und Birchs (1970) Annahme, daß eine Person stets einer Vielzahl von Handlungstendenzen ausgesetzt ist, die sich obendrein in ihrer Stärke ständig verändern, konzipiert Kuhl (1984, 1987) das Problem der Realisierung eines Handlungsziels als eine Frage der Abschirmung gegenüber konkurrierenden Handlungstendenzen. Erfolgreiche Realisierung bedeutet folglich wirksame Handlungskontrolle im Sinne einer Abschirmung einer bestimmten Handlungstendenz, so daß es zur zügigen Initiierung relevanter Handlungen sowie zu einem effektiven Handlungsvollzug kommt.

Wann wird diese Abschirmung in Gang gesetzt? Nach Kuhl ist dafür das Zusammenspiel zweier Tendenzen verantwortlich, nämlich der handlungsfördernden (metastatischen) und der handlungshemmenden (katastatischen) Tendenz. Die *handlungshemmende Tendenz* nimmt dann hohe Werte an, wenn bspw. starke Angst vorliegt, die falsche Handlung auszuführen, oder wenn eine starke Lageorientierung gegeben ist. Letztere liegt dann vor, wenn die Aufmerksamkeit der Person auf einen negativen Zustand gerichtet bleibt (z.B. auf einen Mißerfolg, ohne daß Handlungspläne bedacht werden, wie man diesem Zustand entrinnen könnte) oder auf einen zukünftigen positiven Zustand (z.B. einen erwünschten Erfolg, ohne sich zu überlegen, wie dieser zu erreichen sei). Die *handlungsfördernde Tendenz*, die Kuhl auch Realisationsmotivation nennt, steigt nun im Sinne des Achschen Schwierigkeitsgesetzes immer dann an, wenn Widerstände die Realisierung einer bestimmten Handlungstendenz bedrohen, so daß eine zusätzliche Willensanspannung erforderlich wird. Immer wenn für längere Zeit kein Ziel verfolgt wird (also viel Zeit vertrödelt wurde), wenn die konkurrierenden Handlungstendenzen annähernd gleich stark oder auf ähnliche Ziele ausgerichtet sind, wenn die Stärke des sozialen Drucks gegen die Ausführung der Handlungsabsicht anwächst, aber auch wenn die handlungshemmende Tendenz allzu hohe Werte erreicht, setzt eine Gegensteuerung im Sinne der Erhöhung der handlungsfördernden Tendenz ein.

Wie stellt sich Kuhl diese Abschirmung vor? Er skizziert mehrere Kontrollstrategien und -mechanismen. So z.B. die *Aufmerksamkeitskontrolle* (das Ausblenden von Informationen, die absichtswidrige Motivationstendenzen stützen), die *Motivationskontrolle* (die gezielte Steigerung der eigenen Motivation, die aktuelle Absicht zu verwirklichen), die *Emotionskontrolle* (die Beeinflussung eigener Gefühlslagen, die die Handlungskontrolleffizienz steigern, z.B. das Meiden trauriger Gefühlslagen), das *handlungsorientierte Bewältigen von Mißerfolgen* (Abstandnehmen von unerreichbaren Zielen), die *Umweltkontrolle* (Veränderung der eigenen Umgebung in einer Weise, die das Ausführen der aktuellen Absicht fördert) und die *Sparsamkeit der Informationsverarbeitung* (Vermeiden übermäßig langen Abwägens verschiedener Handlungsalternativen).

Bei der empirischen Prüfung der Kuhlschen Handlungskontrolltheorie wurde diese zu einer Persönlichkeitstheorie mit der Dichotomie *Handlungsorientierung* versus *Lageorientierung* reduziert (Beckmann, 1984). Kuhl entwickelte auch einen Fragebogen, mit dessen Hilfe Lageorientierung als Persönlichkeitsdisposition gemessen werden kann (Kuhl, 1983). Dieser Fragebogen enthält drei Subskalen: Eine davon mißt die Perseveration von Erfolgserlebnissen, die andere die Perseveration von Mißerfolgserlebnissen, während die dritte ermittelt, ob man Angelegenheiten, die man sich zur Erledigung vorgenommen hat oder deren Erledigung einem aufgetragen wurde, aufschiebt oder sofort in Angriff nimmt. Zur Bestimmung der Lageorientierung, die für die einzelnen Subskalen gesondert berechnet wird, wird bei einer vorliegenden Stichprobe von Vpn der Median gebildet. Hohe Perseveration und bereitwilliges Aufschieben gilt als Lageorientierung, niedrige Perseveration und zügiges Inangriffnehmen wird als Handlungsorientierung bewertet. Die Forschungshypothese lautet, daß Lageorientierte Kontrollstrategien zur Abschirmung einer Handlungstendenz weniger effektiv einsetzen als Handlungsorientierte, und die Befunde unterstützen diese Hypothese (Kuhl, 1987). Trotzdem bleibt festzuhalten, daß diese Art der empirischen Prüfung der Kuhlschen Handlungskontrolltheorie nur sehr indirekt das zentrale Postulat testet, wonach das Zusammenspiel einer handlungsfördernden und einer handlungshemmenden Tendenz die Aktivierung verschiedener Kontrollstrategien bedingt.

Kuhl entwickelte seine Theorie der Handlungskontrolle, um den Problemkreis theoretisch aufzuhellen, der von der Risikowahlforschung vernachlässigt wurde, nämlich die Realisierung gewählter Handlungsziele. Kuhl versuchte jedoch auch, seine Handlungskontrolltheorie auf die Wahl von Handlungszielen anzuwenden. So wurde bspw. untersucht, ob Handlungsorientierte im Gegensatz zu Lageorientierten bereits beim Abwägen der Frage, welche von mehreren Handlungsalternativen gewählt werden soll, die Attraktivität der schließlich gewählten Alternative (Beckmann & Kuhl, 1984) einseitig steigern. Oder man interessierte sich für die Frage (Kuhl, 1986), ob lageorientierte Vpn in einem Anspruchsniveauexperiment (50 Durchgänge: nach jeder einzelnen erzielten Leistung muß ein neues Anspruchsniveau gewählt werden; es werden also 50 sukzessive Wahlen verlangt) stärkere Schwankungen in der Anspruchsniveausetzung zeigen als handlungsorientierte.

Verfolgt nun Kuhl die gleiche Strategie, die er bei den Risikowahlforschern scharf kritisierte, nämlich Wählen und Wollen zu homogenisieren und begeht somit denselben Fehler, die beiden unterschiedlichen Phänomene in einem einzigen Theoriegebäude zusammenführen zu wollen? Zunächst ist festzuhalten, daß Kuhl nicht versucht, den Ausgang einer Wahl (die Höhe des Anspruchsniveaus und das Präferieren einer bestimmten Handlungsalternative vor anderen möglichen Optionen) vorherzusagen, sondern den Verlauf der Anspruchsniveausetzung (d.h. die Suche nach dem persönlich richtigen Anspruchsniveau) bzw. den Ablauf der Elaboration vorgegebener Handlungsoptionen (d.h. die Suche nach dem richtigen Handlungsziel). Aber genau diese beiden Wahlprozesse will Kuhl von den Willensprozessen (Realisationsmotivation) fein säuberlich getrennt wissen. Ach, auf den sich Kuhl (1985) gerne und häufig bezieht, wollte in seiner Kritik der Arbeiten zur Wahlentscheidung von Michotte und Prüm nicht einmal den Entscheidungsakt - wie Michotte und Prüm das tun - als Willensakt gelten lassen und schon gar nicht den Kampf der

Motive, der dem Entscheidungsakt vorausgeht. Warum also sieht Kuhl beim Abwägen von Wahlentscheidungen Willensprozesse am Werk?

Eine mögliche Antwort liegt darin, daß Kuhl den Auswahlprozeß zwischen Handlungszielen ebenfalls als Abschirmprozeß versteht (siehe Kuhl, 1987, S. 105). Vor einer Handlungsentscheidung konkurriert eine Vielzahl von *Motivations*tendenzen miteinander, Zugang zur Exekutive zu finden; die am besten abgeschirmte Motivationstendenz macht schließlich das Rennen. Diese Konzeptualisierung des Abwägeprozesses erweist sich aber insofern als theoretisch unergiebig, als sie nicht vorhersagen kann, für welche Handlungsoptionen sich eine Person aus einer Reihe möglicher Wahlen entscheiden wird. Dies ist dagegen möglich, wenn man gemäß den Erwartungs-mal-Nutzen Theoretikern (und wie dies die Motivationsforscher in der Tradition des Risikowahl-Modells, aber auch Festinger sowie Lewin et al. getan haben) annimmt, daß Handlungsalternativen aufgrund rationaler Überlegungen ausgewählt werden, nämlich aufgrund ihres erwarteten Nutzens. Es scheint deshalb an der Zeit, mit der von vielen Motivationspsychologen (auch von Kuhl) geforderten Unterscheidung zwischen Wählen und Wollen endlich ernst zu machen und allen Versuchungen zu widerstehen, das eine Phänomen im anderen aufgehen zu lassen. Das im folgenden dargestellte *Rubikonmodell der Handlungsphasen* ist ein erster Versuch in diese Richtung.

Aber zunächst noch eine Antwort auf den potentiellen Einwand, Kuhl (und Beckmann & Kuhl) könnten empirische Belege dafür anführen, daß in der Abwägungsphase vor einer Entscheidung Willensprozesse (Abschirmprozesse) ablaufen, denn Lageorientierte verhielten sich schließlich anders als Handlungsorientierte (Beckmann & Kuhl, 1984; Kuhl, 1986). Das Problem derartiger Befunde liegt darin, daß sie die postulierten Vermittlungsprozesse nicht belegen; d.h. sie belegen nicht, daß Handlungsorientierte aufgrund einer Willenshandlung (Handlungskontrolle zum Zwecke der Abschirmung) die Attraktivität der später gewählten Handlungsalternative einseitig steigerten. Eine Vielzahl alternativer Erklärungen ist möglich: Vielleicht handelt es sich bei Handlungsorientierten um Personen, die sich nach erfolgter Entscheidung bedenkenlos umentscheiden. Also ist für sie nichts verloren, wenn sie sich schnell einseitig festlegen. Oder: Vielleicht sind lageorientierte Personen nur wankelmütiger als handlungsorientierte Personen und können sich deshalb nur schwer auf ein Handlungsziel festlegen. Das Persönlichkeitsattribut "Wankelmut" soll nach Ach (1935) bei Personen, die häufig das Anspruchsniveau wechseln, besonders stark ausgeprägt sein.

Zusammenfassung

Ausgehend von der Kritik an der unnötigen und unfruchtbaren Gegenüberstellung von Kognition und Motivation wurde versucht, die Notwendigkeit einer Differenzierung zwischen Motivation und Volition zu begründen. Dabei wird die klassische deutsche Willenspsychologie mit ihrem Fokus auf Probleme der Zielrealisierung der modernen Motivationspsychologie gegenübergestellt, die sich der Analyse der Wahl von Handlungszielen verschrieben hat. Der Anspruch der modernen Motivationspsychologie, mit ihren Theoriegebäuden auch Probleme der Zielrealisierung lösen zu können, wird zurückgewiesen.

2 Das Rubikonmodell der Handlungsphasen

In einem Vortrag über die neueren Entwicklungen in der Motivationsforschung kritisierte Heckhausen (1981) die Motivationstheorien in der Tradition des Risikowahl-Modells. Seiner Meinung nach hinterlassen diese Theorien ein *Handlungsloch.* Sie seien für die Analyse der Motivierungsphase (vor der Handlung) und der Bewertungsphase (nach der Handlung) entwickelt worden und hätten infolgedessen ihren besten Voraussagewert für Parameter der Vor- und Nachhandlungsphase (Wahl bzw. selbstbewertende Emotionen). Welche Rolle Motivation für die Initiierung und Ausführung einer Handlung spiele, sei mit diesen Theorien nur mit Einschränkung zu beantworten.

Heckhausen versuchte mit seiner Arbeitseinheit am Max-Planck-Institut für psychologische Forschung, die im Winter 1983/84 die Arbeit aufnahm, dieses Handlungsloch zu füllen. Zu diesem Zweck wurde ein

Modell entwickelt, das den Handlungsverlauf in mehrere, aufeinanderfolgende Phasen segmentiert, wie dies schon in Heckhausens *The Anatomy of Achievement Motivation* (1967) geschehen war. Während dort die Abfolge in Motivierung, Zielsetzung, Vollzug und Nachphase gegliedert wurde, heißen die Phasensegmente jetzt prädezisionale Motivationsphase, präaktionale Volitionsphase, aktionale Volitionsphase und postaktionale Motivationsphase (Heckhausen, 1987b,c). Das Ziel dieses Handlungsphasenmodells liegt darin, einen theoretischen Rahmen anzubieten, mit dessen Hilfe die Grundprobleme einer jeden Motivationspsychologie, nämlich die Wahl von Handlungszielen einerseits und die Realisierung dieser Ziele andererseits, analysiert werden können. Dabei soll die Verschiedenheit der beiden Problemstellungen deutlich zum Ausdruck kommen und jeder Versuchung widerstanden werden, diese beiden Problemstellungen zu homogenisieren. Andererseits sollen die Verschränkungen der beiden Problemkreise deutlich werden, so daß die Wahl von Handlungszielen und deren Realisierung nicht als isolierte, voneinander unabhängige Einzelphänomene konzipiert werden müssen.

Das Handlungsphasenmodell löst diesen doppelten Anspruch ein, indem es die Entstehung einer Motivationstendenz bis hin zu ihrer Desaktivierung über die Zeit hinweg verfolgt. Es handelt sich also nicht um ein weiteres Tätigkeitskontrollmodell (Carver & Scheier, 1981; Gallistel, 1980, 1985; Hacker, 1985), das versucht, die Koordinationsprobleme bei der Adjustierung der einzelnen notwendigen Tätigkeits und Kontrollschritte in einem hierarchischen regelgrößengesteuerten Rückkopplungsmodell zu beschreiben. Vielmehr geht es um das Entstehen, Heranreifen und Vergehen von Motivation. Die Entwicklung des Handlungsphasenmodells wurde durch folgende Fragestellung vorangetrieben: Welche Karriere müssen Wünsche durchlaufen, damit sie effektiv in relevante Handlungen umgesetzt werden können? Heckhausen und Kuhl (1985) bedienten sich bei der Beantwortung dieser Frage kybernetischer Denkfiguren. In komplexen Bilddiagrammen werden alle denkbar möglichen Entwicklungen und Rückschläge aufgelistet. Diese Art der Theoriebildung wurde bei der Entwicklung des Rubikonmodells der Handlungsphasen vermieden. Im folgenden werden die vier Handlungsphasen chronologisch geordnet vorgestellt und *die Aufgaben spezifiziert, die in den einzelnen Handlungsphasen zu bewältigen sind.* Schließlich werden die Bedingungen und Konsequenzen des Übergangs zur zeitlich jeweils nachfolgenden Handlungsphase beschrieben.

Prädezisionale Motivationsphase

In diese erste Handlungsphase des Rubikonmodells fällt das Wünschen und Wägen. Die Motive einer Person werden als mehr oder weniger stark sprudelnde Quellen der Wunschproduktion verstanden. So wird bspw. von einer Person mit einem ausgeprägten Leistungsmotiv und einem niedrigen Affiliationsmotiv erwartet, daß sie viele leistungsbezogene, aber nur wenige affiliationsbezogene Wünsche erlebt. Da man nicht alle erlebten Wünsche realisieren kann (schon allein deswegen, weil viele einander widersprechen, andere irreal sind und unser Leben schließlich zeitlich begrenzt ist) oder mag (viele Wünsche sind nur auf den ersten Blick hin wünschenswert), muß eine Auswahl getroffen werden. Man muß also abwägen, welchen Wünschen man Präferenz einräumen will. Nach welchen Kriterien wird diese Präferenzordnung erstellt?

Da es sich hier um eine Entscheidung handelt, wird angenommen, daß sowohl Kriterien der Realisierbarkeit (Erwartung) als auch der Wünschbarkeit (Wert) zum Tragen kommen. Bei der Analyse der Realisierbarkeit sieht man sich vor die Fragen gestellt, ob man die erwünschten Ereignisse durch eigenes Handeln herbeiführen kann (Handlungs-Ergebnis-Erwartung) und ob der situative Kontext, in den man sich eingebunden fühlt, dabei eine positive oder negative Rolle spielt (Handlungs-bei-Situations-Erwartung). In diesem Zusammenhang werden darüber hinaus folgende Fragen dringlich: Stehen sowohl die zur Realisierung des Wunsches nötige Zeit als auch Mittel zur Verfügung? Werden sich eventuell günstige Gelegenheiten anbieten?

Aber auch die Wünschbarkeit des potentiellen Ziels und gegenwärtigen Wunsches ist zu bedenken. Das geschieht, indem man den erwarteten Nutzen erwägt und sich Gedanken darüber macht, welche positiven und negativen, unmittelbaren und langfristigen Folgen (Anreize) mit welcher Wahrscheinlichkeit mit der Realisierung des Wunsches verknüpft sind. Schließlich sind die Tätigkeitsanreize auf dem Weg dorthin von Interesse, also die Kosten und Mühen (und bisweilen auch die Freuden), die mit der Realisierungstätigkeit verknüpft sind.

Man darf sicherlich davon ausgehen, daß wir unsere Wünsche nicht isoliert abwägen, sondern in Relation zueinander. Ein Wunsch, dessen Realisierung mit vielen positiven Folgeanreizen verknüpft ist, mag im Lichte eines übergeordneten Wunsches plötzlich nicht mehr erstrebenswert erscheinen. Andererseits mag die Realisierbarkeit eines bestimmten Wunsches im Rahmen der Verwirklichung anderer Wünsche leichter erscheinen als dies bei isolierter Betrachtung der Fall wäre. So mag der langgehegte Wunsch, das Tennisspiel zu erlernen, im Rahmen der Verwirklichung eines anderen Wunsches, nämlich endlich einmal Urlaub zu machen, plötzlich leichter realisierbar erscheinen. Das Abwägen von Wünschen erstreckt sich also auch auf deren Kombinierbarkeit. Es werden häufig Handlungsprogramme entwickelt, die mehr als nur der Erfüllung eines Wunsches dienen.

Die Dauer des Abwägens variiert von Fall zu Fall. Selten werden alle Fragen geklärt; viele lassen sich auch gar nicht endgültig beantworten (so z.B. Ergebnis-Folge-Erwartungen, wenn es sich bei den infragestehenden Folgen um Fremdbewertungsanreize oder um die Annäherung an ein Oberziel handelt); meist steht nicht einmal ausreichend Zeit zur Verfügung, den potentiell beantwortbaren Fragen nachzugehen. Das Handlungsphasenmodell postuliert deshalb eine *Fazittendenz*, die umso stärker wird, je mehr die abwägende Person davon überzeugt ist, die mögliche Elaboration der anstehenden Fragen ausgeschöpft zu haben. Erreicht die Fazittendenz einen bestimmten Schwellenwert, wird die Elaboration abgebrochen.

Das Überschreiten des Rubikon und die präaktionale Volitionsphase

Damit ein Wunsch Zugang zur Exekutive bekommt, genügt es nicht, daß beim Abwägen des Wunsches diesem eine vergleichsweise hohe resultierende Motivationstendenz (großer erwarteter Nutzen) attestiert und ihm damit die höchste Präferenz eingeräumt wird. Obwohl man sich jetzt nicht mehr unsicher darüber ist, ob der infragestehende Wunsch überhaupt realisierbar oder vielleicht gar nicht wünschenswert ist, bedarf es der Umwandlung des Wunsches in eine Intention (in der Handlungsphasentheorie als *Überschreiten des Rubikon* bezeichnet). Das Ergebnis ist auf der phänomenologischen Seite ein Gefühl des Entschlossenseins und eine Handlungsgewißheit (Michotte & Prüm, 1910). Das im Wunsche spezifizierte Ziel erwirbt Verbindlichkeitscharakter, so daß man sich verpflichtet fühlt, dieses Ziel anzustreben.

Ach sprach von der *Zielbindung des Ich*, und Lewin führte den Begriff des *gespannten Systems* ein, um diesen qualitativen Sprung vom Wunsch zur Intention zu beschreiben. Die Handlungsphasentheorie bemüht die Rubikonmetapher: Wie einst Julius Cäsar durch Überschreiten des Rubikon den Bürgerkrieg ausgelöst hatte und sich jetzt bemühen mußte, diesen zu gewinnen, so vollzieht sich mit der Umwandlung eines Wunsches in eine Intention eine Abkehr vom Wägen des Nutzens der Wunsch-Realisierung und ein Festlegen auf die Realisierung der implizierten Zielvorstellung. Die Rubikontheorie der Handlungsphasen spricht deshalb vom *Bilden einer Zielintention.*

Neu gebildete Zielintentionen lassen sich immer dann nicht unverzüglich in Angriff nehmen, wenn noch andere Handlungen eingeschoben oder abgeschlossen werden müssen oder eine geeignete Gelegenheit abgewartet werden muß. Viele Zielintentionen spezifizieren obendrein Zielzustände (wie z.B. mehr Zeit mit der Familie zu verbringen, das Studium mit Erfolg abzuschließen), die nicht auf Anhieb erledigt werden können. Folglich ergeben sich immer wieder Warteperioden, in denen günstige Gelegenheiten abgewartet werden müssen, die es erlauben, dem intendierten Zielzustand ein Stück näherzukommen. Personen in diesem Wartestadium befinden sich nach der Rubikontheorie der Handlungsphasen in der sog. *präaktionalen Volitionsphase*.

Der Terminus *Volition* soll darauf hindeuten, daß das motivationale Abwägen möglicher Handlungsziele durch Überschreiten des Rubikon beendet wurde und jetzt die Realisierung des in der Zielintention spezifizierten Zielzustandes *gewollt* wird. Die in dieser Phase zu lösende Aufgabe ist also nicht mehr die Wahl wünschenswerter und realisierbarer Handlungsziele, sondern nun soll die Realisierung verbindlich gewordener Handlungsziele vorangetrieben werden.

In der präaktionalen Volitionsphase geschieht dies durch das *Fassen von Vorsätzen*, soweit diese nicht schon beim Überschreiten des Rubikon mit der Zielintention gebildet wurden. Die Rubikontheorie geht davon aus, daß Vorsätze bzgl. der Handlungsinitiierung, der Handlungsführung und -beendigung, Realisierungsschwierigkeiten überwinden helfen. Diese Vorsätze, auch Gelegenheitsvorsatz, Durchführungsvorsatz und Desaktivierungsvorsatz genannt, spezifizieren, wann, wo, wie bzw. wie lange gehandelt werden soll, um dem in der Zielintention formulierten Zielzustand näherzukommen. Entsprechend Achs Hypothese, daß Vorsätze den Wirkungsgrad des Wollens erhöhen, erwartet die Rubikontheorie, daß Gelegenheitsvorsätze die Initiierung von Handlungen erleichtern, Durchführungsvorsätze deren Ausführung und Desaktivierungsvorsätze den Abbruch.

Weiterhin postuliert die Rubikontheorie, daß Vorsätze für diejenigen Aspekte des Handlungsverlaufs gefaßt werden, bei denen man potentiell Schwierigkeiten erwartet. Realisierungsschwierigkeiten sind insbesondere bei der Initiierung von Handlungen zu erwarten, da diese oft verpaßt und auf die lange Bank geschoben wird. Dies ist umso wahrscheinlicher, wenn die Handlung nur bei ganz bestimmten Gelegenheiten ausgeführt werden kann, wenn andere Zielintentionen den Zugang zum Handeln blockieren, wenn sich nur selten günstige Gelegenheiten bieten, wenn günstige Gelegenheiten nur für kurze Zeit präsent sind oder wenn man die Zielintention vergessen könnte, weil nichts an sie erinnert. Unter diesen

Bedingungen können *Gelegenheitsvorsätze* viel zur Handlungsinitiierung beitragen. Inwieweit sie unterstützend wirksam werden, hängt wiederum davon ab, wie spezifisch sie formuliert wurden. Sind die Erscheinungsmerkmale der Gelegenheit zum Handeln exakt spezifiziert, beugen Abrufhinweise der Gefahr vor, die Gelegenheit zu verpassen.

Durchführungsvorsätze dürften immer dann sinnvoll sein, wenn sie sich auf Abschnitte des Handlungsablaufes beziehen, die schwierig sind. *Desaktivierungsvorsätze* sind besonders hilfreich, wenn sich durch die Realisierung des intendierten Handlungsergebnisses kein deutlicher Einschnitt im Handlungsverlauf abzeichnet oder wenn das Handlungsergebnis in verschiedenen quantitativen oder qualitativen Ausprägungen auftreten kann und eine bestimmte Ausprägung erwünscht ist. Durchführungs- und Desaktivierungsvornahmen werden bereits in der präaktionalen Volitionsphase gebildet, wenn entsprechende Schwierigkeiten antizipiert werden. Sie können aber auch erst in der aktionalen Volitionsphase (siehe unten) gefaßt werden, sobald unerwartete Hindernisse im Handlungsverlauf auftreten und diese Schwierigkeiten an Ort und Stelle zu meistern sind.

Wurden bereits beim Bilden der Zielintention Vorsätze gefaßt, so gestaltet sich das Vorantreiben der Realisierung dieser Zielintention in der präaktionalen Phase relativ einfach. Dies gilt insbesondere dann, wenn bereits Gelegenheitsvorsätze vorliegen. Sind die Gelegenheiten, auf die diese sich beziehen, hinreichend spezifiziert, so geht es nur noch darum zu prüfen, ob vorgegebene Situationen mit der als günstig definierten Gelegenheit übereinstimmen. Derartige *Passungsprüfungen* können umso schneller vollzogen werden, je genauer die Gelegenheit definiert wurde. Nur bei unspezifisch formulierten Gelegenheiten kommt es bisweilen zum Abwägen, ob die vorliegende Situation nun als günstige Gelegenheit zu bezeichnen ist. Solche Überlegungen erübrigen sich auch dann, wenn keine Initiierungsvornahmen vorliegen und die Handlungsinitiierung gewohnheitsgemäß bei Vorliegen einer ganz bestimmten Situation vollzogen wird. In diesem Fall genügt ebenfalls eine kurze Passungsprüfung.

Bereits beim Überqueren des Rubikon gebildete Gelegenheitsvorsätze können sich in der präaktionalen Volitionsphase als zu eng (d.h. keine Situation qualifiziert sich als günstige Gelegenheit) oder zu weit (d.h. keine Situation wird ausgeschlossen) gefaßt erweisen. In derartigen Fällen muß dann entsprechend *nachreguliert* werden. Eine zu spezifische Definition wird erweitert, während eine zu allgemeine Definition präzisiert wird. Dieses Nachregulieren geschieht für Gelegenheitsvorsätze bereits in der präaktionalen Phase. Ihre Tauglichkeit als Förderer der Handlungsinitiierung erweist sich, indem diese entweder zügig vollzogen werden kann oder auf die lange Bank geschoben werden muß. Die Tauglichkeit von Durchführungs- und Desaktivierungsvornahmen stellt sich erst nach erfolgter Handlungsinitiierung heraus, wenn versucht werden muß, die initiierte Handlung zu einem erfolgreichen Ende zu bringen. Entsprechende Nachregulationen erfolgen deshalb erst nach der Handlungsinitiierung, also in der aktionalen Volitionsphase.

Handlungsinitiierung und die aktionale Volitionsphase

Wie kommt es nun zur Handlungsinitiierung, wenn eine mehr oder minder günstige Gelegenheit dazu vorliegt? Zur Beantwortung dieser Frage wurde das Konzept der *Fiat-Tendenz* eingeführt. Erinnern wir uns: Beim Überschreiten des Rubikon erwerben Handlungsziele, die durch Motivationstendenzen verschiedener Stärke gekennzeichnet sind, Verbindlichkeitscharakter, so daß man sich jetzt verpflichtet fühlt, die entsprechenden Zielzustände anzustreben. Die Stärke dieser Verpflichtung, die das Rubikonmodell *Volitionsstärke* nennt, ist eine linear positive Funktion der Stärke der zugehörigen Motivationstendenz (also der Wünschbarkeit und Realisierbarkeit des intendierten Zieles). In der präaktionalen Volitionsphase kann die Volitionsstärke allerdings eine Reduzierung erfahren, wenn man bei vorliegender günstiger Gelegenheit Zeit verstreichen läßt und die

Handlungsinitiierung aufschiebt. Die Volitionsstärke kann allerdings auch sprunghaft zunehmen, nämlich immer dann, wenn erfolgte Realisierungsversuche scheitern. Die nächste passende Gelegenheit wird umso entschlossener ergriffen, um endlich das intendierte Handlungsziel zu erreichen.

Die Stärke der Fiat-Tendenz einer bestimmten Zielintention ergibt sich nun aus dem Zusammenwirken ihrer Volitionsstärke und dem Grad der Günstigkeit der vorliegenden Gelegenheit hinsichtlich der Realisierung des intendierten Ziels. Die Günstigkeit der eingetretenen Situation wird allerdings nicht isoliert bestimmt, sondern im Vergleich zu anderen günstigen Gelegenheiten, die möglicherweise noch auftreten könnten (*Längskonkurrenz*). Entsteht ein Gefühl der Dringlichkeit (jetzt oder nie!), mag die Günstigkeit der vorliegenden Gelegenheit überschätzt werden, da davon ausgegangen wird, daß andere, passendere Gelegenheiten nie oder so schnell nicht wieder eintreten werden. Als Resultat erhöht sich die Fiat-Tendenz der infragestehenden Zielintention.

Aber auch die Fiat-Tendenzen der einzelnen Zielintentionen sind in Relation zueinander zu sehen. Man darf also nicht davon ausgehen, daß es bei einer Zielintention mit einer hohen Fiat-Tendenz grundsätzlich zur Handlungsinitiierung kommt. Denn viele Situationen sind nicht nur für die Verwirklichung einer einzigen Zielintention günstig, sondern für viele andere auch. Liegt eine derartige Gelegenheit vor, können natürlich nicht alle konkurrierenden Zielintentionen zum Zuge kommen (*Querkonkurrenz*). Die Zielintention mit der vergleichsweise höchsten Fiat-Tendenz gewinnt den Zugang zur Exekutive.

Mit der Handlungsinitiierung ist der Übergang in die *aktionale Volitionsphase* vollzogen. Die in dieser Phase zu lösende Aufgabe ist das erfolgreiche Abschließen der zum Zwecke der Realisierung der Zielintention initiierten Handlungen. Die Handlungsdurchführung wird von der Volitionsstärke der Zielintention bestimmt. Die Höhe der Volitionsstärke stellt sozusagen einen Grenzwert für die Anstrengungsbereitschaft dar. Obwohl die Volitionsstärke primär von der Stärke der Motivationstendenz bestimmt ist, kann dieser Grenzwert durch Zusatzvolition nach oben verschoben werden. Die wichtigste Quelle der Zusatzvolition ist die beim

Überwinden von Schwierigkeiten mobilisierte reaktive Anstrengungsbereitschaft. Die Rubikontheorie integriert also das Achsche Schwierigkeitsgesetz und weist ihm einen Platz in der aktionalen Volitionsphase zu. Anstrengungskalkulationsmodelle, so wie sie von Kukla (1972), Meyer (1973), aber auch von Brehm (Brehm, Wright, Solomon, Silka & Greenberg, 1983) vorgeschlagen wurden, versuchen, die schwierigkeitsangemessene Regulation der Handlungsintensität aus der Motivationsphase heraus zu erklären. Dieses reflexive, antizipierende Vorwegeinstellen der Handlungsintensität ist hier nicht gemeint. Zusatzvolition kann möglicherweise auch aus gleichthematischen und andersthematischen Handlungsprojekten resultieren. Volitionsreste dieser Projekte (z.B. große Erregung) können u.U. die Anstrengungsbereitschaft zur Durchführung der kritischen Handlung erhöhen.

Geleitet wird die Handlungsführung durch die mentale Repräsentation des in der Zielintention vorgeschriebenen Ziels. Die Repräsentation des Ziels ist nicht bewußtseinspflichtig, d.h. die von ihm ausgehende Determination kann sich auch entfalten, wenn das Ziel nicht im Bewußtsein gegenwärtig ist. Auf welcher Abstraktionsebene das Ziel repräsentiert ist (auf der konkreten Tätigkeitsebene oder auf den abstrakteren Ebenen des Handlungsergebnisses und dessen Folgen) hängt wiederum davon ab, ob die Handlungsführung mit Schwierigkeiten konfrontiert wird oder aber reibungslos abläuft. Bei unbehindertem Verlauf werden Zielrepräsentationen höherer Abstraktionsebene vermutet (also Handlungsergebnis und -folgen), ganz im Sinne der Handlungsidentifikationstheorie Vallacher und Wegners (1985), wonach Handlungen nur dann auf der Tätigkeitsebene definiert werden (z.B. "ich hämmere einen Nagel in die Wand" anstatt "ich hänge ein Bild auf" oder gar "ich verschönere meine Wohnung"), wenn sie, aus welchen Gründen auch immer, auf Hindernisse stoßen. Die Rubikontheorie postuliert also, daß die in den Zielintentionen spezifizierten Ziele in der Handlungsphase angesichts von Schwierigkeiten konkretisiert werden.

In diesem Zusammenhang postuliert Heckhausen (1987a) zwei kontrastierende Modi der Handlungssteuerung, nämlich den Modus der ausführungsnahen und der weitgespannten Zielrepräsentation. Beim ausführungsnahen Modus ist die Zielspanne eng, da das erforderliche Verhaltensrepertoire nicht automatisiert, sondern noch unvertraut oder schwierig ist. Bei der weitgespannten Zielrepräsentation ist die letztlich zu realisierende Zielintention handlungsleitend. Dieser Modus der Handlungssteuerung tritt dann auf, wenn der Handlungspfad bis hin zur Realisierung der Zielintention klar überschaubar ist und keine schwierigen Teilstrecken aufweist. Häufig ist der Handlungsablauf bereits automatisiert und bedarf keiner bewußten Kontrolle mehr. Unter diesen Bedingungen kommt es allerdings dann zu Handlungsfehlern, wenn sich in das noch freie, aufnahmefähige Bewußtsein Wahrnehmungen von Situationskontexten drängen, die finale Qualität (Ach) bzgl. der Initiierung einer anderen Handlung haben. Diese anderen Handlungen werden dann initiiert, bevor die kritische Handlung abgeschlossen ist.

Derartige Entgleisungen sind allerdings nicht die einzig möglichen Handlungfehler (Heckhausen, 1987a, S. 157 ff.). Auch eine verfrühte Desaktivierung der kritischen Handlung ist möglich, da die weitgespannte Zielrepräsentation genügend Bewußtseinskapazität für die Ausführung überlappender Tätigkeiten freiläßt. Ist die Intention der überlappenden Tätigkeit realisiert, kann dies fälschlicherweise auch als Desaktivierung der kritischen Handlung registriert werden, so daß auch diese als erledigt zum Stillstand kommt.

Die postaktionale Motivationsphase

Diese Phase schließt sich an den Abschluß der auf die Realisierung der Zielintention gerichteten Handlungen an. Nun ist wieder eine motivationale Aufgabe zu bewältigen. Die erzielten Handlungsergebnisse müssen evaluiert werden und die Konsequenzen der Evaluation für zukünftiges Handeln bedacht werden. Dieses Abwägen basiert auf einem Blick zurück, ist aber auch nach vorne auf zukünftiges Handeln gerichtet. Heckhausen

(1987b,c) spricht daher von der janusköpfigen Art der postaktionalen Motivationsphase.

Entspricht das erzielte Handlungsergebnis dem intendierten Ziel, findet eine Desaktivierung der Zielintention statt. Dabei werden häufig Defekte der prädezisionalen motivationalen Elaboration offenbar. So kann sich bspw. zeigen, daß man die Wünschbarkeit des Zieles zu positiv eingeschätzt hat, weil man bestimmte Ergebnis-Folge-Erwartungen zu hoch angesetzt oder aber gar nicht berücksichtigt hat. Diese Erfahrungen können in zukünftige prädezisionale Elaborationen eingebracht werden.

Natürlich führen nicht alle Vergleiche zwischen intendiertem und erzieltem Handlungsergebnis zu einer Desaktivierung der Zielintention, da das erzielte Handlungsergebnis in qualitativer oder quantitativer Hinsicht häufig vom intendierten Ziel abweicht. Dies kann nun dazu führen, daß die Zielintention durch eine Senkung des Anspruchsniveaus entsprechend angepaßt wird. Wird dagegen das ursprüngliche Ziel beibehalten, müssen neue Gelegenheits- und Durchführungsvorsätze gefaßt werden oder die bereits gefaßten spezifischer formuliert werden, um die Zielerreichung wahrscheinlicher zu machen. Werden die ursprünglich gefaßten unwirksamen Vorsätze nicht spezifiziert und werden auch keine neuen Vorsätze gebildet, muß die Zielintention ohne begleitende wirksame Vorsätze auskommen. Eine derartige Zielintention (degenerierte Zielintention; Heckhausen, 1984) hat nicht nur eine geringe Realisierungschance, sie behindert im aktivierten Zustand (also in Situationen, die potentiell ihre Realisierung erlauben würden) häufig auch die Realisierung konkurrierender Intentionen: nämlich immer dann, wenn sie Bewußtseinskapazität abzieht, die für die Durchführung der konkurrierenden Intentionen gebraucht würde. Die Rubikontheorie läßt bislang noch offen, welche Bedingungen (z.B. massive Mißerfolgserlebnisse) und Dispositionsvariablen (z.B. Depression, Lageorientierung) das Degenerieren von Zielintentionen nach sich ziehen.

Zusammenfassung und Diskussion

Das Rubikonmodell macht ernst mit der Trennung zwischen Motivation und Volition. Trotzdem werden die beiden Problemkreise nicht isoliert voneinander betrachtet, sondern in ein einziges Handlungsphasenmodell integriert. Dieses Modell liefert Antworten auf eine Reihe von klassischen Problemen der Willenspsychologie. So z.B. auf die Forderung von Selz und den Versuch Lewins, Wollen als verschachteltes Phänomen zu verstehen. Die übergeordneten Lebensziele (Wollungen) Lewins lassen sich im Rubikonmodell als Zielintentionen verstehen, die überdauernd und in gewisser Weise unstillbar sind, da sie sich auf nie endgültig zu erfüllende Oberziele beziehen (Gollwitzer, 1987). Im Dienste derartig übergeordneter Zielintentionen stehen erfüllbare Zielintentionen, deren Realisierung durch Vorsätze vorangetrieben werden kann. Vorsätze werden in der Rubikontheorie streng von Zielintentionen unterschieden. Während letztere ein Ziel als verbindlich erklären, helfen Vorsätze bei der Realisierung eines verbindlich gewordenen Ziels, indem sie festlegen, wann, wo, wie und wie lange gehandelt werden soll. Lewin hatte dagegen Vorsätze irrtümlicherweise als Quasi-Zielintentionen (er nannte sie Quasi-Bedürfnisse) konzipiert.

Das Modell klärt, warum Risikowahl-Modelle bei der Vorhersage von Persistenz und Leistung scheitern mußten. Diese Variablen erweisen sich als primär von der Volitionsstärke bei der Aufgabenbearbeitung abhängig (siehe auch Klinger, 1977). Diese ist zwar u.a. auch von der Motivationstendenz abhängig; sie kann aber in ihrer aktuellen Ausprägung aufgrund einer schwierigkeitsabhängigen reaktiven Anstrengungssteigerung oder durch das Vorliegen einer günstigen Gelegenheit verstärkt werden.

Das Handlungsphasenmodell betrachtet den Handlungsverlauf in umfassender, zeitlich horizontaler Perspektive. Es unterscheidet sich dadurch von den meisten zur Zeit aktuellen Handlungsmodellen, die strikt vertikal, hierarchisch konzipiert sind (z.B. Carver & Scheier, 1981; Gallistel, 1980, 1985; Hacker, 1985; Semmer & Frese, 1985) und annehmen, daß man im Laufe eines Handlungsablaufs von abstrakten und übergeordneten Zielen zu konkreten und untergeordneten Zielen übergeht. Einzig die Organisation einzelner Handlungen oder Handlungselemente innerhalb des Handlungsablaufs wird unter einer zeitlichen Perspektive betrachtet (von Cranach, 1982).

Eine horizontale Perspektive, wie sie im Handlungsphasenmodell vorgeschlagen wird, war in der Psychologie bislang nicht sehr populär. Als erster hatte der deutsche Philosoph und Psychologe Christoph Sigwart (1889) diese Betrachtungsweise vorgeschlagen, und zwar vor der Glanzzeit der Willenspsychologie. Seine Arbeit regte zwar keinerlei systematische Forschung an, sie verhinderte jedoch, daß deutsche Willenspsychologen Probleme des Zielsetzens (die sie zu den *Motivations*problemen zählten) und des Zielstrebens (die sie als zum Bereich des Wollens oder der *Volition* gehörend betrachteten) vermischten. In jüngerer Zeit analysierten Heckhausen und Kuhl (1985) den langen Weg vom Wünschen zum Handeln unter einer horizontalen Perspektive. Obwohl im Mittelpunkt ihrer Überlegungen einzelne mentale "Prüfungen" standen, die Wünsche bestehen müssen, bevor sie Zugang zum Handeln erlangen, unterscheiden die Autoren klar zwischen prä- und postdezisionalen Prozessen, die sie als motivationale bzw. volitionale Prozesse definieren. Das Rubikonmodell der Handlungsphasen (Heckhausen, 1987b,c; Heckhausen & Gollwitzer, 1986, 1987) basiert ebenfalls auf der Unterscheidung zwischen Motivation und Volition. Der Fokus liegt jedoch nicht auf den mentalen Anstrengungen (oder Blockaden) beim Übergang vom Wünschen zum Handeln. Vielmehr sollen distinkte, nicht ineinander überführbare Phasen des Handelns ausgegrenzt werden.

Das Rubikonmodell führt leicht zu einer Reihe von Mißverständnissen, wenn es zu bildhaft interpretiert wird. So könnte man bspw. meinen, daß das Modell davon ausgeht, daß jeder Handlungsinitiierung ein Abwägen der Wünsch- und Realisierbarkeit des kritischen Ziels und das Fassen einer entsprechenden Zielintention direkt vorausgeht. Dies ist jedoch nicht impliziert. Viele Handlungsinitiierungen sind einfach Wiederaufnahmen von Handlungen, die einige Zeit vorher begonnen wurden; es ist daher nicht nötig, die bereits gefaßte Zielintention neu zu fassen. Das gleiche gilt für Handlungsinitiierungen, die mangels günstiger Gelegenheiten aufgeschoben wurden. Schließlich gibt es Zielintentionen, die übergeordnete, identitätsbezogene Ziele, wie z.B. Psychologe zu werden, beinhalten. Hat man solche Identitätsabsichten einmal gefaßt, führen sie ohne vorheriges Abwägen der Wünsch- und Realisierbarkeit des implizierten Identitätsziels zur Initiierung relevanter Handlungen. Es bleibt nur zu prüfen, ob eine für die Zielerreichung günstige Gelegenheit vorliegt oder nicht (Gollwitzer, 1987).

Das Rubikonmodell impliziert auch nicht, daß dem Fassen einer Zielintention stets ein intensives Planen des Wo, Wann, Wie und Wie lange des zielrealisierenden Handelns nachfolgt. Vielmehr wird angenommen, daß sich solche Fragen nur dann stellen, wenn ein reibungsloser Handlungsablauf nicht gewährleistet ist. So kann die *Initiierung* beschwerlich werden, (a) wenn die notwendigen Gelegenheiten oder Mittel erst herbeigeführt bzw. geschaffen werden müssen, (b) wenn die kritische Gelegenheit verpaßt werden kann, weil sie schwer zu erkennen ist, sich selten oder nur sehr kurz darbietet und (c) wenn konkurrierende Zielintentionen die Realisierung der kritischen Zielintention beständig hemmen. Die *Ausführung* wird behindert, wenn der Handlungsablauf ins Stocken gerät, weil man nicht über die notwendigen Fähigkeiten verfügt oder die Aufmerksamkeit nicht auf zielorientiertes Handeln konzentriert, obwohl eine bewußte Handlungskontrolle vonnöten wäre. Der *Abschluß* des Handlungsablaufs wird schließlich problematisch, wenn unklar ist, was als intendiertes Ergebnis qualifiziert.

Das Handlungsphasenmodell schließt auch nicht aus, daß sich Handlungsphasen bzgl. verschiedener Ziele überlappen. Man kann das Abwägen zielbezogener Wünsche in der prädezisionalen Phase unterbrechen, so daß Handlungen zugunsten anderer, schon gewählter Ziele geplant, initiiert, beendet oder bewertet werden können. Genausogut können während des Wartens auf eine günstige Gelegenheit in der postdezisionalen (präaktionalen) Phase verschiedene Wünsche abgewogen und schon abgeschlossene zielrealiserende Handlungen bewertet werden. Man kann sich sogar der Realisierung anderer Zielintentionen zuwenden, wenn die dazu notwendigen Handlungen wenig kognitive Kapazität beanspruchen, d.h. wenn sie automatisiert sind. Laufen zielrealisierende

Handlungen weitgehend automatisch ab, so können selbst in der aktionalen Phase Wünsche abgewogen werden, die Verwirklichung anderer Ziele vorbereitet oder ein bereits erreichtes Handlungsergebnis bewertet werden.

Das Handlungsphasenmodell ignoriert auch nicht die hierarchische Organisation des Zielstrebens. Dies wird in der Unterscheidung zwischen Absichten (Zielintentionen) und Vorsätzen (Gelegenheits-, Ausführungs- und Abbruchvorsätze) am deutlichsten. Vorsätze ergänzen die Absichten und dienen dazu, die Zielrealisierung zu erleichtern. Dementsprechend geht die Bildung von Absichten der Bildung von Vorsätzen zeitlich voraus, wobei die letzteren durch die ersteren gerechtfertigt werden. Nicht alle einer Zielintention nachfolgenden Intentionen müssen jedoch Vorsätze sein. Oft werden zusätzliche Absichten gefaßt, die sich auf untergeordnete Ziele beziehen (z.B. wenn jemand, dessen Ziel es ist, Psychologe zu werden, sich zu einem Auslandsstudium entschließt). Bei einer derartigen weiteren Zielfestlegung steht dann, wie schon bei der Festlegung auf das übergeordnete Ziel, das Anlegen von Wünsch- und Realisierbarkeitskriterien im Vordergrund und nicht die Festlegung auf das Wann, Wo, Wie und Wie lange der Handlungsausführung, wie dies beim Bilden von Vorsätzen typisch ist.

Das Modell zieht zur Beschreibung des Fassens einer Zielintention die Metapher vom "Überschreiten des Rubikon" heran. Dabei wird jedoch weniger darauf angespielt, daß es jetzt keine Umkehr mehr gibt (*point-of-no-return*), sondern darauf, daß das Abwägen einen rapiden Abbruch erfährt. Damit wird also postuliert, daß die Entscheidung für ein bestimmtes Ziel "*the babble of competing inner voices*" (Jones & Gerard, 1967, p. 181) zum Schweigen bringt. Ist die Absicht erst einmal gefaßt, wird nicht mehr nach *pro* und *contra* gefragt, sondern nach effektiven Realisierungsmöglichkeiten gesucht; und dies bereits dann, wenn mit der Initiierung von Realisierungshandlungen noch nicht begonnen wurde (Beckmann & Gollwitzer, 1987).

Obendrein wird vermutet, daß man sich durch die Entscheidung für ein bestimmtes Ziel relativ dauerhaft dazu verpflichtet fühlt (*commitment*), dieses Ziel zu verfolgen, so daß mögliche Hindernisse auf dem Weg zum Ziel nicht zu einem sofortigen Rückzug führen. Diese Verpflichtung führt dazu, daß man versucht, Hindernisse zu überwinden, indem man sich etwa mehr anstrengt, andere Mittel einsetzt, sich mehr Zeit nimmt oder gleich ganz andere Wege zum Ziel einschlägt. Offensichtlich unterscheidet sich der Commitment-Begriff des Handlungsphasenmodells von den mit der Handlungsausführung verknüpften Commitment-Konzepten, wie sie von Dissonanzforschern (Brehm & Cohen, 1962; Wicklund & Brehm, 1976) und auch von Brockner und Rubin (1985), Farrell und Rusbult (1981), Kiesler (1971) und Salancik (1977) vorgetragen wurden. Da Verhalten im Vergleich zu Gedanken weniger widerruflich ist (Jones & Gerard, 1967), steht bei letzteren Commitment-Konzepten der Aspekt des "*point-of-no-return*" im Vordergrund. Im Gegensatz dazu wird Commitment im Handlungsphasenmodell im Sinne einer Zielverpflichtung verstanden, wie dies in Untersuchungen zur Aufrechterhaltung von sozialen Beziehungen (Kanter, 1972; Kelley, 1983; Lund, 1985; Rosenblatt, 1977), zur Identifikation mit Organisationen (Buchanan, 1974; Mowday, Porter & Steers, 1982; O'Reilly & Chatman, 1986), zu Identitätszielen (Gollwitzer & Wicklund, 1985; Wicklund & Gollwitzer, 1982) oder "personal strivings" (Emmons, 1989) üblich ist.

Schließlich ist festzuhalten, daß das Rubikonmodell bislang Dispositionsvariablen nicht berücksichtigt. Sollen Persönlichkeitsunterschiede mit einbezogen werden, so bietet sich Lewins (1936) Konzept der Bereichsbildung als Ansatzpunkt. Möglicherweise gibt es Personen, die streng die einzelnen Handlungsphasen voneinander unterscheiden und die jeweils phasentypische Aufgabe nur in der zugehörigen Phase zu lösen versuchen. Personen mit einer Bereichsbildungsschwäche (Heckhausen, 1984, S. 11) sollten dagegen häufig phasenuntypische Aufgaben bearbeiten, also z.B. in der präaktionalen Volitionsphase die motivationalen, prädezisionalen Fragen von Wert und Erwartung des Handlungszieles weiterelaborieren. Ob es ein derartiges stabiles Persönlichkeitsmerkmal gibt und wie sich dieses von anderen möglicherweise relevanten Persönlichkeitsmerkmalen unterscheidet (z.B. Kuhls Lage- und Handlungsorientierung; oder die leveling/sharpening und focussing/nonfocussing Wahrnehmungsstile bei Klein, 1970) ist eine nur empirisch zu lösende Frage.

3 Handlungsphasen und Bewußtseinslagen

Das Rubikonmodell der Handlungsphasen impliziert, daß sich zielgerichtetes Verhalten in eine Abfolge verschiedener Phasen aufgliedern läßt. Nun macht es aber nur dann Sinn, zwischen verschiedenen Phasen zu unterscheiden, wenn diese qualitativ unterschiedliche Phänomene ausgrenzen. Diese Phänomene lassen sich leicht bestimmen, nämlich Abwägen (in der prädezisionalen Phase), Planen (postdezisionale, präaktionale Phase), Handeln (aktionale Phase) und Bewerten (postaktionale Phase). Schwieriger ist es zu belegen, daß diese Phänomene qualitativ unterschiedlich sind. Das Konzept der Bewußtseinslagen offeriert eine Lösung dieses Problems. Geht man nämlich davon aus, daß in jeder Phase des Rubikonmodells eine distinkte *Aufgabe* zu lösen ist (Gollwitzer, 1990), so eröffnet sich die Möglichkeit, über eine Analyse der jeweiligen Aufgabenanforderungen beim Abwägen, Planen, Handeln und Bewerten,

Hypothesen über deren Unterschiedlichkeit zu formulieren. Diese beziehen sich auf die kognitiven Orientierungen, die für die Lösung der jeweiligen Aufgaben funktional sind. Damit läßt sich die Unterscheidung der Handlungsphasen begründen über die unterschiedlichen kognitiven Merkmale der Bewußtseinslagen, die sich beim Abwägen, Planen, Handeln und Bewerten einstellen. Zunächst jedoch ein kurzer historischer Überblick zum Bewußtseinslagenkonzept.

Die Begriffe Aufgabe, Einstellung, Set und Bewußtseinslage

Im Jahre 1904 berichtete Külpe, der Begründer der Würzburger Schule (siehe dazu Boring, 1950, S. 401-406; J. J. Gibson, 1941; Humphrey, 1951, S. 30-131; Lazarsfeld, 1972), von seinen Versuchen über Abstraktion. Mit einer Präsentationszeit von 1/8 sec. hatte er seinen Vpn Bilder gezeigt. Jedes Bild enthielt vier dreibuchstabige Silben, die in den Farben rot, grün, violett und schwarz in gleicher Größe geschrieben waren. Von Bild zu Bild änderte sich die Stellung der Farben und der Silben, so daß die 4 Silben stets eine neue Figur bildeten. Vor jeder Bildpräsentation wurde den Vpn eine der folgenden (Abstraktions)-Aufgaben gestellt: Bestimmung der Gesamtzahl von sichtbaren Buchstaben; Bestimmung der Farben mit ihrer ungefähren Stellung im Gesichtsfeld; Bestimmung der Figur, welche die Silben miteinander bildeten; und die Bestimmung möglichst vieler einzelner Buchstaben. Nach der Stimuluspräsentation wurde nicht nur die gestellte Aufgabe abgefragt, sondern auch die anderen drei.

Die Ergebnisse zeigten eindeutige Aufgabeneffekte: Nicht nur ist der Prozentsatz der richtigen Bestimmungen dort am größten, wo Aufgabe und Abfrage zusammenfallen. Die introspektiven Beobachtungen der Vpn legten nahe, daß der beobachtete Aufgabeneffekt in der Art der Wahrnehmung nicht-aufgabenbezogener Aspekte der Stimulusvorlage begründet ist. Die Vpn berichteten, die Bildvorlage in der angegebenen Unbestimmtheit *gesehen* zu haben, z.B. tatsächlich keine Farbe wahrgenommen zu haben, wenn die Aufgabe lautete, die Gesamtzahl der sichtbaren Buchstaben anzugeben. Chapman (1932), der dieses Experiment mit einigen Erweiterungen erneut durchführte, sieht Aufgabeneffekte nicht nur beim Erfassen der Stimuli, sondern auch noch beim Speichern der vermeintlich wahrgenommenen Stimulusvorlage am Werk.

Watt (1905) analysierte Aufgabeneffekte im Rahmen von Wortassoziationsexperimenten, wobei die Vpn auf ein gelesenes Reizwort mit einem gesprochenen Wort reagieren mußten. Die möglichen Reaktionen der Vpn wurden durch bestimmte Aufgaben eingeschränkt; so durfte das Reaktionswort bspw. nur ein übergeordneter Begriff sein, ein untergeordneter Begriff, ein Ganzes, ein Teil usw. Watt bestimmte die Reaktionszeit und erstellte ausführliche introspektive Protokolle. Das überraschende Ergebnis Watts war die Beobachtung, daß durch eine Aufgabe eingeschränkte Reaktionen meist sogar schneller erfolgten als freie Reaktionen. Weiterhin legten die introspektiven Protokolle nahe, daß die *Aufgabe* selbst im Bewußtsein nicht als Vorstellung, Empfindung oder Gefühl zum Ausdruck kommt, sondern als unanschauliche *Bewußtseinslage*, die er als Erlebniskorrelat der Übernahme einer Aufgabe definiert.

Marbe (1901) führte diesen Begriff im Rahmen seiner Untersuchungen über das Urteil ein. In Marbes Studien wurden den Vpn Fragen gestellt (z.B. Wieviele Schläge führte das Metronom aus? Wie heißt diese Farbe? Wieviel ist zweimal sechzehn?), die diese korrekt zu beantworten hatten. Direkt danach brachte die Vp ihre introspektive Beobachtung zu Protokoll. Die berichteten Erlebnisse ließen sich nicht vollständig auf die bekannten Erlebnisklassen aufteilen, nämlich Sinneswahrnehmungen, Erinnerungsvorstellungen, Lust- und Unlustgefühle. Es blieben einer näheren Beschreibung nur schwer zugängliche Erlebnisse übrig, die Marbe Bewußtseinslagen nannte. Mayer und Orth (1901), zwei Schüler Marbes, hatten derartige unanschauliche Erlebnisse bereits bei der introspektiven Analyse von freien Wortassoziationen beobachtet. Welche Erlebnisse sind gemeint? Marbe gibt eine Reihe von Beispielen: die Bewußtseinslage des Zweifels, der Zustimmung, der Überraschung, der Erwartung, der Unwissenheit, des

Erkennens, der Tendenz zum Vergleichen, der Ratlosigkeit und des Schwankens. Orth (1903) weist in seiner Monographie "Gefühl und Bewußtseinslage" darauf hin, daß die unter den Begriff der Bewußtseinslage fallenden Erlebnisse qualitativ höchst verschieden und lust- oder unlustbetont sein können.

Während sich die Vertreter der Würzburger Schule nun darüber stritten, wer nun den Anspruch geltend machen dürfe, das *unanschauliche* Denken entdeckt zu haben - Marbe schrieb sich dies zu, weil er den Begriff der *Bewußtseinslage* eingeführt hatte (Marbe, 1915), Ach dagegen, weil er 1905 den Begriff der *Bewußtheit* geprägt hatte, um derart das "Gegenwärtigsein eines unanschaulichen Wissens" (1905, S. 210 ff.) den Bewußtseinslagen gegenüberzustellen, die seiner Meinung nach nur einen *zuständlichen* Charakter haben (siehe Ach, 1910, S. 7) - machte in der Psychologie weniger diese Entdeckung Furore als vielmehr der von Watt geprägte Begriff der Aufgabe. Allerdings in leicht veränderter Form, nämlich als *Einstellung*, womit zum Ausdruck kommen sollte, daß die Vp mit der Übernahme einer Aufgabe darauf *eingestellt* ist, das vorliegende Aufgaben- oder Stimulusmaterial in bestimmter Art und Weise zu bearbeiten.

In der amerikanischen Psychologie wurde Einstellung mit dem Terminus *set* übersetzt. J. J. Gibson berichtet 1941 in einem umfassenden Review-Artikel von den Ergebnissen der Set-Forschung. So ließ sich Külpes These durch weitere Befunde bestätigen, daß Aufgabensets eine selektive (und damit aufgabengemäße) Wahrnehmung von Stimulusvorlagen begünstigen. Darüberhinaus ließen sich Aufgabeneffekte auch beim Problemlösen im Sinne einer Festlegung auf bestimmte Problemlösestrategien und -stile beobachten. Diese Aufgabeneffekte traten völlig unabhängig davon auf, ob der Aufgabenset durch Instruktionen des Versuchsleiters oder Selbstinstruktionen initiiert worden war oder sich aus der Aufgabenbearbeitung heraus entwickelt hatte. Es konnten Aufgabensets beobachtet werden, die sehr kurzlebig waren, andere überdauerten die Bearbeitung der Aufgabe für Tage oder gar Monate. Manche dieser langlebigen Aufgabensets waren sehr spezifischer Natur, andere dagegen (insbesondere im Bereich des Problemlösens) generalisierten auch auf die Bearbeitung anderer Aufgaben.

Schließlich unterschieden sich die untersuchten Aufgabensets darin, inwieweit die Vpn sich ihrer bewußt wurden. Das Wirken mancher Aufgabensets wird nicht einmal dann bemerkt, wenn zur Bearbeitung einer anderen Aufgabe übergegangen wird und die Lösung des neuen Problems negativ beeinflußt wird. Andere Sets, vor allem diejenigen, die durch Instruktionen initiiert wurden, erlangen nicht nur bei ihrer Entstehung Bewußtheit. Auch ihr Einfluß auf die Aufgabenbewältigung ist im Bewußtsein repräsentiert, weshalb sie auch willentlich abgeschaltet werden können, falls dies, aus welchen Gründen auch immer, erforderlich werden sollte.

Gibson zeigt sich in seinem Review überrascht darüber, welche inflationäre Ausweitung der Begriff des Aufgabensets in den 20er und 30er Jahren erfahren hatte. Nicht nur, daß Ach und Lewin sich vom Aufgabenset-Begriff bei der Analyse von Vornahmen, Absichten und Zielstreben leiten ließen, auch den Trieben, Instinkten, Bedürfnissen und Motiven wurden Setqualitäten zugeschrieben. Diese Sichtweise führte in der von Bruner und Goodman (1947) instigierten *New Look*-Forschung zu einer Vielzahl von Experimenten über Bedürfniseffekte auf die Wahrnehmung bedürfnisrelevanter Objekte (Bruner, 1957). Diese Forschungsrichtung geriet nicht nur deswegen in Mißkredit, weil hier kognitive Phänomene als rein motivationale umdefiniert wurden (Sorrentino & Higgins, 1986). Der Hauptkritikpunkt bezog sich auf die Tatsache, daß in der *New Look*-Forschung die Konzeptualisierung kognitiver Prozesse zu undifferenziert ist, um bekannte motivationale Effekte auf die Wahrnehmung (nämlich subliminale Effekte) erklären zu können (Erdelyi, 1974). Der Setbegriff beeinflußte schließlich auch das Denken in der Sozialpsychologie, und zwar bei der Analyse von sozialen Einstellungen, Meinungen, Urteilen und Vorurteilen (Allport, 1935).

Die Entwicklung, die schließlich dazu führte, daß der Setbegriff in Vergessenheit geriet, fand allerdings in der Gedächtnisforschung statt. Bartlett (1932/1967) führte den Begriff des Schemas ein, worunter ein "organized body of past experiences" verstanden wurde. Diese Schemata sollen die Wahrnehmung, das Wiedererkennen und das freie Erinnern von Stimulus-Material beeinflussen; darüber hinaus sind sie überdauernd, der bewußten Kontrolle nicht zugänglich und unabhängig von den Instruktionen des Versuchsleiters oder von Selbstinstruktionen. Mit dem Begriff des Aufgabensets (Einstellung) der Würzburger Schule, so wie er in Külpes und Watts Experimenten zum Ausdruck kam, hat dies nichts mehr zu tun.

In der Nachkriegspsychologie war der Aufgabensetbegriff dann praktisch verschwunden. Er lebte nur noch in den Arbeiten der Sozialpsychologen Zajonc (1960) und Cohen (1961) weiter, die bei der Aufnahme von Informationen über andere Personen zwischen einem Empfänger- und Senderset unterschieden. Den Vpn wurde gesagt, sie würden noch weitere Informationen erhalten (Empfängerset) oder müßten die bereits erhaltene Information anderen berichten (Senderset). Es wurde untersucht, wie die Information in Abhängigkeit dieser Aufgabensets strukturiert und gespeichert wurde.

Der Schema-Begriff wurde dagegen immer populärer. Man schreibt heutzutage Schemata einen Einfluß darauf zu, welchen Informationen Aufmerksamkeit geschenkt wird und auf welche Weise sie enkodiert werden (z.B. Bransford & Johnson, 1973). Auch beim Erinnern (Wiedererkennen und freies Erinnern) von Informationen sieht man Schemata am Werk (z.B. Kintsch & van Dijk, 1978). Weiterhin wird angenommen, daß Schemata als Interpretationshilfen fungieren und deshalb Urteile, Vorhersagen und Schlußfolgerungen beeinflussen (z.B. Lingle & Ostrom, 1979; Tesser, 1978; Wyer, 1976). Schema-Effekte wurden auch bzgl. beobachtbaren Verhaltens postuliert (z.B. Rumelhart & Ortony, 1977) und ließen sich zuverlässig nachweisen (z.B. Kelley & Stahelski, 1970; Snyder, Tanke & Berscheid, 1977).

Eine ganz spezifische Fragestellung der heutigen Schemaforschung erinnert allerdings wieder an die Aufgabensets der Würzburger Schule; und zwar ist dies die Frage nach der Aktivierung von Schemata. Zwei Aktivierungsinstanzen werden ins Auge gefaßt, nämlich die Handlungsziele einer Person und der situative Kontext. Sozialpsychologische Autoren (Higgins, 1981; Higgins, Fondacaro & McCann, 1981; Higgins, McCann, & Fondacaro, 1982; Cohen, 1981) versuchen nachzuweisen, daß genau diejenigen Schemata die Aufnahme, Speicherung und den Abruf von Informationen über andere Personen bedingen, die durch die im gegebenen sozialen Kontext verfolgten Handlungsziele aktiviert werden. Die theoretischen Überlegungen basieren auf der von Jones und Thibaut im Jahre 1958 formulierten Theorie der sozialen Wahrnehmung, die noch den Begriff des *inferential set* kannte. Diese Sets sind primär eine Funktion der in einer gegebenen sozialen Interaktion verfolgten Ziele. Sie determinieren die selektive Aufnahme von Information über den Interaktionspartner und auch, zu welchen Schlußfolgerungen die Information herangezogen wird.

Aber auch die zweite in der modernen Schemaforschung ins Auge gefaßte Aktivierungsinstanz erinnert an die Aufgabensetforschung, nämlich der situative Kontext. Higgins, Rholes und Jones (1977; siehe auch Srull & Wyer, 1979) bspw. zeigten, daß der situative Kontext die Aktivierung eines Schemas beeinflussen kann. So wurden in eine Farbbenennungsaufgabe Wörter eingestreut, die Persönlichkeitseigenschaften bezeichneten. In der darauffolgenden Aufgabe mußte eine Geschichte über verschiedene Verhaltensweisen einer Person gelesen werden und diese Stimulusperson dann in eigenen Worten beurteilt werden. Wie erwartet kamen die in die erste Aufgabe eingestreuten Persönlichkeitseigenschaften bei der Beurteilung der Stimulusperson zum Ausdruck, indem sie ganz bestimmte Beurteilungskategorien nahelegten. Nach Higgins, Rholes und Jones waren diese Beurteilungskategorien leichter verfügbar, weil sie in der Farbbenennungsaufgabe durch relevante Wörter aktiviert (die Autoren sprechen von *priming*) worden waren. Bargh und Pietromonaco (1982) konnten sogar zeigen, daß die Aktivierung selbst dann erfolgt, wenn die Stimuli subliminal dargeboten werden. Viele Kontexteffekte bei der Aktivierung von Schemata lassen sich allerdings leicht als Zieleffekte uminterpretieren, denn meist legen situative Kontexte nahe oder gar fest, welche Ziele verfolgt werden sollen.

Überträgt man das Aufgabenkonzept der Würzburger Schule auf das Rubikonmodell der Handlungsphasen, so ergibt sich daraus die Generalhypothese, daß die einzelnen Phasen des Handlungsverlaufs mit einer jeweils typischen kognitiven Orientierung verknüpft sein sollten. Denn der erfolgreiche Abschluß einer Handlungsphase verlangt die Lösung einer phasentypischen Aufgabe. Spezifische Hypothesen über die Art der kognitiven Orientierung in den einzelnen Handlungsphasen lassen sich formulieren, wenn man (im Einklang mit dem Gedankengut der Würzburger Schule) annimmt, daß diese Orientierungen im Dienste der Lösung jeweils verschiedener Aufgaben stehen. Man kann also aus den Qualitäten der phasentypischen Aufgaben die Art der die Phasen begleitenden kognitiven Orientierungen ablesen.

Anstatt von kognitiver Orientierung müßte man bei enger Anlehnung an die Würzburger Psychologen eigentlich von *Einstellungen* oder *Sets* sprechen, also von phasentypischen Einstellungen oder Sets. Nun ist Set ein englisches Wort, und Einstellung hat sich in der heutigen Psychologie als Etikett für Werthaltungen durchgesetzt, die wir gegenüber Objekten und Menschen entwickeln (z.B. "Ich mag kein Fleisch" oder "Ich liebe die Italiener", Schönbach, 1970; Süllwold, 1969). Im folgenden werde ich deshalb beim Terminus *kognitive Orientierung* bleiben.

Schließlich definiere ich Bewußtseinslage anders als dies in der Würzburger Schule üblich war. Dort waren Bewußtseinslagen der Introspektion kaum zugängliche, unanschauliche Erlebnisse, die sich bei der Übernahme und Ausführung einer Aufgabe einstellen. Hier im Rahmen des Handlungsphasenmodells möchte ich von Bewußtseinslagen sprechen, wenn die Person eine phasentypische Aufgabe in Angriff nimmt. Eine Person entwickelt also eine Bewußtseinslage des Abwägens, wenn sie sich anschickt, die in der prädezisionalen Handlungsphase anstehende Aufgabe zu lösen.

Motivationale vs. volitionale Bewußtseinslage

In ersten empirischen Arbeiten zum Rubikonmodell (Heckhausen & Gollwitzer, 1986, 1987) wurde zwischen zwei verschiedenen Bewußtseinslagen unterschieden. Da zwischen *prädezisionaler* und *postaktionaler*

Phase kein großer Unterschied gesehen wurde, weil in beiden Phasen nach der Wünschbarkeit und Realisierbarkeit des Ziels gefragt wird und diese Fragen im Mittelpunkt des Interesses der modernen Motivationspsychologie (Atkinson, 1964) stehen, wurde diesen beiden Phasen eine Bewußtseinslage zugeordnet, die die Bezeichnung *motivationale* Bewußtseinslage erhielt. Ebenso wurden die *postdezisionale* (präaktionale) und die *aktionale* Phase als ähnlich angesehen, da es in beiden Phasen um die Zielrealisierung geht. Dieses Thema war das Generalthema der Willenspsychologie, so daß die zugehörige Bewußtseinslage für diese beiden Phasen das Etikett *volitionale* Bewußtseinslage erhielt. Die motivationale Bewußtseinslage wurde schließlich durch eine sog. *Realitätsorientierung* charakterisiert, d.h. durch eine nicht-selektive, unverzerrte Informationsaufnahme. Andererseits sollte die volitionale Bewußtseinslage durch eine sog. *Realisierungsorientierung* gekennzeichnet sein, d.h. durch eine selektive Informationsaufnahme, die auf die Zielrealisierung ausgerichtet ist.

Diese erste Konzeptualisierung der Bewußtseinslagen schuf allerdings einige Verwirrung. So kann z.B. eingewandt werden (Kornadt, 1988), daß auch prädezisionale und postaktionale Personen versuchen, etwas zu erreichen (zu realisieren), nämlich richtig zu entscheiden bzw. zu bewerten, und nicht nur postdezisionale (planende) und aktionale (handelnde) Personen. Aus diesem Grunde sollten auch die Bewußtseinslagen, die die prädezisionale und postaktionale Handlungsphase begleiten, realisierungsorientiert sein. Analog gilt, daß auch die bei der Planung oder Ausführung eines komplizierten Handlungsablaufs verfügbare Information über etwaige Gelegenheiten realistisch geprüft werden muß, was eine starke Realitätsorientierung erfordert. Also nicht nur beim Abwägen und Bewerten bedarf es der Realitätsorientierung.

Weiterhin kann man gegen die ursprüngliche Konzeptualisierung einwenden, daß sie die theoretischen Möglichkeiten nicht nützt, die das Bewußtseinslagenkonzept anbietet. Überträgt man das Konzept der Bewußtseinslagen auf die einzelnen Handlungsphasen, so verlangt dies zunächst, daß die jeweiligen Aufgaben der verschiedenen Phasen in ihren Anforderungen analysiert werden. Erst wenn die charakteristischen Aufgabenanforderungen expliziert sind, können Hypothesen über die typische kognitive Orientierung der entsprechenden Bewußtseinslage gebildet werden. Unser ursprüngliches Konzept hat eine derartige Herangehensweise unterbunden, weil es die prädezisionale und postaktionale Phase zusammenfaßte und damit die Überlegung unmöglich machte, daß in diesen Phasen möglicherweise verschiedene Aufgaben gelöst werden müssen. Das gleiche gilt für die Zusammenfassung der postdezisionalen (präaktionalen) und aktionalen Phase.

Schließlich wurden die kognitiven Merkmale der beschriebenen Bewußtseinslagen entweder zu allgemein charakterisiert (dies gilt für die sog. Realitätsorientierung), oder ihre Darstellung beschrieb anstatt der Aspekte einer kognitiven Orientierung die Aufgabe, von der man erhoffte, daß sie eine bestimmte Bewußtseinslage auslösen würde (dies trifft für die sog. Realisierungsorientierung zu). Im folgenden wird diese anfängliche Konzeptualisierung aufgegeben. Stattdessen werden die Aufgaben jeder einzelnen Handlungsphase auf ihre Anforderungen hin analysiert. Dabei werden vier verschiedene Bewußtseinslagen postuliert (die abwägende, planende, aktionale und bewertende Bewußtseinslage) und ihre jeweils zugehörigen kognitiven Orientierungen spezifiziert.

Die Bewußtseinslage des Abwägens

Durch welche kognitive Orientierung zeichnet sich nun die Bewußtseinslage des Abwägens aus? Wie gestaltet sich die Aufnahme von Information und wie wird diese Information verarbeitet? Erinnern wir uns an die Aufgabe, die in der prädezisionalen Motivationsphase zu lösen ist, nämlich zwischen der Vielzahl anstehender Wünsche auszuwählen. Die Wahl relativ attraktiver und erreichbarer Handlungsziele erfordert das vergleichende Abwägen der Wünschbarkeit und Realisierbarkeit dieser Wünsche. Nach Heckhausen (1977) ergibt sich die Wünschbarkeit aus der Valenz des ins Auge gefaßten Handlungsergebnisses, also aus den zu erwartenden positiven und negativen Folgeanreizen. Die Realisierbarkeit dagegen ist nichts anderes als die Frage nach der Erwartung, daß das Handlungsergebnis auch eintreten wird. Damit erfordert die Wahl von Handlungszielen die Aufnahme von Informationen über Anreize und Erwartungen. Die Lösung dieser Aufgabe würde erleichtert, wenn in der Bewußtseinslage des Abwägens diese Informationen bevorzugt verarbeitet werden. Informationen über Anreize und Erwartungen sind zum einen in der sozialen Umwelt zu finden, zum anderen ist unser Wissens- und Erfahrungsschatz eine bedeutende Informationsquelle. Ob man bspw. durch eigenes Handeln ein bestimmtes Handlungsergebnis herstellen kann und ob bestimmte situative Kontexte dabei behilflich oder hinderlich sein werden, kann durch einen Rekurs auf die bisherigen Erfahrungen relativ präzise bestimmt werden. Liegen diese nicht vor, ist man auf das Wissen und die Erfahrungen anderer angewiesen. Nur wenn keine relevanten Informationen übersehen werden, ist man gegen Überraschungen gefeit, d.h. die Realisierung des gewählten Handlungszieles trifft mit vergleichsweise geringerer Wahrscheinlichkeit auf Unerwartetes oder Unerwünschtes. Folglich sollte nicht nur relevantes Informationsmaterial möglichst vollkommen ausgeschöpft werden, es sollte auch irrelevant erscheinendes Informationsmaterial beachtet werden, denn es könnte sich bei genauerer Betrachtung als relevant erweisen. Daraus ergibt sich die Notwendigkeit für eine generelle Offenheit für verfügbare Informationen.

Die prädezisionale Aufgabe, die relative Realisierbarkeit und Wünschbarkeit von potentiellen Handlungszielen (Wünschen) präzise zu bestimmen, verlangt nicht nur die effektive Verarbeitung relevanter Information. Diese Information muß auch aufgabengemäß ausgewertet oder bearbeitet werden. Positive und negative Anreize sollten unparteiisch abgewogen werden, d.h. Information über negative Anreize sollte nicht unter den Tisch fallen. Und Erwartungseinschätzungen sollten möglichst korrekt ausfallen, nicht zu optimistisch, aber auch nicht zu pessimistisch. Nur wenn Erwartungen und Anreize objektiv bzw. ausgewogen bestimmt werden, kann die prädezisionale Aufgabe, nämlich vergleichsweise wünschenswerte und realisierbare Ziele zu wählen, mit Erfolg gelöst werden.

Wann entwickelt sich die Bewußtseinslage des Abwägens? Nach den hier vorgetragenen theoretischen Überlegungen sollte dies immer dann geschehen, wenn man die motivationale Aufgabe der Wahl von Handlungszielen in Angriff nimmt. Aber wann ist dies der Fall? Sicherlich in allen *Entscheidungssituationen*, d.h. wenn man vor die Wahl gestellt wird, eines von mehreren möglichen Handlungszielen zu verfolgen. Als Beispiel möge ein Gymnasiast gelten, der zwischen den Fremdsprachen Latein oder Französisch zu wählen hat. Natürlich entsteht dann keine Bewußtseinslage des Abwägens, sobald andere (z.B. die Eltern) diese Entscheidung abnehmen. Man kann sich aber auch selbst Entscheidungen abnehmen. Die Aufgabe der Wahl zwischen Handlungszielen ist nämlich immer dann bereits erledigt, wenn übergeordnete Zielintentionen ihren Ausgang determinieren. Toda (1976) spricht in diesem Zusammenhang von "goal-closed decisions". Was damit gemeint ist, läßt sich am obigen Beispiel leicht erklären. Hat man sich schon beim Schuleintritt entschlossen, sich auf keinen Fall von bestimmten Klassenkameraden zu trennen und es stellt sich nun heraus, daß diese alle Latein wählen, ist die Entscheidung getroffen, ohne daß darüber nachgedacht werden muß. Bei solchen Vorerledigungen einer Wahlaufgabe kann keine Bewußtseinslage des Abwägens entstehen.

Die motivationale Aufgabe der Wahl von Handlungszielen stellt sich auch dann, wenn sich verführerische Wünsche oder schreckliche Befürchtungen ins Bewußtsein drängen. Es gilt dann abzuwägen, ob man diese weiterverfolgen will und sich zu entsprechenden Handlungen entschließen soll. In einer derartigen *Entschlußsituation* geht es dann nicht nur um die Wünschbarkeit und Realisierbarkeit des Entschlusses, aktiv zu werden. Es muß auch überlegt werden, ob man die mit einem Handlungsentschluß verbundene Veränderung des *status quo* in Kauf nehmen will; ob man bspw. die Realisierung anderer Wünsche aufschieben oder bereits initiierte Handlungsprojekte unterbrechen will.

Unterscheiden sich Bewußtseinslagen des Abwägens in der Stärke ihrer Ausprägung? Oder anders formuliert, zeigen manche dieser Bewußtseinslagen die mit ihnen verknüpfte kognitive Orientierung deutlicher als andere? Diese Frage läßt sich beantworten, indem man sich auf die Art der Bearbeitung der motivationalen Aufgabe besinnt. Ist die Aufgabe leicht, d.h. besteht schon von Anfang an Klarheit darüber, welche

Handlungsoption die bessere ist, so dürfte sich kaum eine ausgeprägte Bewußtseinslage des Abwägens entwickeln. Nur bei großer Ungewißheit darüber, welche Wahl vorzuziehen ist, erfordert die Lösung der motivationalen Aufgabe genügend Anstrengung, um eine ausgeprägte Bewußtseinslage des Abwägens entstehen zu lassen. Diese Überlegung stützt sich auf experimentelle Studien (Mills, 1965). Mills' Versuchspersonen holten immer dann besonders viele Informationen ein, wenn große Unsicherheit darüber bestand, welche von zwei zur Verfügung stehenden Wahloptionen die attraktivere ist.

Die Bearbeitung der motivationalen Aufgabe sollte aber auch dann mit größerer Involviertheit betrieben werden, wenn eine falsche Wahl irreversibel ist und die negativen Konsequenzen sehr schmerzhaft sind. Ähnliche Variablen postulieren Beach und Mitchell (1978) für die Wahl von Entscheidungsstrategien, die sich darin unterscheiden, wie gründlich verschiedene Handlungsmöglichkeiten abgewogen werden. Es erscheint daher sinnvoll anzunehmen, daß sich Bewußtseinslagen des Abwägens immer dann zur vollen Blüte entwickeln, wenn Bedingungen vorliegen, die eine gründliche Bearbeitung der motivationalen Aufgabe erfordern.

Schließlich stellt sich noch die Frage, ob man die Bewußtseinslage des Abwägens durch Instruktionen intensivieren kann. In der durch die Würzburger Schule angeregten Set-Forschung stellte sich heraus, daß Aufgabensets sich sowohl spontan entwickeln (wenn man die Versuchsperson eine Reihe von typischen Aufgaben selbständig bearbeiten läßt) als auch aufgrund von Instruktionen von Seiten des Versuchsleiters oder aufgrund von Selbstinstruktionen entstehen können. Ob diese auf verschiedene Art entstandenen Aufgabensets unterschiedliche Wirksamkeit entfalten, wurde nicht untersucht. Trotzdem erscheint es plausibel, daß sich Bewußtseinslagen des Abwägens besser entwickeln, wenn die Versuchspersonen angehalten werden, die motivationale Aufgabe gründlich zu bearbeiten. Dies sollte vor allem dann der Fall sein, wenn die motivationale Aufgabe nicht schon von sich aus eine gründliche Bearbeitung anregt.

Wie kommt es zum Erlöschen der Bewußtseinslage des Abwägens? Allgemein kann diese Frage mit dem Hinweis beantwortet werden, daß mit jeder Erledigung der motivationalen Aufgabe das Ende der zugehörigen Bewußtseinslage einhergehen sollte. Handelt es sich um eine Wahlaufgabe, wird die Bearbeitung sicherlich dann beendet, wenn ein Handlungsziel gewählt worden ist. Im Falle einer Entschlußaufgabe muß es dagegen nicht zum Handlungsentschluß kommen; der Entschluß, am *status quo* festzuhalten, bedeutet ebenfalls eine Erledigung der motivationalen Aufgabe.

Wie bahnt sich nun die Erledigung der motivationalen Aufgabe an? Oder anders formuliert, wie kommt es dazu, daß das Abwägen nicht unendlich weitergeführt wird? Hierzu gibt es eine Reihe von Antworten. Janis und Mann (1977) beschreiben den Fall, wo keine Aussicht besteht, durch zusätzliche Informationsaufnahme neue Erkenntnisse gewinnen zu können. Da diese Autoren Entscheidungs- und Entschlußsituationen als *Konflikt* betrachten, der aversiv erlebt wird und den es schnell zu beenden gilt, liegt das Postulat nahe, daß es in solchen Situationen unverzüglich zu Entscheidungen und Entschlüssen kommt.

Im Rubikonmodell der Handlungsphasen wurde das Konzept der *Fazittendenz* entwickelt, um die Erledigung der motivationalen Aufgabe vorhersagen zu können. Auch hier spielt die Hoffnung eine Rolle, durch zusätzliches Elaborieren neue Erkenntnisse zu gewinnen, und zwar in der Form der vermuteten Klärungsmöglichkeiten. Je mehr diese nach der subjektiven Meinung des Elaborierenden ausgeschöpft sind und damit - in den Worten von Janis und Mann - keine Aussicht auf zusätzliche Erkenntnisse besteht, desto mehr steigt die Fazittendenz an, d.h. die Tendenz, jetzt zu einem Entschluß zu kommen. Dieser Tendenz wird aber nur nachgegeben, wenn ein vorher festgesetztes erwünschtes Klärungsausmaß erreicht ist (die Höhe des gewünschten Klärungsausmaßes korreliert positiv mit der persönlichen Wichtigkeit der Entscheidung und negativ mit den Kosten, die das Beschaffen von Informationen verursacht).

Das Abschließen der motivationalen Aufgabe kann allerdings auch durch elaborationsfremde Variablen beschleunigt werden, wie C. A. Anderson (1983) in seinen experimentellen Arbeiten gezeigt hat. Die Vpn Andersons mußten sich bspw. die Durchführung der Handlung "Blutspenden" in allen Einzelheiten bildhaft vorstellen, obwohl sie sich noch nicht dazu entschlossen hatten. Als Konsequenz dieser mentalen Übung zeigte sich eine größere Entschlußfreudigkeit. Eine weitere elaborationsfremde Variable, die das schnelle Abschließen der motivationalen Aufgabe begünstigen sollte, ist sicherlich die Dringlichkeit in Form von Terminen. Viele Entscheidungen müssen zu bestimmten, von anderen Leuten oder Sachzwängen gesetzten Zeitpunkten getroffen sein, weil dann die eine oder andere Handlungsoption nicht mehr zur Verfügung steht. Verständlicherweise wird unter derartigen Bedingungen die Erledigung der motivationalen Aufgabe beschleunigt.

Nun kann die motivationale Aufgabe, wie jede andere Aufgabe auch, nicht nur durch ihre Erledigung eingestellt werden. Man kann die Aufgabenbearbeitung auch für eine kürzere oder längere Zeit unterbrechen, um sich in der Zwischenzeit anderen Dingen zuzuwenden. Solche Unterbrechungen können nun aufgabeninhärent und im Ablauf der Aufgabenbewältigung begründet sein. So legt das Fazitkonzept des Rubikonmodells nahe, daß die Elaboration dann ausgesetzt wird, wenn sie keinen weiteren Klärungsgewinn erzielt (sozusagen auf der Stelle tritt), das gewünschte Klärungsausmaß aber noch lange nicht erreicht ist; oder aber, wenn das Einholen vielversprechender Informationen sich als zu kostspielig erweist. Die Elaboration wird wieder aufgenommen, sobald sich die Aussichten auf einen Klärungsgewinn verbessern bzw. sich die Kosten des Informationseinholens verringern.

Häufiger dürften jedoch elaborationsexterne Unterbrechungen vorkommen. Diese treten dann auf, wenn die Erledigung anderer Aufgaben Vorrang bekommt, weil sich dafür günstige Gelegenheiten aufgetan haben, von denen aber befürchtet wird, daß sie nur von kurzer Dauer sein werden (Gelegenheitsfenster). Aufträge von Seiten anderer Personen, die unverzüglich auszuführen sind, werden ebenso zu einer Unterbrechung führen.

Verschwindet nun bei jeder Unterbrechung der Elaboration die Bewußtseinslage des Abwägens? Bei elaborationsinhärenten Unterbrechungen darf man wohl annehmen, daß auch die Bewußtseinslage schnell zum Erliegen kommt. Anders wirken sich hingegen elaborationsexterne Unterbrechungen aus. Hier besteht die Möglichkeit, daß die Bewußtseinslage für eine gewisse Zeit nachschwingt. Eine derartige Trägheitstendenz sollte in der bei der Unterbrechungsaufgabe erzielten Leistung zum Ausdruck kommen, wenn diese auf kognitiven Prozessen beruht, welche von der Bewußtseinslage des Abwägens affiziert sind. Übertragungseffekte von Aufgabensets wurden im Bereich des Problemlösens bereits nachgewiesen (siehe Gibson, 1941). Hatte man die Vpn durch die Bearbeitung einer ersten Aufgabe auf eine bestimmte Problemlösestrategie *eingestellt*, so zeigte sich bei der nachfolgenden zweiten Aufgabe ein Festhalten an dieser Lösungsstrategie, auch wenn diese zu Fehlern führte (Luchins, 1942; Rees & Israel, 1935; Siipola, 1935; Woodworth & Sells, 1935).

Die Bewußtseinslage des Planens

Wenn im folgenden versucht wird, die kognitive Orientierung der Bewußtseinslage des Planens zu bestimmen, so folgt die Analyse dem Ansatz, wie er zur Bestimmung der kognitiven Aspekte der Bewußtseinslage des Abwägens vorgetragen wurde. Ausgehend von den Anforderungen der in der präaktionalen Volitionsphase zu lösenden Aufgabe, wird versucht zu erschließen, welche Art der Informationsaufnahme und -verarbeitung die Lösung dieser Aufgabe begünstigen könnte. Diese Vorgehensweise führt zu einer Reihe von Hypothesen bzgl. der kognitiven Orientierung der Bewußtseinslage des Planens.

Welche Aufgabe muß in der präaktionalen Volitionsphase gelöst werden? Nachdem mit der Wahl eines Handlungsziels der Rubikon überschritten wurde, liegt eine Zielintention vor, und man ist entschlossen, das intendierte Ziel zu realisieren. Die Realisierung kann vorangetrieben werden, indem man sich um die Initiierung relevanter Handlungen bemüht. Welche Form dies im Einzelfall annimmt, hängt weitgehend von der Art der vorliegenden Zielintention ab: Wurde jene bereits beim Überschreiten des Rubikon mit Vorsätzen ausgestattet, die sich darauf beziehen, wo und wann welche Handlungen initiiert werden sollen, so geht es nur noch darum, die Gelegenheit zum Handeln abzuwarten. Man begibt sich dorthin, wo das Auftreten dieser Gelegenheit erwartet werden kann, und prüft, ob die als günstig definierte Gelegenheit vorliegt. Fällt die Passungsprüfung positiv aus, erfolgt unverzüglich die Handlungsinitiierung. Ähnliches gilt für Zielintentionen, bei denen solche Vorsätze nicht nötig sind, da gewohnheitsmäßig nur eine ganz bestimmte Art der Handlungsinitiierung denkbar ist (Achs voluntionale Objektion). Auch hier muß nur die passende Gelegenheit zur Handlungsinitiierung abgewartet werden.

Ist die Zielintention noch nicht mit spezifischen Vorsätzen ausgestattet und ist auch keine gewohnheitsmäßige Handlungsinitiierung zu erwarten, so müssen Vorsätze gebildet werden, bei welchen Gelegenheiten man welche Handlungen initiieren will. Nur so kann sich die infragestehende Zielintention gegen die Vielzahl konkurrierender Zielintentionen durchsetzen, die ebenfalls auf ihre Erledigung drängen. Neu gebildete und bereits in die präaktionale Handlungsphase mitgebrachte Vorsätze müssen bisweilen nachgebessert werden, weil sich die relative Günstigkeit der vorgenommenen Gelegenheit verschoben hat (es tun sich passendere Gelegenheiten auf), weil sich die vorgenommene Gelegenheit nicht einstellt oder weil die Gelegenheitsvornahme zu unspezifisch formuliert wurde.

Welche kognitive Orientierung begünstigt nun die Erledigung der *Aufgabe*, den Beginn zielrealisierenden Handelns vorzubereiten, so daß ein Aufschub der Zielrealisierung vermieden wird? Es sollte bevorzugt Information aufgenommen werden, die darüber Auskunft gibt, wo, wann und wie Handlungen initiiert werden können, die die Realisierung der Zielintention vorantreiben. Dies ist sowohl für den Fall wichtig, wo bereits Gelegenheitsvorsätze gebildet wurden bzw. die Handlungsinitiierung bereits gewohnheitsmäßig an bestimmte Auslösebedingungen geknüpft ist (denn es müssen die passenden situativen Kontexte aufgesucht werden) als auch dort, wo noch Gelegenheitsvorsätze gemacht werden müssen. Weiterhin sollte sich der Fokus der Aufmerksamkeit verengen, ganz ähnlich wie Easterbrook (1959) dies in seiner *cue utilization theory* postuliert, wonach in bestimmten affektiven Erregungszuständen während der

Bearbeitung einer Aufgabe nur noch ganz zentrale Bearbeitungshinweise verarbeitet und die peripheren, weniger relevanten ignoriert werden. Auf diese Weise wird sichergestellt, daß eine als günstig befundene Gelegenheit bei deren Eintreten auch sofort erkannt wird, da die Gefahr einer Ablenkung durch Informationen über konkurrierende Zielintentionen und Handlungsprojekte reduziert ist. Die Abschirmung betrifft auch Informationen hinsichtlich der Wünschbarkeit und Realisierbarkeit der infragestehenden Zielintention. Diese für die Lösung der motivationalen Aufgabe wichtigen Informationen sind für die Handlungsinitiierung irrelevant, ja sogar störend.

Zusammenfassend lassen sich folglich bzgl. der Aufnahme von Information in der Bewußtseinslage des Planens folgende Hypothesen formulieren: Information, die sich auf die Handlungsinitiierung bezieht, wird besonders effektiv aufgenommen. Generell zeigt sich allerdings bei der Aufnahme von Information eine Verengung des Aufmerksamkeitsfokus.

Wie wird die aufgenommene Information aufgabengemäß bearbeitet? Die Lösung der Planungsaufgabe, nämlich die Initiierung von Handlungen im Dienste der verbindlichen Zielintention voranzutreiben, profitiert sicherlich von einer akkuraten Bearbeitung/Auswertung von Information, die für die Initiierungsproblematik relevant ist. Wenn noch Vornahmen zu bilden oder bereits gebildete nachzuregulieren sind, muß präzise zwischen günstigen und weniger günstigen Gelegenheiten unterschieden werden. Ähnliches gilt, wenn es um die Frage geht, ob man hier oder dort nach günstigen Gelegenheiten suchen soll und ob eine vorliegende Situation wirklich eine günstige Gelegenheit darstellt. Macht man sich dabei etwas vor, d.h. bewertet man Gelegenheiten günstiger als sie wirklich sind, beeinträchtigt dies die erfolgreiche Handlungsinitiierung und damit die angestrebte Realisierung der Zielintention.

Wie aber werden Informationen oder Gedanken bearbeitet, die nicht der Realisierung der im Moment angestrebten Zielintention dienen, aber dennoch Bewußtheit erlangen? Die Planungsaufgabe läßt sich leichter lösen, wenn mit ihnen so verfahren wird, daß sie die Bemühungen der Handlungsinitiierung nicht beeinträchtigen können. Handelt es sich dabei um Information, die sich auf die Wünschbarkeit des gewählten Handlungsziels bezieht (z.B. Informationen über langfristig negative Konsequenzen), sollte diese so bewertet werden, daß die Wünschbarkeit des Ziels keinen Schaden nimmt (d.h. die langfristig negativen Konsequenzen werden weniger negativ bewertet als sie eigentlich sind oder die kurz- und langfristig positiven Konsequenzen werden vergleichsweise aufgewertet). Mit Information, die sich auf die Realisierbarkeit des gewählten Ziels bezieht (z.B. Information, die das Erreichen des gewählten Ziels als *un*möglich erscheinen läßt), sollte analog verfahren werden. Sie wird so interpretiert, daß der Glaube an die Realisierbarkeit nicht erschüttert wird und man weiterhin optimistisch in die Zukunft blicken kann. Dies geschieht im Dienste der volitionalen Aufgabe, die Initiierung zielrealisierender Handlungen voranzutreiben. Denn ein fester Glaube an die Wünschbarkeit und Realisierbarkeit des gewählten Ziels erhöht die Ausdauer bzgl. aller Bemühungen, relevante Handlungen zu initiieren.

Neben den eben angeführten Störungen ist es denkbar, daß sich konkurrierende Zielintentionen und Handlungsprojekte ins Bewußtsein drängen. Um diesen störenden Einflüssen in effektiver Weise zu begegnen, kann die Bedeutung der konkurrierenden Intentionen und Handlungsprojekte abgewertet werden, während hingegen die Bedeutung der Zielintention, deren Realisierung ansteht, aufgewertet wird. Oder der vorliegenden Information wird nur eine geringe Aussagekraft zugesprochen; bezieht sich diese bspw. auf eine günstige Gelegenheit für die Realisierung einer konkurrierenden Zielintention, so mag diese Information so bewertet werden, daß diese Gelegenheit weniger günstig erscheint als sie eigentlich ist.

Somit lassen sich folgende Hypothesen bzgl. der Bearbeitung von Information in der Bewußtseinslage des Planens formulieren: Information, die das Handlungsinitiierungsproblem betrifft, wird realistisch und präzise analysiert, während Information, die die Bemühungen um die Handlungsinitiierung stören könnte, *voreingenommen* ausgewertet wird. Es zeigt sich eine Parteinahme für die Zielintention, um deren Realisierung man sich gerade bemüht.

Wie entsteht die Bewußtseinslage des Planens? Nach dem hier vorgetragenen theoretischen Ansatz muß sich die Antwort auf die Übernahme der Planungsaufgabe beziehen. Wann also stellt sich die Aufgabe, sich um die Handlungsinitiierung eines gewählten Handlungsziels bemühen zu müssen? Im Prinzip immer dann, wenn die Handlungsinitiierung nicht sofort nach dem Überschreiten des Rubikon in Gang gesetzt werden kann; also stets, wenn eine günstige Gelegenheit zur Handlungsinitiierung abgewartet oder diese aufgesucht bzw. geschaffen werden muß. Liegt bereits zum Zeitpunkt der Entscheidung eine günstige Gelegenheit vor, die sofort erkannt und genützt wird, sollte sich keine Bewußtseinslage des Planens entwickeln können.

Eine Bewußtseinslage des Planens stellt sich auch in den Fällen nicht ein, in denen man eine Entscheidung zwischen Handlungszielen trifft, die Realisierung des gewählten Ziels aber anderen Personen aufträgt. Hier braucht man sich nicht um die Initiierung relevanter Handlungen zu bemühen. Allerdings dürften diese in anderen Leuten gestifteten Zielintentionen (sog. *imperative* Zielintentionen) dort nach Realisierung drängen. Es erscheint daher sinnvoll anzunehmen, daß immer dann, wenn wir uns bemühen, Handlungen im Dienste von imperativen Zielintentionen zu initiieren, ebenfalls eine Bewußtseinslage des Planens entsteht.

Wann ist die Bewußtseinslage des Planens besonders stark ausgeprägt? Diese Frage bezieht sich auf die Gründlichkeit der Bearbeitung der Planungsaufgabe. Eine hohe Volitionsstärke der Zielintention sollte stets einen besonderen Einsatz beim Lösen dieser Aufgabe nach sich ziehen. Wie die Darstellung des Rubikonmodells deutlich machte, ist die Höhe der Volitionsstärke nicht nur von der Wünschbarkeit und Realisierbarkeit des intendierten Ziels abhängig. Sie steigt zusätzlich reaktiv an, wenn sich der Realisierung der Zielintention Schwierigkeiten in den Weg stellen. Folglich sollte man sich umso mehr um die Initiierung zielrealisierender Handlungen bemühen, wenn erste dahingehende Versuche gescheitert sind.

Ob die Stärke der Ausprägung der Bewußtseinslage des Planens auch davon abhängt, wieviel in der präaktionalen Handlungsphase noch zu tun bleibt (d.h. ob nur noch auf eine bereits vorgenommene günstige Gelegenheit gewartet werden muß, oder ob erst noch Vorsätze gebildet und diese dann entsprechend nachreguliert werden müssen), ist ungeklärt. Sicher dürfte allerdings sein, daß Personen, die die Planungsaufgabe nur flüchtig und oberflächlich bearbeiten, auch eine vergleichsweise weniger ausgeprägte Bewußtseinslage des Planens entwickeln. Möglicherweise bestimmt dabei nicht die Anzahl der zu bewältigenden Teilaufgaben, sondern die Gründlichkeit ihrer Bearbeitung die Stärke der Bewußtseinslage des Planens. Da man die Gründlichkeit der Bearbeitung sowohl durch Selbst- als auch durch Fremdinstruktionen positiv beeinflussen kann, dürften sich diese Instruktionen auch auf die Stärke der Bewußtseinslage des Planens auswirken.

Wann löst sich die Bewußtseinslage des Planens wieder auf? Dies sollte dann geschehen, wenn die Planungsaufgabe erledigt ist, oder wenn die Bearbeitung der Planungsaufgabe unterbrochen wird. Diese ist erledigt, wenn die Handlungsinitiierung erfolgreich vollzogen wurde. Wann damit zu rechnen ist, versucht das Rubikonmodell der Handlungsphasen mit dem Konzept der Fiattendenz vorherzusagen (siehe oben). Unterbrechungen der Bearbeitung der Planungsaufgabe können dagegen verschiedene Formen annehmen. So kann das Warten auf eine vorgenommene günstige Gelegenheit durch die Beschäftigung mit anderen Aufgaben angereichert werden, wie z.B. auch mit einer motivationalen Aufgabe (man grübelt über irgendeine Zielentscheidung nach, die nichts mit der Zielintention, deren Realisierung gerade angestrebt wird, zu tun hat). Es erscheint sinnvoll anzunehmen, daß bei diesen Unterbrechnungen die Art der Unterbrechungstätigkeit die Bewußtseinslage der Person bestimmt, und sich die ursprüngliche Bewußtseinslage des Planens verflüchtigt.

In diesem Zusammenhang ist die Frage von Interesse, ob nicht das Abwägen, das im Rahmen der volitionalen Aufgabe bisweilen notwendig wird, eine Bewußtseinslage des Abwägens und ihre typischen kognitiven Charakteristika nach sich zieht und damit die Bewußtseinslage des Planens verdrängt. So kann sich bspw. die Frage aufdrängen, ob man bei vorliegender günstiger Gelegenheit noch auf eine in Aussicht stehende, möglicherweise günstigere Gelegenheit warten soll (*Längskonkurrenz*), oder ob man bei günstiger Gelegenheit für zwei konkurrierende Intentionen gleicher Volitionsstärke nun die eine oder die andere bevorzugen soll

(*Querkonkurrenz*). In beiden Fällen (Längs- und Querkonkurrenz) kann es zu einer erneuten Elaboration der Realisierbarkeit und Wünschbarkeit der infragestehenden Handlungsziele kommen, und zwar dann, wenn ein unlösbar erscheinender *approach-approach* Konflikt vorliegt. Ist dies der Fall, kann eine Bewußtseinslage des Abwägens entstehen. Allerdings dürfte eine ausgeprägte Bewußtseinslage des Planens mit ihrer typischen kognitiven Orientierung diese Konflikte kaum entstehen lassen. Falls sie trotzdem auftreten, wird auf ihre zügige Lösung gedrängt. Wenn überhaupt, darf man bei ausgeprägter Bewußtseinslage des Planens folglich nur kurze Zwischenelaborationen erwarten. Daß diese dann zu einer sehr ausgeprägten Bewußtseinslage des Abwägens führen, ist daher unwahrscheinlich.

Anders liegt der Fall bei übergeordneten Zielintentionen, die sich auf sog. Oberziele beziehen. Am Beispiel einer alleinstehenden Frau mit zwei Kindern, die sich das Oberziel gesetzt hat, ihr abgebrochenes Studium wiederaufzunehmen, kann dies leicht erläutert werden. Selbst nachdem das motivationale Abwägen des Oberziels abgeschlossen ist und die Planungsaufgabe in Angriff genommen wird, müssen immer wieder neue Zielentscheidungen getroffen werden (z.B. In welchen Hort soll ich meine Kinder geben? Welche Fächerkombination studiere ich? An welcher Universität?). Die Elaboration dieser neuen Ziele, für die das übergeordnete Ziel, das Studium wiederaufzunehmen und abzuschließen, die Quelle ist, erfordern jeweils gründliche motivationale Analysen, die sicherlich von Bewußtseinslagen des Abwägens begleitet sind. Die oben erwähnten, bisweilen in der präaktionalen Volitionsphase auftretenden *approach-approach* Konfliktsituationen sollten nicht mit dem hier beschriebenen Phänomen verwechselt werden, wo sich aus einem Oberziel untergeordnete Ziele ableiten, die dann getrennt vom Oberziel elaboriert werden müssen.

Die Bewußtseinslagen des Handelns und Bewertens

Obwohl in der vorliegenden Monographie die Analyse der Bewußtseinslagen des Abwägens und Planens im Vordergrund steht, möchte ich an dieser Stelle noch einige Überlegungen zu den kognitiven Merkmalen der Bewußtseinslagen des Handelns und Bewertens vorstellen.

Kognitive Merkmale der Bewußtseinslage des Handelns

In der aktionalen Phase stellt sich die Aufgabe, die begonnene Realisierung des Ziels erfolgreich zu Ende zu führen. Dabei sollten Unterbrechungen vemieden werden, da jedes Stocken des Handlungsflusses die Zielerreichung hinausschiebt. Die Bewußtseinslage, die die Lösung dieser Aufgabe erleichtert, sollte deshalb durch Aspekte gekennzeichnet sein, die Csikszentmihalyi (1975) der sog. "flow experience" und Wicklund (1986) der sog. "dynamic orientation" zuschreibt. Man denkt weder an das zu erreichende Ziel, an relevante Fähigkeiten und Fertigkeiten oder alternative Handlungsstrategien, noch werden Vorsätze hinsichtlich des Wann, Wo und Wie des Handelns gebildet. Vielmehr ist man völlig mit den Handlungen, die man gerade ausführt, beschäftigt und geht sozusagen in ihnen auf. Dementsprechend werden nur diejenigen Aspekte des Selbst und der Umgebung beachtet, die den Handlungsablauf unterstützen; Aspekte, die zu Unterbrechungen führen könnten (z.B. selbstreflektierende Gedanken, konkurrierende Zielintentionen, ablenkende Umweltreize) werden dagegen ignoriert.

Damit dürfte die Bewußtseinslage, die die Lösung der Aufgabe der aktionalen Phase erleichtert, durch die Verweigerung der Aufnahme und Analyse von Information gekennzeichnet sein, die sich auf eine Neubewertung des gewählten Ziels bezieht, auf eine Neubewertung der gewählten Handlungsstrategie, oder auf irgendeine Selbstbewertung (z.B. Kann ich auf meine bisherige Leistung stolz sein? Besitze ich die zur Zielrealisierung notwendigen Fähigkeiten?). Weiterhin sollte die Bewußtseinslage des Handelns durch die bevorzugte Aufnahme von Information gekennzeichnet sein, die sich auf internale und externale Aspekte bezieht, die den Handlungsverlauf in Richtung auf Zielrealisierung steuern. Diese Information sollte relativ akkurat und nicht ins Positive verzerrt ausgewertet werden. Die Bewußtseinslage des Handelns sollte immer dann entstehen, wenn man sich reibungslos auf die Verwirklichung eines Ziels hinbewegt.

Kognitive Merkmale der Bewußtseinslage des Bewertens

In der postaktionalen Phase steht die Aufgabe an, das Handlungsergebnis und dessen Folgen zu bewerten. Es geht darum herauszufinden, ob das intendierte Handlungsergebnis auch erreicht wurde und ob die erwarteten Konsequenzen auch eingetreten sind. Daher ist es notwendig, sich primär mit der Qualität des erzielten Handlungsergebnisses und der tatsächlichen Attraktivität seiner Konsequenzen auseinanderzusetzen. Die Aufgabenlösung impliziert einen einfachen Vergleich zwischen dem, was erreicht (Ergebnisse) und erhalten (Folgen) und dem, was ursprünglich beabsichtigt bzw. erwartet wurde. Dies setzt eine korrekte Einschätzung der Qualität des Ergebnisses und eine objektive, unparteiische Beurteilung der Attraktivität seiner Folgen voraus.

Demnach sollte die Bewußtseinslage, die die Aufgabe des Bewertens in der postaktionalen Phase erleichtert, folgende Merkmale aufweisen:
1. eine bevorzugte Aufnahme von Information, die für die Einschätzung des erzielten Ergebnisses und der Attraktivität der Folgen relevant ist,
2. eine akkurate bzw. unparteiische Informationsbearbeitung,

3. eine vergleichende Orientierung: das intendierte Ergebnis und dessen erwartete Konsequenzen mit dem tatsächlich erzielten Ergebnis und dessen Konsequenzen verglichen.

Die Bewußtseinslage des Bewertens sollte immer dann entstehen, wenn man intensiv mit dem Bewerten der Ergebnisse und Folgen zielrealisierenden Handelns beschäftigt ist.

Zusammenfassung

Die verschiedenen Handlungsphasen des Rubikonmodells differenzieren vier eigenständige Phänomene zielorientierten Verhaltens: nämlich Abwägen, Planen, Handeln und Bewerten. Da jedes dieser Phänomene die Bearbeitung einer jeweils anderen Aufgabe impliziert, sollten verschiedene Bewußtseinslagen entstehen, wenn die Lösung dieser Aufgaben in Angriff genommen wird. Die kognitiven Merkmale dieser Bewußtseinslagen lassen sich durch eine detaillierte Analyse der jeweiligen konkreten Aufgabenanforderungen spezifizieren.

II EMPIRISCHE ANALYSEN

4 Die Aufnahme von Information

Unsere empirischen Analysen konzentrierten sich bislang auf die kognitiven Merkmale, die für die Bewußtseinslagen des Abwägens und Planens postuliert wurden. Die drei zentralen Themen unserer Experimente waren: (a) die jeweils typische Aufnahme von Information, (b) die jeweils spezifische Gedankenproduktion und (c) die postulierten Unterschiede in der Bearbeitung verfügbarer Information. Es werden nun zunächst empirische Studien berichtet, die sich auf die Thematik der Informationsaufnahme beziehen. In Kapitel 3 wurden Überlegungen darüber vorgetragen, wann die Bewußtseinslagen des Abwägens und Planens entstehen und unter welchen Bedingungen sie zu voller Blüte heranreifen oder sich verflüchtigen. Diese Überlegungen sind in den im folgenden berichteten Studien in die Lösung der Operationalisierungsfrage eingegangen, wie die Bewußtseinslagen des Abwägens und Planens im Labor erfolgreich induziert werden können.

Erinnern kongruenter Information (Studie 1)

Die Analyse der Aufgabenanforderungen beim Abwägen und Planen ergab, daß jeweils andere Informationen die Lösung dieser beiden Aufgaben erleichtern. Beim Abwägen ist dies Information über die zu erwartenden Folgeanreize und über Handlungsergebnis-Erwartung. Beim Planen dagegen dürfte Information über das Wann, Wo und Wie der Handlungsausführung von besonderem Nutzen sein. Wie läßt sich nun die Überlegung testen, daß in der Bewußtseinslage des Abwägens und Planens jeweils die aufgabenkongruente Information effektiver aufgenommen wird? Wir (Gollwitzer, Heckhausen & Steller, 1990, Studie 2) gingen davon aus, daß effektive Informationsaufnahme in einer erhöhten Erinnerungsleistung zum Ausdruck kommt. Demnach offerierten wir unseren Versuchspersonen (Vpn) sowohl Information über Folgeanreize als auch über Durchführungsprobleme, nachdem wir die Vpn entweder in eine Bewußtseinslage des Abwägens oder Planens versetzt hatten. Später wurden alle Vpn gebeten, die dargebotene Information zu erinnern.

Die Bewußtseinslage des Abwägens wurde wie folgt induziert: Die Vpn wurden vor eine Entscheidung gestellt und gebeten, diese gründlich abzuwägen (prädezisionale Vpn). Um die Bewußtseinslage des Planens einzuleiten, wurde von den Vpn zunächst eine Entscheidung gefordert und danach die Vorbereitung auf eine in Aussicht gestellte Gelegenheit zur Handlungsinitiierung (postdezisionale Vpn). Den abwägenden (prädezisionalen) und planenden (postdezisionalen) Vpn wurden dann während einer kurzen Unterbrechung des Versuchsablaufs Dias gezeigt, auf denen Einzelpersonen abgebildet waren. Jedem Persondia folgte unmittelbar ein Textdia. Aus dem Text ging hervor, daß die abgebildete Person ein

Entschlußproblem zu lösen hatte (z.B. Soll ich meine Eigentumswohnung verkaufen?) und sich verschiedene Gedanken dazu machte. Einige Überlegungen waren elaborativ und bezogen sich auf verschiedene mögliche Folgeanreize. Andere bezogen sich auf Aspekte der Initiierung eines erfolgten Handlungsentschlusses. Obwohl die Inhalte dieser Überlegungen mit dem Entscheidungs- bzw. Initiierungsproblem der Vpn nichts zu tun hatten, erwarteten wir vergleichsweise bessere Erinnerungsleistungen für die bewußtseinslagen-kongruenten Inhalte; also bei den abwägenden Vpn für die Überlegungen zu Folgeanreizen, bei den planenden Vpn für die Überlegungen zur Handlungsinitiierung. Dies deswegen, weil Bewußtseinslagen eine gewisse zeitliche Stabilität aufweisen und über neue Kontexte (oder Aufgaben) hinweg ihre Effekte entfalten sollten. Eine derartige Transferannahme findet sich neuerdings auch bei Smith und Branscombe (1987) in ihrem Modell sozialer Urteile. Die Autoren gehen davon aus, daß die in einer ersten Übungs-Aufgabe (Priming-Aufgabe) aktivierten kognitiven Prozeduren sich in einer zeitlich nachfolgenden Aufgabe (Test-Aufgabe) bemerkbar machen. Dies gilt insbesondere dann, wenn die kognitiven Prozeduren in der ersten Aufgabe durch intensive Übung fest eingeschliffen wurden und wenn die zweite, nachfolgende Aufgabe von ihrer Struktur her den Einsatz dieser Prozeduren nicht grundsätzlich verbietet.

Für unsere Zwecke ist die Transferqualität von Bewußtseinslagen methodisch reizvoll. Sie erlaubt es nämlich, die postulierten Effekte der abwägenden und planenden Bewußtseinslagen im Rahmen der Bearbeitung nachfolgender (Test-)Aufgaben zu prüfen. Man ist also *nicht* gezwungen, diese Effekte bei der Bearbeitung der (Übungs-)Aufgabe zu studieren, die den Vpn zur Ausbildung der Bewußtseinslagen aufgetragen wurde. Letzteres Vorgehen hätte nämlich den Nachteil, daß eventuelle Bewußtseinslageneffekte einer einfachen Alternativerklärung zugänglich sind. Sie könnten nämlich als Ausdruck der bloßen Gefälligkeit der Vpn dem Versuchsleiter (Vl) gegenüber verstanden werden.

Methode

Vpn, Versuchsaufbau und -material. 69 männliche Studenten der Ludwig-Maximilians-Universität München nahmen am Experiment teil, und zwar gegen eine Bezahlung von 10,- DM/Stunde. Jeweils zwei Studenten kamen zu einem Versuchstermin. Sie wurden von einer Versuchsleiterin (Vl) begrüßt, die ihnen Vertraulichkeit der erhobenen Daten zusicherte, auf die Freiwilligkeit der Teilnahme hinwies und eine Aufklärung über Sinn und Zweck der Studie in Aussicht stellte. Sie wurden dann in getrennte Versuchskabinen geführt, welche bzgl. ihrer Ausstattung gleich waren. Die weiteren Instruktionen, die vorher auf Tonband aufgezeichnet worden waren, erhielten die Vpn über eine Gegensprechanlage. Dieses Vorgehen erlaubte es, den beiden Vpn gleichzeitig unterschiedliche Instruktionen zu geben, d.h. sie konnten zufällig auf die vier Versuchsbedingungen aufgeteilt werden. Beide Versuchskabinen waren außerdem mit einer Rückprojektionswand ausgestattet, so daß von einem zwischen den beiden Kabinen liegenden Kontrollraum aus die Bild- und Textdias vorgegeben werden konnten.

Des weiteren befand sich auf dem Tisch der Vp eine Schaltanlage, die mit einem quadratischen und einem runden Druckknopf ausgerüstet war; außerdem enthielt sie zwei Lämpchen, ein rotes und ein grünes. Als die Vp die Versuchskabine betrat, brannte das rote Lämpchen. Die Schaltanlage war mit dem Kontrollraum verbunden, in dem sich die Vl aufhielt. Die zu bearbeitenden Tests lagen bereits in verschlossenen, numerierten Briefumschlägen in den Versuchskabinen.

Die vorbereiteten Persondias zeigten Frontansichten von einzelnen Männern und Frauen verschiedenen Alters; zu jedem Persondia existierte ein Textdia mit den angeblichen Gedanken der abgebildeten Person. So zeigte ein Persondia eine ältere, gepflegte Dame. Das zugehörige Textdia brachte ihre Problematik zum Ausdruck: *Soll ich meine Enkelkinder in den Sommerferien zu mir einladen - oder soll ich es nicht tun?* Dieser Frage folgten zwei Überlegungen, die sich auf Folgeanreize bezogen. Die erste beschrieb einen möglichen positiven Anreiz (*Es wäre schön, weil* sie mir bei der Gartenarbeit helfen könnten); die zweite bezog sich auf einen möglichen negativen Anreiz (*Es wäre schlecht, weil* sie vielleicht das gute Porzellan herunterschmeißen).

Schließlich wurden noch zwei Gedanken angeführt, die sich auf die Initiierung von Handlungen bezogen, die notwendig würden, falls sie den infragestehenden Entschluß fassen sollte. Der eine beschrieb den Zeitpunkt der Initiierung eines zentralen Ausführungsschrittes (*Wenn ich es tue, dann* rede ich nicht mit den Kindern darüber, *bis* meine Tochter einverstanden ist), der andere den zeitlichen Ablauf einer ersten Realisierungshandlung (*Wenn ich es tue, dann* werde ich *zuerst* meiner Tochter schreiben *und dann erst* rufe ich sie an).

Insgesamt wurden 8 verschiedene Personen gezeigt (z.B. ein bärtiger junger Student, der sich überlegte, ob er Bildhauer werden sollte; eine junge Kellnerin, die darüber grübelte, ob sie mit der Kellnerarbeit aufhören sollte; und ein Jungunternehmer, der abwog, ob er seine Eigentumswohnung verkaufen sollte). Die Textdias hatten immer dasselbe Format; die oben kursiv gesetzten Stämme der Sätze waren bei allen Textdias identisch und schwarz gedruckt, die übrigen Teile der Sätze dagegen rot. Schließlich waren 4 der Persondias in Farbe, die anderen 4 schwarz-weiß.

Versuchsablauf. Den Vpn in den beiden experimentellen Versuchsbedingungen wurde erklärt, daß im Verlauf der Untersuchung sowohl ihre soziale Intelligenz als auch ihre künstlerische Kreativität getestet würde. Für jedes der beiden Persönlichkeitsmerkmale hätte man zwei verschiedene Testverfahren entwickelt, und die Vpn könnten wählen, welches sie bearbeiten wollen. Eine wohlüberlegte Wahl sei insofern wichtig, weil das wahre Leistungspotential nur dann voll zum Ausdruck komme, wenn die Vp das zu ihr passende Testverfahren bearbeitet.

Das Persönlichkeitsmerkmal, das zuerst gemessen werde, sei soziale Intelligenz. Die Vl bat die Vpn, einen vorbereiteten Briefumschlag zu öffnen und kurze Beschreibungen zweier verschiedener sozialer Konflikte zu entnehmen. Es handelte sich um einen Ehekonflikt und einen Konflikt zwischen Freunden. Die Vpn wurden aufgefordert, das Problem zur

Bearbeitung auszuwählen, das ihre Person mehr berühre. Für dieses Problem sollten sie dann einen schriftlichen Lösungsvorschlag ausarbeiten (nicht länger als eine Seite).

Nachdem die Vpn ihren Kurzaufsatz geschrieben hatten, wurden sie gebeten, einen Gedächtnistest (der als Baseline-Messung dienen sollte; siehe unten) zu machen. Die Vl erklärte, daß sie diese Zeit dazu nützte, die Lösungsvorschläge der Vpn zu studieren und bzgl. ihrer Qualität zu bewerten. Der Gedächtnistest verlangte von den Vpn, sich in die Rolle von Stadträten zu versetzen, die über den Bau einer Bibliothek zu beraten hätten. Die Aufgabe der Vp sei es, die übrigen Stadträte über die Fakten des Projekts aufzuklären. Diese Fakten standen auf einem Blatt Papier, das die Vpn in einem weiteren Briefumschlag vorfanden. Sie wurden schließlich gebeten, sich dieses Dossier einzuprägen, weil sie später darüber frei zu berichten hätten.

Die Vpn hatten genau 1 Minute Zeit, sich diese Informationen einzuprägen (z.B. für wieviele Bücher die Bibliothek gebaut wird, wo das Gebäude errichtet wird, wie die Baupläne aussehen, usw.). Direkt danach wurde abgefragt. Insgesamt wurden den Vpn 21 Fragen (z.B. wieviele Räume soll das Gebäude enthalten, die Namen der Sponsoren usw.) vorgelegt. Sie hatten 4 Minuten Zeit, diese zu beantworten.

Danach leitete die Vl die Messung der sog. künstlerischen Kreativität ein. Sie erklärte, daß die Vpn Collagen zu gestalten hätten, und zwar aus Material, das aus verschiedenen Zeitungen und Illustrierten herausgeschnitten worden sei. Bei den einzelnen Collageelementen handle es sich um Menschen, Tiere, Pflanzen und auch leblose Objekte. Die Aufgabe der Vpn bestehe nun darin, mit diesen Elementen zu einem vorgegebenen Thema ein kreatives Bild zu gestalten. Im einzelnen sollten die Vpn wie folgt vorgehen: Zunächst sollten passende Collageelemente ausgewählt werden, die dann auf ein weißes Stück Papier gelegt und solange verschoben werden, bis Bilder entstehen. Sobald eine kreative Lösung gefunden sei, sollten die Collageelemente aufgeklebt und das Werk bei der Vl zur Beurteilung abgegeben werden.

Schließlich erklärte die Vl, daß sie zwei verschiedene Möglichkeiten, sich kreativ auszudrücken, anbiete, weil sich manche Personen mehr von

Farbe und konkreten Darstellungen angezogen fühlten, andere dagegen zu abstrakter Ausdrucksweise neigten. Das eine Verfahren ziele auf konkrete lebhafte Bilder ab, und sie stelle dafür buntes Collagematerial zur Verfügung. Das andere dagegen begünstige abstrakte Darstellungen; dafür stelle sie schwarz-weißes Collagematerial zur Verfügung. Manche Leute erzielten bessere Kreativitätsleistungen mit dem farbigen Verfahren, während es bei anderen genau umgekehrt sei. Die Entscheidung, ob die Vpn nun lebhafte, konkrete Bilder gestalten wollten oder aber abstrakte, könne sie ihnen nicht abnehmen. Jede Vp müsse selbst entscheiden, welches Ziel sie sich setzen wolle.

Die Vl gab dann folgende weitere Instruktionen: Sie habe eine Methode entwickelt, die es den Vpn erleichtere herauszufinden, welches Collageverfahren für sie geeigneter sei. Sie werde den Vpn einige schwarz-weiße und farbige Dias zeigen, die aus einem früheren Experiment herrühren, in dem versucht wurde, Kreativität in anderer Weise zu messen. Die Vpn dieses früheren Versuchs hätten die Gedanken von Personen erraten müssen, von denen sie wußten, daß sie sich mit einem Entschlußproblem quälten. Um diese Aufgabe zu vereinfachen, habe man unvollständige Sätze vorgegeben, die die Vpn dann ergänzen mußten.

Sie zeige den Vpn jetzt die kreativsten Leistungen, und zwar immer zuerst ein Persondia und gleich darauf das zugehörige Textdia mit den vermuteten Gedanken. Die Persondias seien je zur Hälfte schwarz-weiß und bunt; die Satzergänzungen auf den Textdias seien daran zu erkennen, daß sie rot gedruckt sind. Die Vpn sollten sich Persondias und Textdias genau ansehen und versuchen herauszufinden, ob sie persönlich mit schwarz-weißem oder mit buntem Material kreativer sein könnten. Sie sollten sich jedoch noch nicht während des Betrachtens der Dias entscheiden, denn vorschnelle Entscheidungen seien problematisch, da sie auf nicht hinterfragten Präferenzen basierten. Die Vpn sollten sich zurücklehnen und die Bilder auf sich wirken lassen. Selbst nach dem Betrachten der Dias sei noch genügend Zeit, die Entscheidung abzuwägen.

Kurz bevor die Dias gezeigt wurden, gab die Vl Rückmeldung bzgl. des sozialen Intelligenztestes. Alle Vpn erhielten dieselbe Rückmeldung: Ihre recht durchschnittliche Leistung wäre vermutlich besser ausgefallen, wenn sie das alternative Testmaterial gewählt hätten. Diese Rückmeldung und auch die Instruktion, sorgfältig abzuwägen, dienten nur dazu, die Vpn von spontanen, impulsiven Entscheidungen abzuhalten. Mit anderen Worten: Die Vpn wurden angehalten, die vorgegebene Wahlaufgabe (Soll ich bunte, konkrete oder schwarz-weiße, abstrakte Collagen gestalten?) in aller Gründlichkeit zu bearbeiten, um eine ausgeprägte Bewußtseinslage des Abwägens zu induzieren.

Den Vpn wurden dann die Dias auf der Projektionsleinwand gezeigt. In der *prädezisionalen* Bedingung (Bewußtseinslage des Abwägens) wurde den Vpn nach dem letzten Dia ein weiterer Satz von Dias in Aussicht gestellt. Dieser müsse allerdings erst vorbereitet werden, weshalb sich die Vpn noch gedulden müßten. Die Vl erklärte schließlich, daß sie die Wartezeit mit einer Reihe von Standardtests auszufüllen gedenke.

Nach einer 5-minütigen Distraktoraufgabe (Flächenzählaufgabe) wurden die Persondias in der ursprünglichen Reihenfolge erneut gezeigt. Außerdem wurde den Vpn ein Textheft zur Verfügung gestellt, das für jedes der acht Persondias ein Blatt enthielt. Auf jedem einzelnen Blatt fand sich als Überschrift das zugehörige Entschlußproblem und darunter die Satzteile, die auf den Text-Dias schwarz gedruckt waren. Die Vpn wurden aufgefordert, die Sätze aus der Erinnerung zu ergänzen.

Nachdem diese Gedächtnisaufgabe erledigt war, entschuldigte sich die Vl, daß sie den zusätzlichen Diasatz nicht habe beschaffen können. Deshalb sollten die Vpn jetzt doch allein aufgrund des ersten Diasatzes versuchen, zu einer Entscheidung zu kommen. Nach einer Minute würde das rote Lämpchen auf der Schaltanlage vor ihnen erlöschen und das grüne aufleuchten. Dann könnten sie durch Betätigen des quadratischen (schwarz-weiße Collagen) oder runden (farbige Collagen) Druckknopfes ihre Entscheidung kundtun.

Die Vl notierte sich die Entscheidung der Vpn und brach daraufhin das Experiment ab. Die Vpn wurden schließlich ausführlich über Sinn und Zweck des Experimentes aufgeklärt. Es wurden alle Fragen beantwortet und den Vpn erklärt, wie die erhobenen Daten geschützt würden. Schließlich wurden die Vpn nach dem bei der Anwerbung in den Universitätsgebäuden vereinbarten Tarif bezahlt. (Die Prinzipien für den

Kontakt mit Vpn sowie die Behandlung der erhobenen Daten habe ich an anderer Stelle beschrieben; Gollwitzer, 1991. Wir folgten diesen Gundregeln in den in dieser Arbeit beschriebenen Studien).

In der *postdezisionalen* Versuchsbedingung (Bewußtseinslage des Planens) gestaltete sich der Versuchsablauf etwas anders: Den Vpn wurden die Dias erst nach Kenntnisgabe der Entscheidung gezeigt. Deshalb enthielten die Instruktionen, die die Vpn zu einem gründlichen Abwägen ermunterten, keine Hinweise auf die Dias. Trotzdem erhielten die Vpn dasselbe Feedback bzgl. ihrer Leistung im sozialen Intelligenztest wie die anderen Gruppen. Nachdem die Vl die Entscheidung zur Kenntnis genommen hatte, erklärte sie, daß es einige Minuten dauern würde, bis das Material für den Test zur künstlerischen Kreativität herbeigeschafft sei. Während der Wartezeit wurde den Vpn die Diaserie vorgeführt. Die Herkunft der Dias wurde in der gleichen Weise erläutert wie in den anderen Bedingungen. Auch der nachfolgende Erinnerungstest wurde genauso appliziert.

Den Vpn der *Kontrollbedingung* wurde kein Test zur sozialen Intelligenz oder künstlerischen Kreativität angekündigt. Sie wurden lediglich gebeten, eine Reihe von Aufgaben zu lösen. Nachdem sie den Bibliothekstest gemacht hatten, wurden die Dias gezeigt, deren Herkunft ihnen auf die gleiche Art und Weise erklärt wurde, wie den Vpn der anderen Versuchsgruppen. Schließlich mußten sie versuchen, die Information auf den Textdias zu erinnern. Die Vpn der Kontrollbedingung wurden ebenfalls über Sinn und Zweck der Studie aufgeklärt.

Ergebnisse

Äquivalenz der prä- und postdezisionalen Gruppe. Zunächst wurde geprüft, ob die verschiedenen Versuchsbedingungen sich möglicherweise in der Erinnerungsleistung im Bibliothekstest unterschieden. Dies war jedoch nicht der Fall; $F < 1.0$, *ns*. Offensichtlich war die Randomisierung der Vpn geglückt. Der Bibliothekstest mußte deshalb in den nachfolgenden Varianzanalysen nicht als Kovariate verrechnet werden. Die zwei experimentellen Gruppen unterschieden sich auch nicht in ihren Wahlen; obwohl schwarz-weiß zweimal so oft gewählt wurde wie bunt, war dieses Wahlverhältnis in beiden Gruppen konstant; χ^2 (1, N = 35) = .01, p = .91.

Gedächtnisleistung. Die Gedächtnisleistung wurde bestimmt, indem ausgezählt wurde, wieviele Gedanken korrekt erinnert worden waren. Wie erwartet wurden Gedanken, die sich auf Folgeanreize beziehen, in der *prädezisionalen* Bedingung (M = 7.29) am besten und in der *postdezisionalen* Bedingung (M = 6.11) am schlechtesten erinnert; die Vpn in der *Kontroll*bedingung (M = 6.87) lagen in der Mitte (siehe *Tab.1*). Ebenfalls erwartungsgemäß wurden Gedanken hinsichtlich der Initiierung relevanter Handlungen in der *prädezisionalen* Bedingung (M = 4.88) am schlechtesten und in der *postdezisionalen* Bedingung am besten erinnert (M = 8.17); die Vpn in der *Kontroll*bedingung (M = 6.63) zeigten wiederum im Vergleich dazu mittlere Gedächtnisleistungen. Damit erinnerten die Kontrollvpn die Information über Folgeanreize und die Information über die Initiierung relevanter Handlungen ungefähr gleich gut. Abwägende Vpn (prädezisionale Bedingung) und planende Vpn (postdezisionale Bedingung) erinnerten die jeweils bewußtseinslagen-kongruente Information besser als die inkongruente.

Um diesen Befund statistisch abzusichern, wurden zwei getrennte Varianzanalysen mit linearen Kontrastgewichtungen gerechnet (siehe Rosenthal & Rosnow, 1985). Bei der initiierungsbezogenen Information wurden die Gewichtungen so gesetzt, daß die lineare Hypothese "postdezisional > Kontrolle > prädezisional" getestet wurde. Die F-Statistik dieser Berechnung ist auf dem .025-Niveau signifikant; $F(1,48) = 4.03$; drückt man diesen Effekt als Korrelationskoeffizient aus, so ergibt sich ein Wert von $r(51) = .28$. Bei der anreizbezogenen Information wurden die Gewichtungen so gesetzt, daß die lineare Hypothese "prädezisional > Kontrolle > postdezisional" getestet wurde. Hier war die F-Statistik nicht mehr signifikant; $F(1,48) = 1.02$, *ns*; $r(51) = .15$, $p = .15$. Obwohl diese

Art der Information	Experimentelle Bedingungen		
	prä-dezisional (n=17)	post-dezisional (n=18)	Kontrollbedingung (n=16)
Folgeanreize	7.29	6.11	6.87
Positive Folgen	3.82	3.28	3.81
Negative Folgen	3.47	2.83	3.06
Initiierung von Realisierungshandlungen	4.88	8.17	6.63
Günstiger Zeitpunkt	1.53	3.00	2.50
Passende Handlungsabfolge	3.35	5.17	4.13

Tab. 1. Erinnerungsleistung für prä- oder postdezisional dargebotene Information (Studie 1)

Berechnungen darauf hinweisen, daß bewußtseinslagen-kongruentes Erinnern bei Initiierungsinformation deutlicher zutage tritt als bei Anreizinformation, darf man nicht vergessen, daß für beide Arten von Information die Höhe der Erinnerungsleistung der Hypothese des bewußtseinslagen-kongruenten Erinnerns folgt. Zusammengenommen ergibt sich deshalb ein ausgeprägter Bewußtseinslageneffekt. Man braucht nur die Differenz zwischen der Erinnerungsleistung für Anreize und der Erinnerungsleistung für Initiierungsinformation zu bilden, um dies deutlich zu machen. Dann zeigt sich nämlich, daß der Vorteil beim Erinnern von Anreizen gegenüber Initiierungsinformation bei abwägenden (prädezisionalen) Vpn noch deutlich ausgeprägt ist (M = 2.41), bei den Kontrollvpn entfällt (M = .24) und bei den planenden Vpn sich sogar ins Gegenteil verkehrt (M = -2.06). Rechnet man über diese Differenzwerte eine Varianzanalyse mit den entsprechenden linearen Gewichtungen, so zeigt sich ein hoch signifikanter Bewußtseinslageneffekt; $F(1,48) = 9.15$, $p < .003$; $r(51) = .41$.

Diskussion

Abwägende Vpn (*prädezisionale* Gruppe) erinnerten Information über Folgeanreize besser als Information zur Handlungsinitiierung; bei den planenden Vpn (*postdezisionale* Gruppe) war es genau umgekehrt. Dieses Datenmuster stützt unsere Hypothese, daß bewußtseinslagen-kongruente Information effektiver aufgenommen wird als inkongruente.

Die hypothesenkonformen Effekte in der vorliegenden Studie sind insofern besonders überzeugend, als die dargebotenen Informationen nichts mit der Entscheidung zu tun hatten, die die Vpn treffen oder implementieren mußten. Die Informationen bezogen sich auf Folgeanreize und die Handlungsinitiierungsproblematik von Entschlüssen, die die Vpn nicht direkt betrafen. Für die Folgeanreize der unmittelbaren Entscheidung bzw. für die Handlungen, deren Initiierung anstand, waren sie irrelevant.

Trotzdem beeinflußten die induzierten Bewußtseinslagen das Erinnern dieser Informationen.

Kritische Einwände. Unsere Interpretation der Ergebnisse basiert natürlich auf der Annahme, daß die vorgegebene Anreizinformation und die Initiierungsinformation sich nicht in irgendwelchen Merkmalen unterscheiden (z.B. emotionaler Ton oder Komplexität), die für die beobachteten Erinnerungleistungen verantwortlich zeichnen könnten. So könnte man bspw. argumentieren, daß die Initiierungsinformation in einem positiveren Ton formuliert war als die Anreizinformation und daß die planenden Vpn, weil sie in einer vergleichsweise besseren Stimmung waren als die abwägenden, diese Information besser erinnerten. Zwei Gründe lassen sich gegen diese Argumentation ins Feld führen: Zunächst ist es unwahrscheinlich, daß die Initiierungsinformation eine positivere Qualität hatte als die Anreizinformation, denn beide Arten von Informationen bezogen sich sowohl auf positive als auch auf negative Dinge (d.h. angenehme und unangenehme Handlungen bzw. positive und negative Handlungsfolgen). Weiterhin gilt, daß die planende Bewußtseinslage im allgemeinen keine bessere Stimmung auslösen sollte als die abwägende Bewußtseinslage. Planen kann genauso schwer und mühsam sein wie Abwägen; es kommt immer darauf an, was geplant bzw. abgewogen wird.

Man mag versucht sein einzuwenden, daß die Initiierungsinformation komplizierter formuliert war als die Anreizinformation und daß sie deshalb schwieriger zu enkodieren und abzurufen war. Dagegen spricht allerdings die Erinnerungsleistung der Kontrollvpn; sie erinnerten beide Arten von Informationen in etwa gleich gut. Obendrein gibt es kein überzeugendes Argument dafür, warum planende Vpn komplizierter formulierte Information besser erinnern sollten als abwägende Vpn.

Weitere bewußtseinslagen-kongruente Information. In zukünftigen Studien wäre die Frage zu klären, welche weiteren Informationen als kongruent zur abwägenden oder planenden Bewußtseinslage qualifizieren. Hinsichtlich der planenden Bewußtseinslage wäre zu prüfen, ob nicht auch Information hinsichtlich des *Wo* (günstige Gelegenheit) des Handlungsbeginns als kongruent gilt; in der vorliegenden Studie hatten wir uns auf das *Wann* (das Festlegen günstiger Zeitpunkte) und *Wie* (das Festlegen einer passenden Handlungsabfolge) der Initiierung von zielrealisierenden Handlungen beschränkt. In bezug auf die abwägende Bewußtseinslage erscheint es ebenfalls sinnvoll, die in der vorliegenden Studie vollzogene Beschränkung (auf Anreizinformation) aufzugeben. Das Abwägen von potentiellen Zielen verlangt auch die kritische Reflexion der Frage, wie sicher man sich sein darf, diese Ziele zu erreichen; ansonsten würde man Ziele ins Auge fassen, die zwar attraktiv, aber nicht verwirklichbar sind. Information bezüglich der Realisierbarkeit potentieller Ziele dürfte folglich als kongruent zur abwägenden Bewußtseinslage gelten und sollte deshalb in dieser Bewußtseinslage effektiver aufgenommen werden als in der planenden.

Enkodierung vs. Retrieval. Nun ist jede Erinnerungsleistung nicht nur abhängig davon, wie effektiv Information aufgenommen wird (Enkodierung), sondern auch wie gut die gespeicherte Information abgerufen werden kann (Retrieval; siehe z.B. Tulving & Donaldson, 1972). Die vorliegende Studie kann keine stichhaltige Aussage darüber machen, ob die beobachteten Bewußtseinslageneffekte auf die Erinnerungsleistung primär einer bewußtseinslagen-kongruenten Enkodierung oder einem kongruenten Retrieval zu verdanken sind. Der Beantwortung dieser Frage kann man jedoch auf zwei alternative Weisen näher kommen. Bei der ersten wird nicht nur die Erinnerungsleistung (Recall) von abwägenden und planenden Vpn bestimmt, sondern auch die Wiedererkennungsleistung (Recognition). Wiedererkennen würde dabei die *Verfügbarkeit* (availability) der kritischen Information bestimmen (d.h. ob diese Information überhaupt enkodiert wurde), während die zusätzlich erhobene Erinnerungsleistung *Abrufbarkeit* (accessibility) der enkodierten Information erfaßt (d.h., ob diese leicht abgerufen werden kann; siehe dazu Bargh & Thein, 1985; Srull, 1981, 1984).

Die zweite Strategie besteht in der Erweiterung des Vesuchsdesigns, wobei hier nur die Erinnerungsleistung erhoben werden muß. Zusätzlich zu den zwei experimentellen Gruppen der vorliegenden Studie müßte eine dritte Gruppe die kritische Information in abwägender Bewußtseinslage enkodieren und in planender Bewußtseinslage erinnern. Die vierte Gruppe müßte schließlich diese Information in planender Bewußtseinslage enkodieren und in abwägender Bewußtseinslage erinnern. Indem man die Erinnerungsleistungen dieser vier Gruppen untereinander vergleicht, läßt sich herausfinden, inwieweit bewußtseinslagen-kongruentes Erinnern auf Enkodierungs- bzw. Abrufprozesse zurückzuführen ist.

Im Prinzip sollten Bewußtseinslagen sowohl die Enkodierung als auch den Abruf kongruenter Information begünstigen. Die Enkodierungseffekte sollten dann besonders stark ausfallen, wennn "Informationswettbewerb" vorliegt in dem Sinne, daß mehr Information vorgegeben wird als eigentlich aufgenommen werden kann. In einer derartigen Situation müssen die Vpn ihre Aufmerksamkeit selektiv auf Teile der vorgegebenen Information richten. Die Bewußtseinslagen der Vpn sollten dann diese selektive Aufmerksamkeitsallokation steuern und auf diese Weise die Enkodierung kongruenter Information begünstigen.

Bewußtseinslagen-kongruentes Abrufen (Retrieval) von Information mag man sich wie folgt vorstellen: Geht man davon aus, daß jedes bewußte Erinnern zunächst eine Konzeptualisierung (description) dessen voraussetzt, was erinnert werden soll (Bobrow & Norman, 1975; Norman & Bobrow, 1976, 1979), könnte es sein, daß Bewußtseinslagen für die Konstruktion solcher Konzeptualisierungen die Perspektiven (perspectives) abgeben (Bobrow & Winograd, 1977). Die abwägende Bewußtseinslage könnte beispielsweise als Pro und Contra, Kosten und Nutzen, Hoffnungen und Befürchtungen formulierte Konzeptualisierungen erleichtern, also solche, die sich auf erwartete Werte beziehen, während die Bewußtseinslage des Planens Konzeptualisierungen erleichtern sollte, die Informationen hinsichtlich der Zielrealisierung beschreiben (wann, wo und wie). Wie Norman und Bobrow (1979) darlegen, wirkt es sich günstig auf das Erinnern aus, wenn zum Zeitpunkt des intentionalen Erinnerns schnell spezifische "descriptions" generiert werden können. Die Bewußtseinslagen des Abwägens und Planens verbessern den Abruf kongruenter Information möglicherweise dadurch, daß sie passende Konzeptualisierungen (z.B. pro und contra bzw. wann, wo und wie) anbieten.

Unterschiede und Ähnlichkeiten zu anderen Forschungsrichtungen. Welche der modernen Gedächtnistheorien - z.B. die assoziative Netzwerktheorie (Anderson, 1976; Anderson & Bower, 1973), das *Storage Bin*

Model (Wyer & Srull, 1981), scripttheoretische Ansätze (Bobrow & Norman, 1975; Schank & Abelson, 1977) oder auf die Enkodierung fokussierende Ansätze (*depth of processing model*, Craik & Lockhart, 1972; *encoding specificity principle*, Tulving & Thomson, 1973) - die beobachteten Befunde angemessener zu erklären vermögen, hängt davon ab, inwieweit diese Theorien *cognitive procedures* einen Stellenwert zuweisen (Anderson, J. R., 1982, 1987; Smith & Branscombe, 1987; Smith, Branscombe & Borman, 1988). Gedächtnistheoretische Erklärungen der Ergebnisse dieses Experimentes werden nämlich der Tatsache Rechnung tragen müssen, daß sowohl die abwägende als auch die planende Bewußtseinslage im Gedächtnis repräsentiert sind, und zwar als abstrakte, generelle Denkweisen (Prozeduren), die durch die Bearbeitung verschiedener konkreter Entscheidungs- oder Handlungsinitiierungsprobleme aktiviert werden können. Nach erfolgter Aktivierung begünstigen sie die Aufnahme von Information, selbst wenn diese nur in ihrer Struktur abwäge- bzw. initiierungskongruent ist.

Abschließend sei noch darauf hingewiesen, daß sich die vorliegende Studie nicht um die Klärung der Frage bemüht, ob Information, die mit einer getroffenen Entscheidung übereinstimmt, besser erinnert wird als Information, die ihr widerspricht (Dellarosa & Bourne, 1984). Auch prüft das vorliegende Experiment nicht, ob Informationen über verfügbare Wahloptionen vor der Entscheidung anteilsgleich enkodiert werden, nach der Entscheidung jedoch bevorzugt bzgl. der gewählten Alternative (Beckmann & Gollwitzer, 1987). In der vorliegenden Studie können die präsentierten Informationen nicht als entscheidungskonsistent oder -inkonsistent klassifiziert werden, und auch nicht danach, ob sie sich auf die eine oder andere Wahloption beziehen. Die dargebotenen Informationen waren für die Entscheidung, die die abwägenden und planenden Vpn zu treffen bzw. zu implementieren hatten, völlig irrelevant.

Das Design der vorliegenden Studie zeigt allerdings Ähnlichkeiten zu Studien, die zur Erforschung von Stimmungseffekten auf das Erinnern (siehe zusammenfassend Blaney, 1986) durchgeführt wurden. Die Hypothese der Stimmungskongruenz besagt, daß sowohl Information, die kongruent ist mit der bei ihrer Vorgabe erlebten Stimmung, als auch

Information, die mit der Stimmung kongruent ist, die zum Zeitpunkt des Erinnerns erlebt wird, leichter abgerufen werden kann als inkongruente Information. Es liegen Befunde vor, die diese Hypothese untermauern (zusammenfassend Blaney, 1986). Die gedächtnistheoretische Erklärung ist jedoch umstritten (Clark & Isen, 1982; Isen, 1984). Erklärungsversuche reichen von assoziativen Ansätzen (Bower, 1981) bis hin zu schemabezogenen Interpretationen, die diese Befunde als Effekte eines *cognitive priming* verstehen (Rholes, Riskind & Lane, 1987).

Die Breite der Aufmerksamkeitsspanne (Studie 2)

Die Analyse der Anforderungen der Aufgabe des Abwägens ergab, daß die Lösung dieser Aufgabe durch eine generell hohe Bereitschaft, Informationen aufzunehmen, erleichtert wird. Die Lösung der Aufgabe des Planens sollte dagegen durch eine selektive und fokussierte Informationsaufnahme begünstigt werden. Deshalb sollte die abwägende Bewußtseinslage die Aufnahmebereitschaft für ein breites Spektrum verfügbarer Information erhöhen, während die planende Bewußtseinslage eine derartige Offenheit unterdrückt. Wir dachten, daß zwei unterschiedliche Strukturmerkmale der individuellen Informationsverarbeitung dafür verantwortlich sein könnten. Erste Voraussetzung für eine große Aufnahmeleistung ist, daß zu einem gegebenen Zeitpunkt eine große Menge von verfügbarer Information sozusagen auf einen Blick im Kurzzeitgedächtnis enkodiert werden kann. Zweitens dürfte eine bewegliche und flexible Aufmerksamkeitsallokation die Aufnahmeleistung erhöhen, weil dadurch nicht nur zentrale, sondern auch periphere Information ins Blickfeld gerät und aufgenommen werden kann. Wir führten also Experimente durch, in denen wir die Menge an ins Kurzzeitgedächtnis enkodierter Information und die Mobilität der Aufmerksamkeitsallokation in abwägender und planender Bewußtseinslage erfaßten. Die Menge an Information, die man sozusagen auf einen Blick erfassen kann, wird häufig als *Aufmerksamkeitsspanne* bezeichnet (Glass, Holyoak & Santa, 1979, S. 207 ff.). Um die Breite dieser Spanne zu messen, wurden in der Experimentellen Psychologie verschiedene Meßverfahren entwickelt (Woodworth & Schlosberg, 1954), wovon das wohl bekannteste Verfahren als *digit span* Test bezeichnet wird. Den Vpn werden in schneller Abfolge von weniger als einer Sekunde die einzelnen Zahlen einer Zahlenkette vorgelesen, die sie unmittelbar nach der letzten Zahl in der vorgetragenen Reihenfolge reproduzieren sollen. Es wird meist eine Vielzahl von Zahlenketten verschiedener Länge (3 bis 11 Zahlen) vorgegeben. Dieses Verfahren kommt auch mit Buchstaben, sinnlosen Silben und einsilbigen Substantiven zum Einsatz. Die Leistung der Vp, also ihre Aufmerksamkeitsspanne, wird dann in unterschiedlicher Weise bestimmt. Einige Autoren halten die längste Kette, die erfolgreich reproduziert wurde, fest. Angemessener erscheint jedoch eine Korrekturformel, die Fehler bei kürzeren Ketten mitberücksichtigt und die Aufmerksamkeitsspanne entsprechend nach unten korrigiert. Das Mittel liegt dann bei Erwachsenen für die Zahlenspanne bei 7, für die Buchstabenspanne bei 6 und für die Wortspanne bei 5 Einheiten (Dempster, 1981; Schneider & Weinert, 1987). Die interindividuelle Varianz beträgt plus/minus 2 Einheiten (Miller, 1956).

Wie Dempster (1985) und andere (Case, Kurland & Goldberg, 1982; Chi, 1976) ausführen, ist die Länge der Substantivliste, die eine Person ins Kurzzeitgedächtnis enkodieren kann, ein guter Indikator dafür, wieviel Information, auf die die Aufmerksamkeit gerichtet ist, auf einmal enkodiert werden kann. Für unser Experiment bereiteten wir (Heckhausen & Gollwitzer, 1987, Studie 2) deshalb einen ganzen Satz von Wörterlisten vor, bestehend aus fünf, sechs oder sieben einsilbigen Substantiven. Um eine Baseline der Wörterspanne zu erhalten (d.h. wieviele Wörter fehlerfrei in der richtigen Reihenfolge reproduziert werden können), wurde den Vpn zunächst ein erster Block von Wörterlisten vorgelesen. Dann erhielten die Vpn die Instruktionen des oben beschriebenen ersten Experiments, in dem ihnen zwei verschiedene Testmaterialien für einen Kreativitätstest zur Wahl gestellt wurden. Die Vpn wurden dann entweder vor ihrer Entscheidung (*abwägende* Bewußtseinslage) oder kurz danach (*planende* Bewußtseinslage) unterbrochen. Unmittelbar nach der Unterbrechung wurde ihnen eine Reihe weiterer Wörterlisten vorgelesen. Die Wörter der Listen für die Baselinemessung (Vortest) und für die kritische Messung (Haupttest) waren für die von den Vpn zu treffende Wahl zwischen Testmaterialien irrelevant. Das Versuchsdesign enthielt auch eine Kontrollgruppe, der keine Wahl zwischen Testmaterialien angeboten wurde; trotzdem wurde sowohl ein Vor- als auch ein Haupttest mit den Wörterlisten durchgeführt.

Methode

Vpn und Versuchsmaterial. 64 Studentinnen der Münchner Hochschulen im Alter von unter 30 Jahren nahmen gegen Bezahlung an dieser Studie teil. Die Instruktionen waren vorher auf Tonband aufgezeichnet worden und wurden über eine Gegensprechanlage abgespielt. Bis zu drei Vpn konnten gleichzeitig in verschiedenen Versuchsbedingungen am Experiment teilnehmen. Drei gleiche Versuchskabinen waren für das Experiment vorbereitet worden. Die Arbeitsmaterialien befanden sich in numerierten Briefumschlägen auf den Tischen der Vpn neben dem oben beschriebenen Schaltpult (siehe *Studie 1*).

Für den Vortest zur Aufmerksamkeitsspanne waren 6 verschiedene Wortketten (einsilbige Substantive) vorbereitet worden, je zwei 5er-, 6er- und 7er-Ketten. In einem Pilotversuch hatte sich gezeigt, daß Münchner Studentinnen 4er-Ketten stets korrekt, 8er-Ketten dagegen immer inkorrekt reproduzierten; deshalb wurden diese Kettenlängen nicht berücksichtigt. Ungefähr zwei Drittel der Wörter hatten eine konkrete Bedeutung (z.B. Arm, Tisch), ein Drittel davon war abstrakt (z.B. Zweck, Wert). Die verwendeten Wörter standen nicht im Zusammenhang mit der Wahl, die die Vpn zu treffen hatten (siehe unten). Für den Haupttest der Aufmerksamkeitsspanne wurden dreimal soviele Wortketten vorbereitet; ebenfalls 5er-, 6er- und 7er-Ketten.

Versuchsablauf. Gleich zu Beginn des Versuchs erklärte die Vl, daß während des Experimentes aus technischen Gründen mehrere Unterbrechungen notwendig seien und deshalb Wartezeiten entstünden. Diese Wartezeiten würden mit Gedächtnistests gefüllt. Damit sich die Vpn mit den Gedächtnistests vertraut machen könnten, wolle sie diese mit ihnen sogleich üben. Die Vl las eine Kette von Wörtern mit konstantem Zeitabstand von weniger als einer Sekunde vor und signalisierte mit einem Gong das Ende der Kette. Die Vpn mußten die Wörter dann in derselben Reihenfolge, in der sie sie gehört hatten, auf einem Blatt Papier niederschreiben. Zuerst wurden zwei 5er-Ketten, dann zwei 6er-Ketten und schließlich zwei 7er-Ketten vorgetragen. Auch diese Wortketten waren vorher auf Tonband aufgezeichnet worden und mußten nur jedesmal neu abgespielt werden.

Nach diesem Vortest erklärte die Vl den Zweck des "eigentlichen" Versuchs, in dem es um die Bestimmung sozialer Intelligenz und künstlerischer Kreativität ginge. Die Vl erläuterte, daß sie Kreativität anhand von Geschichten erfassen wolle, die die Vpn zu einem Set von Bildern schreiben sollten, das ihnen später vorgelegt werde. Nun fühlten sich manche Leute von konkreten und bunten Bildern angesprochen, während andere mehr durch karges, abstraktes Material angeregt würden. Die Vpn müßten selbst entscheiden, zu welchen Bildern sie ihre Geschichten schreiben wollten. Sie habe jedenfalls zwei verschiedene Bildersets vorbereitet, eines mit schwarz-weißen, kargen Bildern und ein zweites mit bunten, detailfreudigen Bildern. Um den Vpn eine informierte Entscheidung zu erlauben, werde sie ihnen einige Beispielbilder zeigen, je sechs von jedem Typ. Diese Beispielbilder würden später nicht mehr eingesetzt, sondern dienten lediglich dazu, den Vpn die richtige Entscheidung zu erleichtern. Die Vpn sollten sie folglich in Ruhe betrachten und dabei abwägen, welches Bilderset (schwarz-weiß oder bunt) Vorlage für ihre kreative Geschichte werden sollte.

Ansonsten entsprach die Beschreibung des Versuchszweckes der bereits berichteten *Studie 1*. Der Versuchsablauf gestaltete sich dann je nach Versuchsbedingung unterschiedlich. In der *prädezisionalen* Bedingung (abwägende Bewußtseinslage) entstand sofort nach dem Betrachten der Beispielbilder eine Unterbrechung (das rote Licht auf dem Schaltpunkt blieb an; die Vpn erwarteten erst beim Aufleuchten des grünen Lichtes, sich entscheiden zu müssen). Die Vl überbrückte die Wartezeit mit dem Haupttest zur Bestimmung der Aufmerksamkeitsspanne. In den beiden *postdezisionalen* Versuchsbedingungen (Bewußtseinslage des Planens) entstand diese Wartezeit erst, nachdem sich die Vpn entschieden hatten. Zwei verschiedene postdezisionale Bedingungen wurden implementiert. In der ersten wurde die Wartezeit sofort zur erneuten Messung der Aufmerksamkeitsspanne genutzt.

In der zweiten postdezisionalen Bedingung erklärte die Vl, daß kreative Leistungen durch ein bestimmtes Anregungsniveau begünstigt werden. Man dürfe nicht zu erregt sein, aber auch nicht zu entspannt; ein mittleres Anregungsniveau sei ideal. Dies könne man nun durch das Bearbeiten der Gedächtnisaufgaben erreichen. Manche Vpn erlebten es relativ früh, andere dagegen eher spät. Die Vpn sollten sich deshalb während des Gedächtnistestes selbst beobachten und der Vl einen Hinweis geben, nach welcher Wortkette sie sich in einem angenehmen Mittelmaß angeregt fühlten. Die Vl werde dann den Gedächtnistest abbrechen und die Vpn sofort den Kreativitätstest bearbeiten lassen. Es handelt sich hier um einen Versuch, die Aufgabe des Planens anzureichern. Die Vpn in dieser Bedingung mußten sich vornehmen, die Bearbeitung der Bildersets dann zu beginnen, wenn sie sich in einem mittleren Maße angeregt fühlten. Und sie mußten nun darauf achten, wann diese Bedingung erfüllt war. All dies sollte zu einer vergleichsweise stärker ausgeprägten Bewußtseinslage des Planens führen.

Nun wollten die Vpn in dieser Versuchsbedingung natürlich nach verschiedenen Zeitpunkten mit der Kreativitätsaufgabe beginnen. Um die Vergleichbarkeit der Gedächtnisleistung mit den anderen Versuchsbedingungen zu gewährleisten, mußte dort dieselbe Anzahl von Wortketten bearbeitet werden. Für jede Vp, die in der erweiterten postdezisionalen Bedingung bspw. nach 9 Wortketten zum Kreativitätstest wechseln wollte, durfte folglich in den anderen Bedingungen jeweils eine Vp ebenfalls bereits nach 9 Wortketten den Gedächtnistest abbrechen (sog. "yoked design" oder Paarlings-Versuchsplan).

In der *Kontrollgruppe* wurde der Zweck der Studie, die Messung von sozialer Intelligenz und künstlerischer Kreativität, so beschrieben, daß die Vpn weder eine Entscheidung erwarteten, noch eine solche treffen mußten. Auch die Kontrollgruppe machte zweimal den Test zur Aufmerksamkeitsspanne, also den Vortest und den Haupttest. Das Experiment wurde für die Kontrollgruppe, wie für alle anderen Gruppen auch, sofort nach dem Haupttest zur Aufmerksamkeitsspanne abgebrochen. Alle Vpn wurden gründlich über Sinn und Zweck der Studie aufgeklärt (siehe Studie 1).

Ergebnisse

Kodierung der Gedächtnisdaten. Die Aufmerksamkeitsspanne wurde in Anlehnung an Woodworth und Schlosberg (1954, S. 696) bestimmt. Dazu ein Beispiel: Angenommen, einer Vp wurden vier 5er-Ketten vorgelesen, vier 6er-Ketten, aber nur drei 7er-Ketten und die Vp erinnerte alle 5er-Ketten, zwei 6er-Ketten und nur eine 7er-Kette. Dann ergibt sich nach Woodworth und Schlosberg daraus folgender Gedächtnisspannenwert: 5 + 1/2 + 1/3 = 5.83. Dieses Verfahren wurde zur Auswertung des Vortests und des Haupttests herangezogen. Nur absolut korrekt erinnerte Wortketten wurden gezählt.

Ergebnisse. Abwägende Vpn hatten im Haupttest eine größere Aufmerksamkeitsspanne als im Vortest. Bei den anderen Versuchsgruppen war die Aufmerksamkeitsspanne im Haupttest geringer als im Vortest. Eine deutlichere Reduzierung der Aufmerksamkeitsspanne trat allerdings nur in der Bedingung auf, in der die Bewußtseinslage des Planens durch zusätzliche Instruktionen verstärkt worden war (s. *Abb. 1*).

Um die statistische Signifikanz dieses Datenmusters zu testen, wurden verschiedene Analysen gerechnet. Zunächst wurde geprüft, ob sich die einzelnen Bedingungen bzgl. der Vortestleistung unterschieden; dies war jedoch nicht der Fall; $F(3,59) = .4$, *ns*. Da die Vortestleistungen aber hoch signifikant mit den Haupttest-Leistungen korrelierten ($r = .54$, $p < .001$),

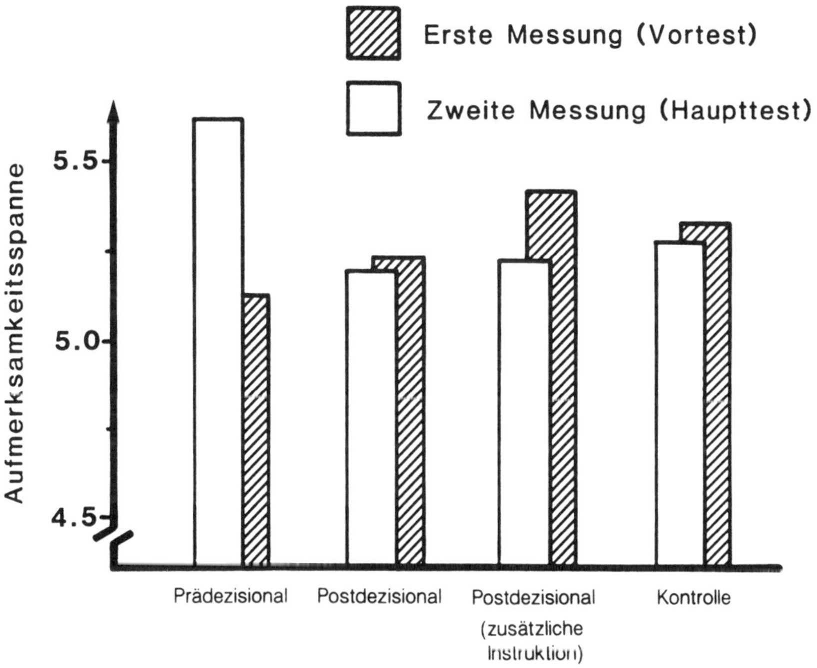

Abb. 1. **Mittlere Aufmerksamkeitsspanne in den verschiedenen Versuchsbedingungen (Studie 2; pro Bedingung gilt $n = 16$)**

wurde vorsichtshalber eine Kovarianzanalyse über die Haupttestwerte gerechnet, in die die Vortestwerte als Kovariate eingingen. Trotzdem zeigte sich ein signifikanter *F*-Wert; $F(3,59) = 2.9$, $p < .05$. Einzelvergleiche der prädezisionalen Gruppe mit den übrigen Gruppen machten deutlich, daß die prädezisionale Gruppe im Haupttest eine signifikant breitere Aufmerksamkeitsspanne bewies als die beiden planenden Gruppen *und* die Kontrollgruppe (alle $p < .05$; selbst wenn die Vortestwerte kovariiert wurden).

Die 2 (Within-Subjects-Factor: "Vortest vs. Haupttest") x 4 (Between-Subjects-Factor: "Versuchsgruppen") Varianzanalyse führte zu einer signifikanten Wechselwirkung; $F(3,60) = 3.3$, $p < .03$. Die 2 x 2 Varianzanalysen, die als Between-Subjects-Factor nur die prädezisionale und je eine der drei übrigen Gruppen enthielten, zeigten ebenfalls alle eine signifikante Wechselwirkung; alle $Fs(1,30) > 4.1$, $p < .05$. Vergleicht man schließlich die Haupttest- mit der Vortestleistung innerhalb jeder Versuchsgruppe, ergibt sich nur in der prädezisionalen Gruppe ein signifikanter Unterschied; $M = 5.63$ vs. 5.13; $t(15) = 2.6$, $p < .02$. Für die Vpn in der postdezisionalen Bedingung, in der zusätzliche Instruktionen gegeben wurden, ergaben sich zwar niedrigere Haupttest- ($M = 5.22$) als Vortestwerte ($M = 5.41$), doch war dieser Unterschied nicht signifikant; $t(15) = 1.2$, $p < .25$. Für die anderen volitionalen Vpn waren die Vortestwerte ($M = 5.22$) mit den Haupttestwerten ($M = 5.21$) fast identisch; dies galt auch für die Kontrollgruppe ($M = 5.34$ vs. 5.29).

Diskussion

Die Aufmerksamkeitsspanne wird breiter, wenn Vpn in eine Bewußtseinslage des Abwägens gebracht werden. Dies gilt nicht nur im Vergleich zum Zeitpunkt vor der Bewußtseinslagenmanipulation, sondern auch im Vergleich zu einer Kontrollgruppe, deren Aufmerksamkeitsspanne unter normalen Testbedingungen bestimmt wird. Dieser hypothesenkonforme

Befund macht darüberhinaus deutlich, daß sich die Bewußtseinslage des Abwägens durch eine gewisse Trägheit auszeichnet. Sie verflüchtigt sich nicht sofort, wenn die motivationale Aufgabe des Abwägens für kurze Zeit durch eingelagerte andere Aufgaben (hier das Reproduzieren von Wortketten) unterbrochen wird. Es zeigt sich vielmehr eine Übertragung der abwägenden Aufgabenhaltung auf die Bearbeitung der eingeschobenen Unterbrechungsaufgabe.

Folgende Alternativverklärung für die beobachtete erhöhte Substantivspanne in der abwägenden Bewußtseinslage drängt sich auf: Möglicherweise hat die Unterbrechung des Abwägens zu einer unspezifischen Erregung geführt, die sich in einer verbesserten Erinnerungsleistung niederschlug. Die Ergebnisse einer weiteren, an anderer Stelle berichteten Studie (siehe Heckhausen & Gollwitzer, 1986, Studie 3) sprechen allerdings gegen diese Erklärung. In dieser Untersuchung wurde ebenfalls das Kreativitätsparadigma verwendet; der einzige Unterschied war, daß die Vpn anstatt der Wörterlisten einfache arithmetische Aufgaben (addieren und subtrahieren; sog. Düker-Aufgaben) lösen mußten. Wir dachten, daß derartige Routine- und nahezu informationslose mentale Aufgaben von einem erhöhten Aktivierungsniveau profitieren sollten. Steigt die Leistung bei der Durchführung solcher Aufgaben nicht an, wenn diese in abwägender Bewußtseinslage gelöst werden, darf man davon ausgehen, daß unspezifische Aktivierung für die Vergrößerung der Wörterspanne im obigen Experiment nicht verantwortlich war. Die Ergebnisse dieses zusätzlichen Experiments waren eindeutig; es konnten keine Leistungsunterschiede zwischen den Gruppen (abwägende bzw. planende Bewußtseinslage und Kontrollgruppe) beobachtet werden.

Die Ergebnisse der planenden Vpn entsprachen nicht unseren Erwartungen. Während in der postdezisionalen Gruppe ohne Zusatzinstruktion keine Veränderung der Aufmerksamkeitsspanne zu beobachten war, zeigte die postdezisionale Gruppe, die zusätzliche Instruktionen erhalten hatte, wenigstens eine Tendenz in die erwartete Richtung. Dies darf als Hinweis gedeutet werden, daß möglicherweise noch weitergehende Instruktionen die Aufmerksamkeitsspanne erfolgreich reduziert hätten. Man hätte bspw. die Vpn explizit auffordern können, spezifische Vorsätze bzgl. des Abbruchs der Wortkettenaufgabe und des Beginns der Kreativitätsaufgabe zu bilden. Derartige Instruktionen kommen in anderen Studien zur planenden Bewußtseinslage zum Einsatz (siehe *Studie 5* und *9*). Sie hätten die Ausprägung der Bewußtseinslage des Planens verstärken und eventuell doch zur postulierten Reduzierung der Aufmerksamkeitsspanne führen können.

Der zentrale Befund der vorliegenden Studie ist somit der Nachweis einer Erweiterung der Aufmerksamkeitsspanne in der Bewußtseinslage des Abwägens. Ist man wie Miller (1956) der Auffassung, daß die Leistung in Wortkettentests von der Kapazität des Kurzzeitgedächtnisses abhängt, und stellt man sich obendrein das Kurzzeitgedächtnis als einen Speicherraum fixierter Fassungskapazität vor, ist diese Beobachtung verwirrend und unverständlich. Es häufen sich allerdings Befunde (Case, Kurland & Goldberg; Chi, 1976; Dempster, 1981, 1985), die darauf hindeuten, daß die Effizienz der Wortidentifikation die entscheidende Bedingungsvariable der Breite der Aufmerksamkeitsspanne ist. Je schneller die Wortidentifikation, desto mehr Wörter können korrekt reproduziert werden. Die Geschwindigkeit der Itemidentifikation hängt nun wiederum davon ab, wieviele der dazu benötigten kognitiven Operationen und Ressourcen bereits besetzt oder blockiert sind (Glanzer & Razel, 1974). Denkt man nun daran, daß abwägende Vpn all ihre Ressourcen für die Aufnahme von Information zur Verfügung stellen können, während bei planenden Vpn bereits Ressourcen blockiert sind, weil sie ihre Umwelt nach einer günstigen Gelegenheit absuchen, die sie sich für die Handlungsinitiierung vorgenommen haben oder weil sie Vorsätze bilden, wo und wann sie relevante Handlungen initiieren wollen, so machen unsere Hypothesen und Befunde auch aus gedächtnistheoretischer Perspektive Sinn.

Mobilität der Aufmerksamkeitsallokation (Studie 3)

Die Ergebnisse der Studie zur Aufmerksamkeitsspanne (*Studie 2*) implizieren, daß abwägende Vpn Information, auf die ihre Aufmerksamkeit gerichtet ist, effizienter aufnehmen als planende Vpn. Als Erklärung dafür wurde die Breite der Aufmerksamkeitsspanne herangezogen und behauptet, daß sich bei abwägenden Vpn die Aufmerksamkeitsspanne vergrößert, während sie sich bei planenden Vpn verengt. Die Aufmerksamkeit kann also wie ein Lichtkegel gebündelt sein oder aber breit streuen und damit wenig oder viel der Information einbeziehen, auf die sie gerichtet ist. Diese Metapher Wachtels (1967) erleichtert auch die Formulierung einer weiteren Aufmerksamkeitshypothese.

Die Lösung der Abwägeaufgabe verlangt eine große Offenheit gegenüber verschiedenen Informationsquellen, weil man noch nicht genau sagen kann, wonach man sucht und welche Informationsquellen sich als relevant erweisen werden. Die Aufmerksamkeitsallokation sollte folglich relativ mobil sein und möglichst viele verschiedene Informationsquellen abtasten. Um bei der Wachtelschen Metapher zu bleiben: Der Lichtkegel sollte nicht nur einen großen Durchmesser haben, sondern auch mobil sein, d.h. sich hin und her bewegen und damit eine relativ große Gesamtfläche abtasten.

Für die Lösung der Planungsaufgabe wäre eine breitgestreute, mobile Aufmerksamkeitsallokation dagegen hinderlich. Hier weiß man genau, was man sucht (nämlich Gelegenheiten zur Handlungsinitiierung), und die Aufnahme zusätzlicher Informationen würde ablenken. Also darf man bei planenden Vpn nicht nur einen engen Aufmerksamkeitsfokus, sondern auch eine geringe Mobilität desselben erwarten.

In Studie 3 wurde die postulierte differentielle Mobilität der Aufmerksamkeitsallokation in abwägender und planender Bewußtseinslage getestet (Gollwitzer & Heckhausen, 1987, Studie 1). Anregungen für die Operationalisierung der abhängigen Variablen "mobile Aufmerksamkeitsallokation" holten wir uns aus der Entwicklungspsychologie, nämlich von den Forschungsarbeiten zur Entwicklung der selektiven Aufmerksamkeit (Hagen & Hale, 1973). Dort wird häufig eine Lernaufgabe eingesetzt, die sowohl zentrale als auch inzidentelle Informationen anbietet (sog. central-incidental learning task; z.B. Miller & Weiss, 1981). Bei dieser Aufgabe werden Kinder gebeten, eine bestimmte Bildinformation (die zentrale Information) zu erinnern, während andere Bildobjekte (die inzidentelle Information) als ablenkende Stimuli in die Peripherie der Bildvorlage eingestreut sind. Nach Betrachten der Bilder wird den Kindern unerwartet mitgeteilt, daß sie nicht nur die zentrale Information zu erinnern hätten, sondern auch die inzidentelle. Auf diese Weise versucht man zu bestimmen, ob sich die Kinder während des Einprägens der zentralen Information von der inzidentellen Information ablenken lassen.

Diese Aufgabe wurde nun so modifiziert, daß sie auch Erwachsene interessant finden. Die zentrale Information bildete eine kurze Geschichte mit vielen einzelnen Fakten. Diese wurde Satz für Satz dargeboten und die Vpn wurden aufgefordert, sich die Geschichte für eine spätere Wiedergabe einzuprägen. Die inzidentelle Information wurde in Form einzelner zweisilbiger Substantive, die nichts mit der Geschichte zu tun hatten, neben die zentralen Sätze plaziert. Später wurde um die freie Reproduktion der zentralen Information gebeten, während die inzidentelle Information in einer unerwarteten Wiedererkennungsaufgabe identifiziert werden mußte. Die Bestimmung der Wiedererkennungsleistung erschien uns wichtiger als die der Erinnerungsleistung (freie Wiedergabe), da letztere sich darauf bezieht, wie leicht gespeicherte Information im Gedächtnis zugänglich ist, während es uns hier darum ging, ob die periphere Information überhaupt enkodiert wurde. Die implizierte Verfügbarkeit dieser Substantive kommt in einem Rekognitionsverfahren besser zum Ausdruck (siehe Bargh & Thein, 1985; Srull, 1981, 1984).

Nimmt man nun an, daß die Bewußtseinslage des Abwägens mit hoher Mobilität der Aufmerksamkeitsallokation einhergeht, die Bewußtseinslage des Planens dagegen mit geringer Mobilität, dann folgt daraus, daß abwägende Vpn ihre Aufmerksamkeit mehr auf die inzidentelle Information richten und deshalb bessere Wiedererkennungsleistungen zeigen sollten als planende Vpn. Vpn der Kontrollgruppe sollten schließlich bzgl. ihrer Wiedererkennungsleistung zwischen diesen beiden Gruppen liegen.

Methode

Vpn und Versuchsmaterial. 144 Studenten der Ludwig-Maximilians-Universität (geisteswissenschaftliche Fächer) nahmen in Gruppen zu je 6 Personen gegen Bezahlung am Experiment teil. In einem Gruppentestraum saßen die Vpn in einer Reihe nebeneinander. Zwischen den Vpn waren Sichtblenden aufgebaut, so daß sie einander nicht sehen konnten.

Es waren sechs Dias vorbereitet worden, die jeweils einen Satz einer Geschichte enthielten (zentrale Information). Die Geschichte beschrieb die Gründung sowie die gegenwärtige Entwicklung der Universität Kiel. Der erste Satz lautete: "Die Universität Kiel wurde 1665 von Herzog Christian von Schleswig-Holstein gegründet." Die weiteren Sätze handelten vom Siegel der Universität, dem heutigen Präsidenten, den Partneruniversitäten, der Studentenschaft und den Mensen. Links über jedem Satz und rechts darunter befand sich jeweils ein zweisilbiges Substantiv. Diese inzidentelle Information war in grüner Farbe geschrieben. Die Hälfte der Substantive hatte eine konkrete Bedeutung (z.B. Blüte, Zähne), die andere Hälfte dagegen war abstrakt (z.B. Schwäche, Ausbruch). Alle verwendeten Substantive kommen in der gesprochenen deutschen Sprache relativ häufig vor (Ruoff, 1986).

Versuchsablauf. Das Experiment wurde von zwei Versuchsleiterinnen durchgeführt (Vl 1 und Vl 2). Die Vpn wurden von Vl 1 begrüßt, die ihnen erklärte, daß sie an zwei voneinander unabhängigen Studien teilnehmen würden. In ihrer Studie müßten sie im Rollenspiel als angebliche Personaldirektoren einer größeren Firma eine Entscheidung darüber treffen, welcher von zwei Bewerbern für die freie Stelle eines Produktmanagers eingestellt werden sollte. Später sollten sie über die dabei angestellten Überlegungen berichten. Bei der Studie von Vl 2 handle es sich um Gedächtnisexperimente. Damit Vl 2 ihre Gedächtnisstudie durchführen könne, werde sie selbst zu verschiedenen Zeitpunkten Pausen machen.

Dann wurde Vl 2 vorgestellt. Sie händigte den Bibliotheksgedächtnistest aus, der bereits in Studie 1 beschrieben wurde. Allerdings wurde diesmal eine freie Reproduktion verlangt, d.h. die Vpn mußten keine Fragen beantworten, sondern ihre Erinnerungen auf ein leeres Blatt schreiben.

Sobald Vl 2 diesen Test abgeschlossen und den Raum verlassen hatte, gab Vl 1 eine detaillierte Beschreibung der Aufgaben eines Produktmanagers. Die Vpn in den beiden *experimentellen* Bedingungen wurden darüber unterrichtet, daß sie später die Rolle eines Personalchefs zu übernehmen hätten und von zwei Applikanten auf die Stelle eines Produktmanagers den ihrer Meinung nach geeigneteren auszuwählen hätten. Sie erfuhren auch, daß die Aufgaben eines Personalchefs nicht mit der bloßen Wahl des einen oder anderen Bewerbers erledigt seien. Sie müßten sich in der Rolle des Personalchefs auch Gedanken über die anstehende Berufseinweisung des gewählten Kandidaten machen. Für die Vpn der *Kontrollgruppe* entfielen diese Instruktionen. Schließlich wurden allen Vpn Dias gezeigt, die berufsbezogene Merkmale der beiden Bewerber - genannt "Lohmann" und "Krüger" - kurz und prägnant beschrieben (z.B. Berufserfahrung, Kreativität, soziales Geschick, Einstellung zum Beruf).

Die Vpn in den beiden experimentellen Bedingungen erhielten dann Briefumschläge, die kurze Anweisungen enthielten. Die Vpn der *prädezisionalen* Bedingung (Bewußtseinslage des Abwägens) wurden instruiert, weiterhin abzuwägen und noch keine Entscheidung zu treffen. Die Vpn der *postdezisionalen* Bedingung (Bewußtseinslage des Planens) wurden ermutigt, sich sofort für einen der Bewerber zu entscheiden. Die Namen der beiden Bewerber erschienen auf einem zusätzlichen Blatt Papier, auf dem die Vpn den Kandidaten ihrer Wahl ankreuzen sollten. Die Vpn der *Kontrollgruppe* erhielten keine derartigen Mitteilungen.

Zum Zeitpunkt, als alle Vpn der *postdezisionalen* Bedingung ihre Entscheidung getroffen hatten, kehrte Vl 2 zurück. Sie erklärte, daß sie einen weiteren Gedächtnistest durchführen wolle. Diesmal würden sechs

Dias gezeigt. Auf jedem Dia stehe ein Satz, und die einzelnen Sätze fügten sich zu einer Geschichte zusammen. Die Vpn sollten versuchen, sich diese Geschichte einzuprägen. Jedes Dia werde genau 15 Sekunden präsentiert, und nach dem letzten Dia werde die Geschichte abgefragt.

Nachdem Vl 2 die sechs Dias gezeigt hatte, gab sie den Vpn fünf Minuten Zeit, die Fakten der Geschichte zu erinnern. Dann wurde ein unerwarteter Wiedererkennungstest angeschlossen: Den Vpn wurde ein Heft von 24 Seiten vorgelegt. Auf jeder Seite stand ein Substantiv: die 12 Substantive, die auf den Dias links und rechts neben den Sätzen plaziert waren und 12 neue Substantive, die die Vpn noch nicht gesehen hatten. Bei diesen Distraktoren handelte es sich ebenfalls um zweisilbige Substantive, je sechs abstrakte und sechs konkrete. Für jedes einzelne Substantiv mußten die Vpn entscheiden, ob es auf den Dias abgebildet war. Außerdem wurden sie befragt, wie sicher sie sich seien, ein korrektes Urteil abgegeben zu haben (10-Punkte-Antwortskala). Vor dem Umblättern mußte auf ein Signal der Vl gewartet werden, das alle fünf Sekunden gegeben wurde.

Ergebnisse

Wiedererkennen der inzidentellen Information. Während die planenden Vpn im Durchschnitt nur 7.4 von den 12 auf den Dias abgebildeten inzidentellen Substantiven korrekt erkannten, lag die Wiedererkennungsleistung der abwägenden Vpn bei 8.3 Wörtern, also bei fast einem Wort mehr; $t(94) = 2.1$, $p < .04$ (siehe *Abb. 2*). Nun mag man sich dieses Ergebnis dadurch zu erklären versuchen, daß abwägende Vpn im Wiedererkennungstest einfach mehr Ja-Urteile abgaben als planende Vpn und auf diese Weise eine höhere Anzahl korrekter Erkennensurteile (hits) erzielten. Dies ist jedoch unwahrscheinlich, denn die Anzahl von falschen Ja-Urteilen (false alarms) war in beiden Gruppen ungefähr gleich häufig; $t(94) = .5$, *ns*. Obgleich sich die abwägenden und planenden Vpn bzgl.

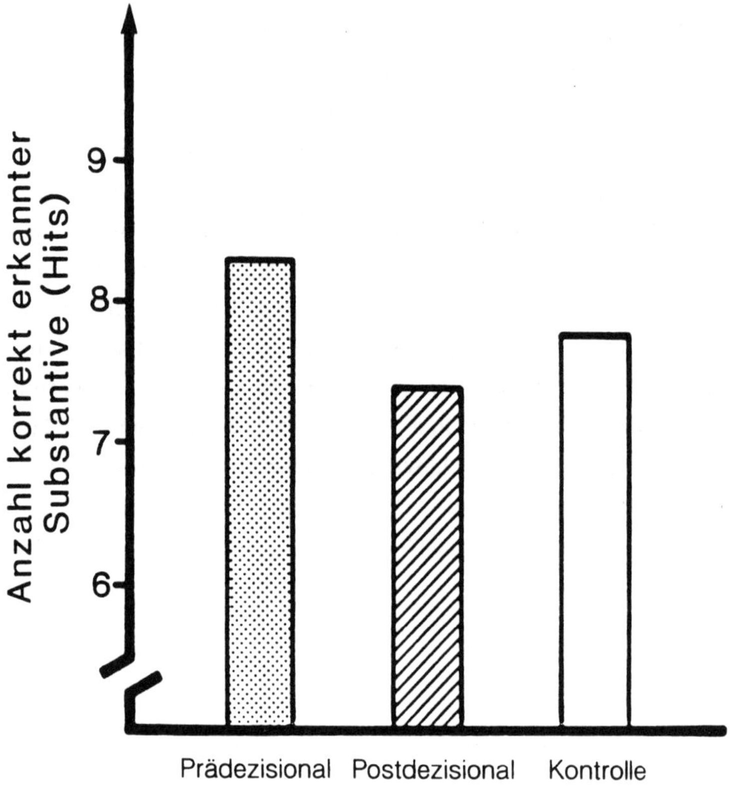

Abb. 2. Wiedererkennen inzidenteller Information (Studie 3; pro Bedingung gilt $n = 46$)

ihrer Gedächtnisleistung im Bibliothekstest nicht signifikant unterschieden ($p > .30$), wurden diese Gedächtnisleistungen dennoch kovariiert. Der Unterschied hinsichtlich korrekter Erkennensurteile blieb dabei jedoch signifikant ($p < .03$). Die Vpn der Kontrollgruppe ($M = 7.8$) erkannten die inzidentellen Substantive besser als die planenden Vpn ($M = 7.4$) und schlechter als die abwägenden Vpn ($M = 8.3$). Keiner dieser Unterschiede erreichte jedoch das .05 Signifikanzniveau ($p > .27$).

Bei der Auswertung der Sicherheitsurteile stellte sich heraus, daß sich alle drei Versuchsgruppen bzgl. der Korrektheit ihrer Urteile ungefähr gleich sicher waren. Obwohl die planende Gruppe die geringste Sicherheit zeigte, war der Unterschied zu den anderen Gruppen nicht signifikant.

Freies Erinnern der zentralen Information. Deutlich unterschieden sich die drei Versuchsgruppen hinsichtlich der freien Reproduktion der zentralen Information (siehe *Abb.3*). Abwägende Vpn ($M = 13.6$) erinnerten signifikant mehr Fakten der 6-Satz-Geschichte als planende Vpn ($M = 11.3$); $t(94) = 2.3$, $p < .03$. Dieser Unterschied blieb erhalten ($p < .04$), selbst wenn die Bibliothekstestwerte kovariiert wurden. Die abwägenden Vpn erzielten auch bessere Gedächtnisleistungen als die Kontrollgruppe ($M = 11.4$); $t(94) = 2.0$, $p = .05$. Dieser Unterschied verfehlte allerdings das .05 Signifikanzniveau, wenn die Bibliothekstestleistung kovariiert wurde ($p = .10$).

Diskussion

Abwägende Vpn erkannten mehr inzidentelle Informationen als planende Vpn, während die Vpn in der Kontrollgruppe eine Wiedererkennungsleistung zeigten, die dazwischen lag. Dieses Datenmuster stützt die Hypothese, daß die Bewußtseinslage des Abwägens mit einer mobileren Aufmerksamkeitsallokation einhergeht als die Bewußtseinslage des Planens. Da das Lösen der Planungsaufgabe, nämlich die Initiierung von zielrealisierenden Handlungen voranzutreiben, meist die Suche nach ganz

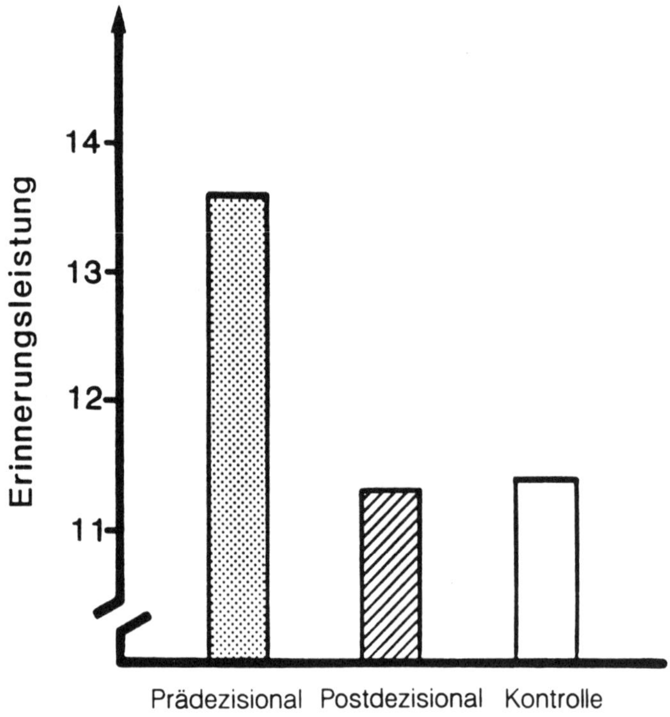

Abb. 3. Erinnern (freie Reproduktion) intentional erlernter Information
(Studie 3; pro Bedingung gilt $n = 46$)

spezifischen, zuvor festgelegten Gelegenheiten impliziert, ist das "Umherschweifen" der Aufmerksamkeit nicht nötig. Wie Treisman (1977, 1982; Treisman & Gelade, 1980) in Experimenten zur selektiven Aufmerksamkeit zeigen konnte, läuft die Suche nach einem Zielstimulus (target) umso direkter ab, je mehr sich dieser vom visuellen Feld abhebt. Ist dies allerdings nicht der Fall, muß das visuelle Feld abgesucht werden, was die Vpn als anstrengend empfinden (Kahneman, 1973). Der letztgenannte Fall entspricht der Aufgabe, zwischen potentiellen Handlungszielen zu wählen. Relevante Informationen müssen überall gesucht werden, da sie sich nicht von der Vielzahl potentiell relevanter Informationen abheben.

Die bereits in *Studie 2* geprüfte Hypothese, daß die Aufmerksamkeitsspanne in der Bewußtseinslage des Abwägens breiter ist als in der Bewußtseinslage des Planens, findet zusätzliche Unterstützung durch die in der zuletzt dargestellten *Studie 3* beobachteten differentiellen Erinnerungsleistungen bzgl. zentraler Information. Eine breite Aufmerksamkeitsspanne sollte die effektive Enkodierung von Informationen erleichtern, auf die die Aufmerksamkeit gerichtet ist. Dies war bei der zentralen Information im gegenwärtigen Experiment der Fall, und deshalb ließen sich auch vergleichsweise bessere Erinnerungsleistungen bei abwägenden Vpn beobachten. Da die Breite der Aufmerksamkeitsspanne ein gutes Maß für die Enkodierungsgeschwindigkeit zu sein scheint (Dempster, 1981, 1985) - also für die Schnelligkeit, mit der beachtete Informationen identifziert werden können - legt dieser Befund ebenso wie die vergleichsweise bessere Reproduktionsleistung im Wortkettentest (*Studie 2*) die Hypothese nahe, daß abwägende Vpn Informationen, auf die die Aufmerksamkeit gerichtet ist, vergleichsweise schneller enkodieren können.

Schließlich wurde auch in *Studie 3* die Schwierigkeit deutlich, die Bewußtseinslagen des Abwägens und Planens experimentell herzustellen. Zwar waren die Unterschiede zwischen den beiden Bewußtseinslagen sowohl bei den Rekognitions- (inzidentelles Material) als auch bei den Reproduktionsleistungen (zentrales Material) relativ deutlich; die Unterschiede zur Kontrollgruppe fielen jedoch recht bescheiden aus. Dies mag nun für die Bewußtseinslage des Abwägens daran gelegen haben, daß die Vpn die Entscheidung eines fiktiven Personalchefs abwägen mußten.

Es handelte sich damit um eine Rollenspielentscheidung, die die eigene Person nicht betraf. Die schwache Ausprägung der Bewußtseinslage des Planens liegt möglicherweise darin begründet, daß sich die Vpn keine Vorstellung von der Aufgabe machen konnten, einen Berufsanfänger einzuweisen, weshalb sie auch keine entsprechenden Überlegungen anstellten oder gar Vorsätze bildeten.

Zusammenfassung

Die drei berichteten Experimente zur Aufnahme von Information erlauben eine Reihe von Schlußfolgerungen bzgl. der kognitiven Merkmale der Bewußtseinslagen des Abwägens und Planens. In *Studie 1* wurde kongruente Information (d.h. Anreizinformation bei der abwägenden Bewußtseinslage und Information zur Handlungsinitiierung bei der planenden Bewußtseinslage) besser erinnert als inkongruente. Diese erhöhte Erinnerungsleistung mag sowohl in einer effizienteren Enkodierung als auch in einem erfolgreicheren Abruf kongruenter Information begründet sein. Jedenfalls scheint sichergestellt, daß die Bewußtseinslagen des Abwägens und Planens das Nützen der jeweils kongruenten Information begünstigen.

Weiterhin gilt, daß sich die abwägende im Vergleich zur planenden Bewußtseinslage durch eine größere Offenheit für die Aufnahme verfügbarer Informationen auszeichnet. Dies basiert auf zwei verschiedenen Aspekten der Informationsaufnahme. Zum einen scheint in der abwägenden Bewußtseinslage schneller enkodiert zu werden, was in einer im Vergleich zur planenden Bewußtseinslage breiteren Aufmerksamkeitsspanne zum Ausdruck kommt (*Studie 2*). Zum anderen führt die abwägende Bewußtseinslage zu einer vergleichsweise mobileren Allokation der Aufmerksamkeit und bringt damit auch periphere Informationen ins Blickfeld (*Studie 3*).

5 Gedankenproduktion

Die in *Kapitel 4* berichteten Studien zeigen, daß sich die Informationsaufnahme in abwägender und planender Bewußtseinslage deutlich unterscheidet. Die jeweils kongruenten Inhalte werden besser erinnert (*Studie 1*) und die Breite der Aufmerksamkeitsspanne (*Studie 2*) sowie die Mobilität der Aufmerksamkeitsallokation (*Studie 3*) sind in der abwägenden Bewußtseinslage stärker ausgeprägt als in der planenden. Diese Ergebnisse sagen allerdings nichts darüber aus, welche Gedanken sich Personen in der Bewußtseinslage des Abwägens und Planens machen. Die Analyse der Abwägeaufgabe ergab, daß die Wahl eines Handlungsziels durch das Abwägen von relevanten Erwartungs- und Wertinformationen vorangetrieben werden kann, während für die Lösung der Planungsaufgabe Gedanken über die anstehende Realisierung des gewählten Handlungsziels erforderlich sind. Darf man nun davon ausgehen, daß Personen in der

Bewußtseinslage des Abwägens und Planens den jeweils kongruenten Gedanken Präferenz einräumen? Beschäftigen sie sich gedanklich insbesondere mit kongruenten Inhalten? In *Studie 4, 5* und *6* wird versucht, eine Antwort auf diese Frage zu finden.

Gedankeninhalte vor und nach dem Treffen einer Entscheidung (Studie 4)

In dieser Studie (Heckhausen & Gollwitzer, 1987, Studie 1) wurden die Vpn mittels des Kreativitätstestparadigmas (siehe *Studie 1* und *2*) in eine abwägende oder planende Bewußtseinslage versetzt. Vor der Wahl (*prädezisionale* Gruppe) des passenden Kreativitätstests (bunte oder schwarz-weiße Bilder) oder kurz danach (*postdezisionale* Gruppe) wurde der Versuchsablauf unterbrochen und die Vpn gebeten, ihre Gedanken niederzuschreiben, die sie in einem festumgrenzten, kurzen Zeitraum vor der Unterbrechung erlebt hatten. Die berichteten Gedanken wurden danach ausgewertet, ob sie sich auf entscheidungsrelevante erwartungs- und wertbezogene Inhalte bezogen oder auf die Realisierung des gewählten Handlungsziels. Das Versuchsdesign enthielt eine *Kontrollgruppe* von Vpn, die sich nicht für einen der beiden Kreativitätstests entscheiden mußten; sie bekamen einen der beiden Kreativitätstests zugeteilt. Die eine Hälfte dieser Kontrollgruppe mußte die kurz vor der Zuteilung erlebten Gedanken niederschreiben, die andere Hälfte dagegen Gedanken, die sie nach der Zuteilung erlebt hatten. Es handelte sich also um einen 2 (prä vs. post) x 2 (Wahl vs. Zuteilung) faktoriellen Versuchsplan.

Methode

Vpn und Versuchsmaterial. 82 Münchner Universitätsstudentinnen nahmen gegen Bezahlung an diesem Versuch teil. Der Versuchsaufbau war mit *Studie 3* identisch.

Versuchsablauf. In der *prädezisionalen* Bedingung wartete die Vl 90 Sekunden lang, nachdem das letzte der 12 Beispielbilder (sechs schwarz-weiße, sechs bunte) gezeigt worden war. Dann unterbrach sie das Experiment. Die Vpn sollten in der Wartezeit einen introspektiven Fragebogen beantworten. Die Introspektion sollte alle Gedanken umfassen, die ihnen zwischen dem letzten Beispielbild und der Unterbrechung durch den Kopf gegangen waren. Das für die Introspektion entwickelte Aufgabenblatt stellte vier Fragen: Die Vpn mußten zunächst die zuletzt erlebten Gedanken niederschreiben; dann die Gedanken, die sie direkt davor erlebt hatten; schließlich die Gedanken, die sie zuallererst erlebt hatten; und abschließend diejenigen Gedanken, die sie kurz danach erlebt hatten.

In der *postdezisionalen* Bedingung wartete die Vl nach dem letzten Beispielbild ebenfalls 90 Sekunden. Dann bat sie die Vpn, sich zu entscheiden. Nach erfolgter Kenntnisnahme der Entscheidung wartete sie wiederum 90 Sekunden und unterbrach daraufhin das Experiment. Die anschließende Introspektion bezog sich auf den Zeitpunkt zwischen Kenntnisgabe der Entscheidung und Unterbrechung.

Die *Zuteilungsbedingung* wurde so gestaltet, daß sie die Wahlbedingung möglichst exakt abbildete. Der einzige Unterschied lag darin, daß die Vpn keine Wahl zwischen den Testarten erwarteten, sondern die Zuteilung zu einem bestimmten Testmaterial. Die eine Hälfte der Vpn wurde *vor* der Zuteilung zur Introspektion aufgefordert, die andere Hälfte kurz *danach*. Die Art der Zuteilung erfolgte nach einem festen Plan: Für jede Wahl des bunten Kreativitätstests in der prä- oder postdezisionalen Gruppe wurde dieser Test in der entsprechenden Zuteilungsbedingung zur Bearbeitung zugeteilt; ebenso wurde mit dem schwarz-weißen Kreativitätstest verfahren. Für jede Kontrollperson existierte somit ein experimenteller Paarling.

Ergebnisse

Klassifizierung der Gedankeninhalte. Die Gedanken der Vpn wurden von zwei unabhängigen Beurteilern hinsichtlich des Auftretens abwägender, planender und irrelevanter Inhalte klassifiziert. Die *abwägenden* Inhalte umfaßten die Kategorien Anreize (z.B. bunte Bilder sind lustiger; Kreativität zu beweisen ist wichtig), Handlungs-Ergebnis-Erwartung (z.B. schwarz-weiß stimuliert meine Fantasie) und Metamotivation (Selbstinstruktionen wie z.B., jetzt gehe ich noch einmal alle Beispielbilder der Reihe nach durch). Als *planende* Inhalte qualifizierten alle Gedanken über die Ausführung der Aufgabe, eine kreative Geschichte zu schreiben (z.B. ich werde versuchen, lustige Geschichten zu schreiben). In die Kategorie *irrelevante* Inhalte fielen Gedanken über den Ablauf des Experimentes (z.B. die Bezahlung), Gedanken über die Beschaffenheit der Versuchskabine, unerledigte Alltagsangelegenheiten (z.B. ich muß noch meine Mutter anrufen), Stimmungen und Bedürfnisse. Die Übereinstimmung der Beurteiler wurde als Prozentanteil identischer Beurteilungen bzgl. der Gesamtheit abgegebener Urteile berechnet. Es ergab sich ein sehr hoher Wert von 97 %.

Häufigkeit abwägender, planender und irrelevanter Gedankeninhalte. Der Interaktionseffekt der 2 (Between-Subjects-Factor: "prä vs. post") x 2 (Between-Subjects-Factor: "Wahl vs. Zuteilung") Varianzanalyse, gerechnet über die zusammengefaßten *abwägenden* Gedanken, war hoch signifikant; $F(1,78) = 21.0$, $p < .001$. Die prädezisionalen Vpn ($M = 3.34$) berichteten signifikant mehr abwägende Gedanken als die postdezisionalen Vpn ($M = .79$); $t(78) = 7.5$, $p < .001$. Prädezisionale Vpn schrieben auch deutlich mehr abwägende Gedanken nieder als die Kontrollgruppen, die vor ($M = 1.11$) oder nach ($M = .84$) der Zuteilung erlebte Gedanken an-

Gedankeninhalte	Wahl prä (n=22)	Wahl post (n=22)	Zuteilung prä (n=19)	Zuteilung post (n=19)
Abwägende Gedanken	3.34	.79	1.11	.84
Anreize	1.16	.34	.58	.42
Erwartungen	1.27	.27	.40	.37
Metamotivation	.91	.18	.13	.05
Planende Gedanken	.05	.30	.18	.37
Irrelevante Gedanken	1.30	2.57	3.21	3.60

Tab. 2. Mittlere Häufigkeiten abwägender, planender und irrelevanter Gedankeninhalte (Studie 4)

zugeben hatten; $t(78) > 6.3$, $p < .001$. Der signifikante Interaktionseffekt beruht folglich auf der hohen Anzahl von abwägenden Gedanken bei den prädezisionalen Vpn (siehe *Tab. 2*).

Für die analoge Varianzanalyse über die *planenden* Gedanken war der Haupteffekt des Faktors "prä vs. post" signifikant; $F(1,78) = 5.4$, $p < .03$. Es wurde vergleichsweise häufiger ($M = .33$ vs. $.11$) an das Schreiben der kreativen Geschichte gedacht, wenn die Vpn wußten, welcher Kreativitätstest (bunte oder schwarz-weiße Bilder) zu bearbeiten war. Ob man diesen Test gewählt hatte oder ob er zugeteilt worden war, hat diesen Effekt nicht beeinflußt.

Schließlich zeigte die Varianzanalyse über die *irrelevanten* Gedanken einen signifikanten Haupteffekt des Faktors "Wahl vs. Zuteilung"; $F(1,78) = 14.7$, $p < .001$. Die Zuteilung rief mehr irrelevante Gedanken hervor ($M = 3.43$) als die Wahl ($M = 1.93$). Auch der Haupteffekt für den Faktor "prä vs. post" erwies sich als signifikant; $F(1,78) = 5.2$, $p < .04$. Vor Zuteilung und Wahl wurden weniger irrelevante Gedanken ($M = 3.07$) erlebt als nachher ($M = 2.18$).

Rechnet man eine dreifaktorielle Varianzanalyse mit den beiden Between-Subjects-Factors "prä vs. post" und "Wahl vs. Zuteilung" sowie dem Within-Subjects-Factor "Gedankeninhalte: abwägend, planend und irrelevant", werden alle Interaktionseffekte mit dem Within-Factor signifikant ($p < .001$). Weiterhin zeigt sich ein signifikanter Haupteffekt des Within-Factors; $F(1,78) = 92.2$, $p < .001$. Irrelevante Gedanken ($M = 2.63$) und abwägende Gedanken ($M = 1.56$) wurden offensichtlich am häufigsten erlebt. Im Vergleich dazu ist die Häufigkeit planender Gedanken ($M = .22$) äußerst gering; beide $ts(81) > 7.1$, $ps < .001$.

Diskussion

Die prädezisionalen Vpn beschäftigten sich in Gedanken fast ausschließlich mit abwägenden Inhalten (z.B. Anreizen, Erwartungen und Selbstinstruktionen, die Elaboration zu vertiefen). Planende Gedanken traten so gut wie nie auf. Wenn überhaupt andere als abwägende Überlegungen angestellt wurden, bezogen sie sich auf Irrelevantes. Dieser Befund entspricht der Hypothese, daß die Gedankenproduktion in der Bewußtseinslage des Abwägens im Dienste der Lösung der Aufgabe steht, zwischen Zielen eine Wahl zu treffen, und folglich anreiz- und wertbezogenen Inhaltes ist. Entfiel die Abwägeaufgabe, weil die Vl sie für die Vpn zu lösen versprach (Zuteilungsbedingung), kehrte sich der Anteil an irrelevanten und abwägenden Gedanken um. Die Vpn gaben sich nahezu ausschließlich irrelevanten Gedanken hin, während sie nur wenig über Anreize und Erwartungen nachdachten.

Betrachtet man nun die Gedankenproduktion der postdezisionalen Vpn, so zeigte sich im Vergleich zu prädezisionalen Vpn, daß die Häufigkeit abwägender Gedanken drastisch ab-, die der planenden Gedanken dagegen zunahm. Die stärkste Zunahme fand sich allerdings bei den irrelevanten Gedanken. Die Gedanken der Vpn, denen ein bestimmter Kreativitätstest von der Vl zugeteilt worden war, waren den Gedanken der postdezisionalen Vpn sehr ähnlich. Allenfalls fiel der Anstieg irrelevanter Gedanken noch deutlicher aus. Bestätigen diese Befunde nun die Hypothese, daß die Bewußtseinslage des Planens Gedanken darüber stimuliert, wie ein gewähltes oder aufgetragenes Handlungsziel zu realisieren ist?

Probleme mit der Operationalisierung der Bewußtseinslagen. Der Verdacht, der sich bereits in den *Studien 1 und 2* aufdrängte, daß das Kreativitätsparadigma nur bedingt geeignet ist, eine ausgeprägte Bewußtseinslage des Planens zu induzieren, scheint sich hier zu bestätigen. Obwohl die Häufigkeit der planenden Gedanken in den beiden Bedingungen, in denen eine Bewußtseinslage des Planens erwartet werden darf (postdezisionale Vpn und Vpn nach der Zuteilung), im Vergleich zur prädezisionalen Bedingung zunahm, stellte sich heraus, daß, absolut gesehen, mehr abwägende und irrelevante Gedanken berichtet wurden als planende Gedanken. Diese Beobachtung weist darauf hin, daß nicht nach jeder Wahl eines Handlungsziels allein schon aufgrund der erfolgten Wahl eine ausgeprägte planende Bewußtseinslage entsteht. Dies erfordert im Gegenteil eine gründliche Bearbeitung der Planungsaufgabe, d.h. man muß sich intensiv darum bemühen, die Initiierung von Realisierungshandlungen voranzutreiben.

Leider ist im Kreativitätsparadigma diese Möglichkeit verbaut, da der Zeitpunkt der Handlungsinitiierung durch die Vl festgelegt wird. Wenn sie das Testmaterial in die Versuchskabine bringt, muß mit dem Schreiben der kreativen Geschichte begonnen werden. Man kann die Gelegenheit zur Handlung also gar nicht verschlafen und kann auch keine günstigere auswählen; alles ist von außen festgelegt. So bedarf es keiner Überlegungen bzgl. einer günstigen Gelegenheit zur Handlungsinitiierung und keiner entsprechenden Vorsätze. Auch die Beantwortung der Frage, wie mit dem Schreiben der Geschichten begonnen werden soll, können die Vpn auf später verschieben. Sie warten, bis die Bilder vorliegen und lassen sich dann spontan etwas dazu einfallen.

Die postdezisionale Vp beschäftigt sich folglich nicht mit der Planung der Handlungsinitiierung, sondern wartet auf die Bilder, welche ihre Kreativität anregen sollen. In der Zwischenzeit läßt sie ihre Gedanken schweifen, um sich bei Laune zu halten oder die Langeweile zu bekämpfen. Damit wird auch der Befund verständlich, daß postdezisionale Vpn überraschend viele abwägende Gedanken berichteten. Ohne spezifische Aufgabenstellung (keine Planungsaufgabe) ist die Vp versucht, Gedanken weiterzuspinnen, die sie sich bzgl. der vorangegangenen (abwägenden) Aufgabe gemacht hat.

Unter diesem Blickwinkel wird auch verständlich, warum in *Studie 2* bei postdezisionalen Vpn im Vergleich zur Kontrollgruppe keine signifikante Reduktion der Aufmerksamkeitsspanne zu beobachten war. Nun könnte man das Kreativitätsparadigma sicherlich anreichern und die postdezisionale Seite so gestalten, daß daraus eine volitionale Aufgabe mit komplexen Anforderungen entsteht. Um jedoch die Hypothese prüfen zu können, daß die planende Bewußtseinslage die Gedankenproduktion in eine kongruente Richtung lenkt, sollte es den Vpn nicht möglich sein, diese Hypothese zu erraten. Eine direkte Aufforderung, nach erfolgter Wahl das Handlungsinitiierungsproblem zu bearbeiten, würde folglich zu wenig aussagekräftigen Daten führen. Ein Ausweg aus diesem Dilemma wird in *Studie 5 und 6* gezeigt. Aber zuvor noch eine Anmerkung zur Art der im vorliegenden Experiment erhobenen Daten.

Die Qualität introspektiver Daten. Seit Nisbett und Wilsons (1977) Artikel "On telling more than we can know: Verbal reports on mental processes" steht man introspektiven Daten in der Experimentellen Psychologie noch kritischer gegenüber, als dies sowieso schon der Fall war. Die Argumente Nisbett und Wilsons erweisen sich jedoch dann nicht als stichhaltig, wenn in Gedanken versunkene Vpn gebeten werden, über diejenigen Gedanken zu berichten, die sie gerade vor der Unterbrechung erlebten. Nach Ericsson und Simon (1980) sind diese noch aus dem Kurzzeitgedächtnis ablesbar. Der Abruf dieser Gedanken erleichtert obendrein den Zugang zu unmittelbar zuvor erlebten Gedanken, die durch episodische Assoziationen im Langzeitgedächtnis gespeichert sind. Deshalb wurden die Vpn im vorliegenden Experiment auch gebeten, zuerst die zuletzt erlebten Gedanken zu berichten und sich dann praktisch von hinten nach vorne durchzuarbeiten.

Introspektive Berichte über mentale Prozesse werden eigentlich nur dann problematisch, wenn sie bzgl. mentaler Prozesse gefordert werden, die automatisiert und nicht bewußt ablaufen. Die in der Introspektion geschulten Wissenschaftler der Würzburger Schule gaben in solchen Fällen an, daß sie nichts zu berichten hätten [siehe z.B. Marbes (1901) introspektive Analyse des Urteils]. Die in der Introspektion ungeübten Vpn der heutigen psychologischen Experimente versuchen leider zu erschließen, was sie nicht erlebt haben, weshalb sie mehr berichten als sie eigentlich wissen können. Ausschließlich auf diese Problematik bezieht sich Nisbett und Wilsons Kritik introspektiver Berichte.

Prä- vs. postdezisionale Gedanken und die erlebte Nähe zum Entschlußakt (Studie 5)

Man mag versucht sein, die Befunde der *Studie 4* als trivial zu bewerten. Denn machen sich die Vpn hier nicht genau diejenigen Gedanken, die ihnen der Versuchsleiter aufgetragen hat? Wenn man die Instruktionen an die Vpn im Detail bedenkt, muß man die Frage allerdings negativ beantworten. Obwohl die prädezisionalen Vpn aufgefordert wurden, die anstehende Entscheidung gründlich zu elaborieren, wurden sie nicht angehalten, sich Gedanken über Handlungs-Ergebnis-Erwartungen und Anreize zu machen. Weiterhin wurden die postdezisioanlen Vpn nicht gebeten, ihre Aufmerksmakeit auf Fragen des Planens zu richten und abwägende Überlegungen einzustellen.

Trotzdem läßt sich das bevorzugte Bedenken bewußtseinslagen-kongruenter Information überzeugender in einem Experiment demonstrieren, das die abhängige und unabhängige Variable des vorangegangenen Experiments vertauscht. Man bittet Vpn mit einem persönlichen, noch offenen Entschlußproblem, diejenigen Inhalte zu bedenken, von denen wir vermuten, daß sie in der abwägenden Bewußtseinslage prävalent sind. Trifft unsere Hypothese des bevorzugten Bedenkens bewußtseinslagen-kongruenter Inhalte zu, darf man erwarten, daß diese Vpn sich ausgesprochen prädezisional fühlen, d.h. weit davon entfernt, einen Entschluß in dieser Angelegenheit zu fassen. Würde man sie jedoch bitten, sich gedanklich mit Inhalten zu beschäftigen, die wir als kongruent zur planenden Bewußtseinslage betrachten, sollten sie sich vergleichsweise postdezisional fühlen, d.h. dem Entschlußakt weniger weit enfernt.

Ein Experiment mit Universitätstudentinnen folgte diesen Überlegungen (Gollwitzer, Heckhausen & Ratajczak, 1990). In dieser Studie wurden Universitätsstudentinnen gebeten, ein noch offenes Entschlußproblem zu benennen, und es wurde bestimmt, wie weit die Vpn sich noch vom Entschlußakt entfernt fühlten. Das Entschlußproblem mußte dann nach vorgegebenen Richtlinien bearbeitet werden. Die mentalen Übungen bezogen sich entweder auf die Abwägeaufgabe, sich zu überlegen, ob man einen Handlungsentschluß wagen will, oder auf die Planungsaufgabe, die Realisierung eines potentiell erfolgten Handlungsentschlusses zu bedenken. Die mentalen Übungen unterschieden sich darin, wie vollständig die abwägende bzw. planende Aufgabe bearbeitet werden mußte. So gab es jeweils eine vollständige und zwei verkürzte mentale Übungen. Unmittelbar nach Abschluß der mentalen Übungen wurde erneut die Distanz zum Entschlußakt bestimmt.

Methode

Vpn und Versuchsmaterial. 154 Universitätsstudentinnen nahmen in Gruppen von 8 bis 12 Personen gegen Bezahlung am Experiment teil. Es wurde darauf geachtet, daß jede der vorbereiteten mentalen Übungen wenigstens von einer Vp bearbeitet wurde.

Versuchsablauf. Der Vl hatte die Instruktionen für dieses Experiment in einer Reihe von Briefumschlägen (insgesamt 5) verpackt, die vor den Vpn aufgebaut waren. Die Vpn sollten sich, ihrem eigenen Arbeitsrhythmus folgend, durch diesen Stoß von Umschlägen arbeiten. Die Vpn wurden der Reihe nach um die Erledigung der folgenden Aufgaben gebeten:

a. Zuerst sollten zwei noch offene persönliche Entschlußprobleme benannt werden. Die Vpn nannten Probleme wie z.B. "Soll ich von zu Hause ausziehen?", "Soll ich mein Hauptfach wechseln?", "Soll ich mich von meinem Freund trennen?"

b. Für jedes Problem mußten dann die folgenden Fragen beantwortet werden: Wie entschlossen fühlen Sie sich? Wieviel Entschlußkraft brauchen Sie noch? Bitte zeichnen Sie auf der vorgegebenen Linie mit markiertem Entschlußakt ein, wie weit Sie sich vom Entschlußakt entfernt fühlen. (Diese drei Fragen dienten der Bestimmung der Nähe zum Entschlußakt). Und: Wie hoch schätzen Sie die Realisierbarkeit eines

Handlungsentschlusses ein? Wie wünschenswert ist die Realisierung des Handlungsentschlusses? Wie festgelegt fühlen Sie sich auf eine bestimmte Art und Weise der Realisierung des Handlungsentschlusses? (Diese drei Fragen erheben mögliche Mediatoren der Effekte der mentalen Übungen).

c. Schließlich wurde anhand eines Übungsheftes die jeweilige mentale Übung (randomisierte Zuteilung!) eingeübt. Das Übungsbeispiel war das Problem "Soll ich ein Studienjahr im Ausland einlegen?". Als Muster für die Bearbeitung dieses Problems diente ein bereits ausgefülltes Übungsblatt, wo eine Modellvp das Problem "Soll ich in Urlaub fahren oder nicht?" vorbildhaft bearbeitet hatte.

Bei der vollständigen *Abwäge-Übung* mußte die Vpn Erwartungs- und Anreizaspekte möglicher Handlungsfolgen (und Folgen des Nicht-Handelns) abwägen. In der einen unvollständigen Übung mußten sich die Vpn ausschließlich mögliche positive Folgen bildhaft ausmalen, in der anderen sollte dies mit unrealistischen/irrealen positiven Folgen geschehen, deren Eintreten man sich "herbeizaubern" durfte (sog. Zauberdenken).

In der vollständigen *Planungs-Übung* mußten sich die Vpn für eine bestimmte Art der Realisierung des Handlungsentschlusses entscheiden und sich dann bildhaft vorstellen, diese Schritt für Schritt auszuführen. Eine unvollständige Übung bestand darin, sich nur einen einzigen Handlungsschritt vorzustellen, und zwar denjenigen, nach dessen Ausführung sich die Realisierung nicht mehr rückgängig machen läßt (z.B. das Betreten des Flugzeugs, wenn es um den Entschluß geht, in den Urlaub zu fahren). Die Vpn der zweiten unvollständigen Übung mußten verschiedene Realisierungsmöglichkeiten des Entschlusses miteinander vergleichen (z.B. hinsichtlich Zeit und Kosten).

In der *Kontrollgruppe* mußten die Vpn einfache arithmetische Aufgaben bearbeiten (sog. Düker-Aufgaben). Um die Vpn für die Durchführung dieser Aufgabe zu gewinnen, wurde ihnen mitgeteilt, daß man beim Bedenken von Entschlußproblemen von Ablenkungen durch andere Dinge durchaus profitieren könne.

d. Dann wurde die jeweils erlernte Übung auf die beiden eigenen Entschlußprobleme anhand vorbereiteten Übungsmaterials angewandt.

e. Am Ende des Experiments wurden die Fragen zur Erfassung der Nähe zum Entschlußakt erneut gestellt, sowie die Fragen zur Bestimmung möglicher Mediatoren.

Ergebnisse

Inhalte der benannten Entschlußprobleme. Die von den Vpn benannten, noch offenen persönlichen Entschlußprobleme ließen sich in drei Gruppen klassifizieren: soziale Probleme, Ausbildungsprobleme und Probleme, die den persönlichen Lebensstil betreffen (z.B. Wohnungswechsel). Dabei verteilten sich die einzelnen Nennungen zu 38,3 Prozent auf soziale Probleme. Bei 38,6 Prozent handelte es sich um Ausbildungsprobleme und bei 23,1 Prozent um Probleme des Lebensstils. Diese Verteilung der Nennungen auf die Kategorien unterschied sich nicht zwischen den verschiedenen Versuchsbedingungen; eine χ^2-Analyse erwies sich als nicht signifikant ($p > .25$).

Erlebte Nähe zum Entschlußakt. Wenn man die 3 Items zur Messung der Nähe zum Entschlußakt in einen Index zusammenfaßt, so ergibt sich ein Cronbach α von > .81, und dies sowohl für die Baseline-Messung als auch für die Messung direkt nach den mentalen Übungen. Es ist uns also gelungen, das Konzept "Nähe zum Entschlußakt" mit hoher interner Konsistenz zu messen. Zieht man nun von der zweiten Messung die Baseline-Messung ab, so erhält man ein Maß für die Annäherung an den Entschlußakt. Je höher der Meßwert, desto entschiedener wurden die Vpn. Negative Werte bedeuten dagegen, daß die Vpn unentschiedener wurden; ein Wert nahe Null impliziert, daß die Vpn in ihrer Unentschiedenheit verharrten.

In *Abbildung 4* sind die Annäherungswerte für die einzelnen Versuchsgruppen abzulesen. Rechnet man eine Varianzanalyse über diese Werte, ergibt sich ein signifikantes Gesamt-F; $F(6,147) = 2.1$, $p < .05$. Individuelle Kontraste zeigen, daß sich nur die vollständige Planungs-Übung signi-

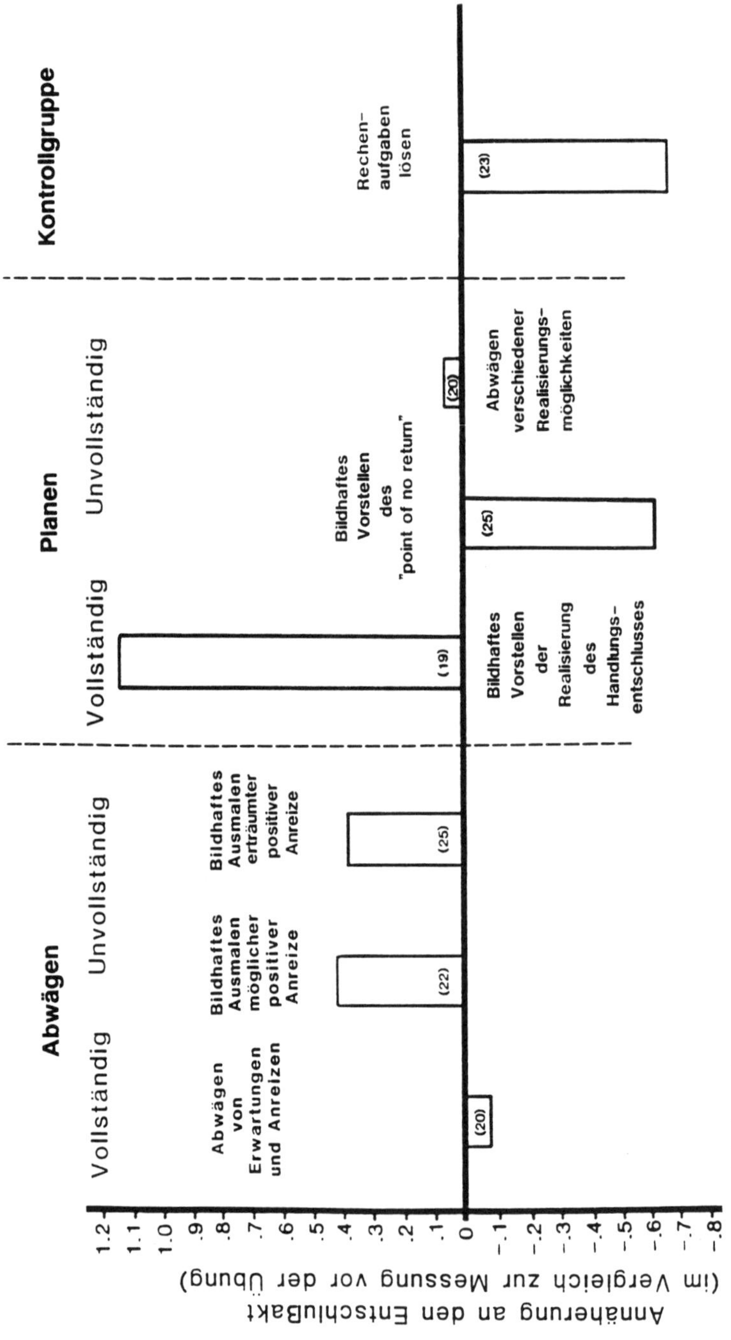

Abb. 4. Effekte verschiedener mentaler Übungen auf die Annäherung an den Entschlußakt (Studie 5; n in Klammern)

fikant von der Kontrollgruppe unterscheidet; $t(147) = 2.8$, $p < .01$. Allerdings verpassen die beiden unvollständigen Abwäge-Übungen das konventionelle Signifikanzniveau nur geringfügig; $ts(147) = .18$, $ps < .08$. Vergleicht man für jede einzelne Gruppe den Baseline-Wert mit der zweiten Messung, findet sich jedoch nur für die vollständige Planungs-Übung ein signifikanter Unterschied; $t(18) = 2.4$, $p < .05$.

Um herauszufinden, wie die Annäherung an den Entschlußakt in der vollständigen Planungsgruppe vermittelt ist, wurde folgende Analyse durchgeführt: Zunächst wurden Differenzwerte (zweite Messung minus Baseline) für die drei potentiellen Mediatoren berechnet, nämlich für die empfundene Realisierbarkeit und Wünschbarkeit sowie die Festgelegtheit des Realisierungsweges. Dann wurde die Übungsmanipulation in eine dichotome Variable transformiert, indem die Kontrollgruppe als "null", die vollständige Planen-Übung als "eins" kodiert wurde. Korreliert man diese "neue" Variable mit den Annäherungswerten der Kontroll- und Planungsgruppe, ergibt sich eine signifikante Korrelation ($r = .41$, $p < .01$), die dem signifikanten Kontrast (*t*-Test; siehe oben) zwischen diesen beiden Gruppen entspricht. Folgt man schließlich einer Strategie, die von Kerlinger und Pedhuzar (1973, S. 317-331) beschrieben wird, läßt sich diese Korrelation in einen direkten Effekt der Planungs-Übung und einen indirekten Effekt, vermittelt über einen der drei potentiellen Mediatoren, zerlegen. Dabei stellen sich die indirekten Effekte, vermittelt über empfundene Realisierbarkeit (-.01) und Wünschbarkeit (.04), als absolut geringfügig heraus. Der indirekte Effekt über das empfundene Festgelegtsein auf eine bestimmte Realisierungsroute erweist sich dagegen als beachtlich (.25). Bereinigt man die Korrelation von .41 um diesen indirekten Effekt, ist der übriggebliebene direkte Effekt der Planungs-Übung nicht mehr signifikant ($p > .16$).

Diskussion

Fordert man Personen dazu auf, die Realisierbarkeit (Erwartungen) und Wünschbarkeit (Anreize) eines noch nicht vollzogenen Handlungsentschlusses zu bedenken (vollständige Abwäge-Übung), so bleiben diese Personen prädezisional. Sie fühlen sich vom Handlungsentschluß nach wie vor weit entfernt. Das einseitige Bedenken nur der positiven Anreize reicht dazu nicht aus (unvollständige Abwägeübung). Ganz gleich, wie realistisch diese positiven Anreize sind (ob sie mit einer gewissen Wahrscheinlichkeit als Konsequenz des Handlungsentschlusses auftreten können oder ob sie auf bloßem "Zauberdenken" beruhen), geht die gedankliche Beschäftigung (unvollständige Abwäge-Übung) mit der Tendenz einher, den prädezisionalen Zustand zu beenden. Diese Ergebnisse belegen recht eindrucksvoll, daß ein prädezisionaler Zustand (Bewußtseinslage des Abwägens) des Bedenkens von Erwartungen und positiven/negativen Anreizen bedarf.

Bittet man Personen, sich verbindliche Gedanken über die Initiierung und Durchführung von Realisierungsschritten bzgl. eines noch nicht vollzogenen Handlungsentschlusses zu machen (vollständige Planungs-Übung), hat dies selbst bei diesen unentschlossenen Personen den Effekt, daß sie sich weniger prädezisional fühlen. Dabei reicht es nicht aus, sich nur Gedanken über einen einzigen Handlungsschritt zu machen oder sich in das Bedenken verschiedener Handlungsmöglichkeiten zu ergehen (unvollständige Planungs-Übung). Wichtig ist, und das zeigen auch die berichteten Mediationsanalysen, daß man sich dabei auf eine bestimmte Art und Weise der Realisierung des potentiellen Handlungsentschlusses festlegt. Diese Befunde sprechen dafür, daß ein postdezisionaler Zustand (Bewußtseinslage des Planens) mit festlegenden Gedanken darüber einhergeht, wann, wo und wie gehandelt werden soll.

Die Ergebnisse der beiden zuletzt berichteten Studien zum Thema "Gedankenproduktion" vermitteln folgende Einsichten: Prädezisionale Vpn berichten vergleichsweise mehr Gedanken über Handlungs-Ergebnis-Erwartungen und erwartete Werte. Werden (unentschlossene) Vpn dazu gebracht, sich solche Gedanken zu machen, empfinden sie sich dem prädezisionalen Zustand verhaftet. Andererseits berichten postdezisionale Vpn vergleichsweise mehr zielrealisierende Gedanken. Bringt man (unentschlossene) Vpn dazu, sich solche Gedanken zu machen, fühlen sie sich weniger prä- und mehr postdezisional, d.h. näher daran, sich zu entschließen. Die Ergebnisse beider Studien sprechen dafür, daß die Bewußtseinslage des Abwägens mit Gedanken über Handlungs-Ergebnis-Erwartungen und erwartete Werte einhergeht, während sich in der Bewußtseinslage des Planens Gedanken über Inhalte einstellen, die sich darauf beziehen, wie ein gewähltes Ziel realisiert werden soll.

Bewußtseinslagen-kongruente gedankliche Assoziationen (Studie 6)

Die Hypothese, daß die Bewußtseinslagen des Abwägens und Planens den Gedankenfluß in eine jeweils kongruente Richtung lenken, läßt sich auch auf anderem Wege testen als mittels introspektiver Selbstberichte (*Studie 4*) oder der Aufforderung zur einen oder anderen gedanklichen Beschäftigung (*Studie 5*). Man kann den Vpn auch eine bestimmte Stimulusvorlage geben und sie dazu frei assoziieren lassen. Variiert man zuvor die beiden Bewußtseinslagen unabhängig von der Assoziationsaufgabe und zeigte sich dann, daß der Inhalt der Assoziationen von den Bewußtseinslagen affiziert ist, so würde dies diese Hypothese eindrucksvoll stützen, denn eigentlich sollten diejenigen Einfälle berichtet werden, die im Langzeitgedächtnis - aus welchen Gründen auch immer - eng mit dem Stimulus verknüpft sind (Cramer, 1968). Drängen sich bewußtseinslagen-kongruente Assoziationen dazwischen, wäre dies ein deutlicher Hinweis dafür, daß Bewußtseinslagen Einfluß auf die Gedankenproduktion nehmen. *Studie 6* wurde auf der Grundlage dieser Überlegungen entworfen (Gollwitzer, Heckhausen & Steller, 1990; Studie 1). Anstatt einer klassischen Wort-Assoziationsaufgabe kam allerdings folgendes Verfahren zum Einsatz. Den Vpn wurden unvollständige Märchen mit der Bitte vorgelegt, diese weiterzuerzählen.

In dieser Studie wurde auch zum ersten Mal versucht, die Bewußtseinslagen des Abwägens und Planens zu intensivieren. Dies war eine Antwort auf die Unzufriedenheit mit dem Vor- vs. Nachentscheidungsparadigma (Wahl eines Kreativitätstests in den *Studien 1, 2* und *4* und Auswahl eines Produktmanagers in *Studie 3*), das es nicht erlaubte, eine stark ausgeprägte Bewußtseinslage des Planens herzustellen. Die neue Manipulation der Bewußtseinslage des Abwägens und Planens vertraut darauf, daß Bewußtseinslagen über die Zeit und situative Kontexte hinweg eine gewisse Stabilität haben. Die Vpn werden deshalb in einem vermeintlich ersten Experiment gebeten, entweder ein persönliches, noch offenes Entschlußproblem abzuwägen (Bewußtseinslage des Abwägens) oder die Durchführung eines bereits vorgenommenen Zielprojektes zu planen (Bewußtseinslage des Planens). Dies beansprucht im Durchschnitt zwischen 20 und 30 Minuten. Danach werden die Vpn gebeten, an einem zweiten (vermeintlich unabhängigen) Experiment teilzunehmen. In diesem "zweiten" Experiment werden dann die vorhergesagten Effekte der Bewußtseinslage gemessen.

In der vorliegenden Märchenerzählstudie wurde also zunächst eine Gruppe von Vpn aufgefordert, ein persönliches Entschlußproblem sorgfältig abzuwägen (*Bewußtseinslage des Abwägens*). Bei einer zweiten Gruppe von Vpn wurde eine *Bewußtseinslage des Planens* induziert, indem man sie bat, die Realisierung einer bereits verbindlichen Zielintention bis ins Detail zu planen. Eine dritte Gruppe von Vpn bildete die *Kontrollgruppe*. Es wurde erwartet, daß die Bewußtseinslagen den Erzählungen der Vpn sozusagen ihren Stempel aufdrücken würden. Im Vergleich zur Kontrollgruppe sollten die Geschichten der abwägenden und planenden Vpn in die jeweils bewußtseinslagen-kongruente Richtung abweichen, d.h. die Inhalte der Geschichten sollten einen vergleichsweise stärker abwägenden bzw. planenden Charakter haben.

Methode

Vpn und Versuchsmaterial. 87 männliche Studenten der Ruhr-Universität Bochum nahmen in Gruppen bis zu 4 Personen unentgeltlich am Experiment teil. Die Vpn waren durch Sichtblenden voneinander getrennt, so daß sie einander nicht sehen konnten.

Drei Märchen waren vorbereitet worden. Eines davon las sich wie folgt:

> Es war einmal ein König, der hatte einen großen Wald bei seinem Schloß, darin lief allerlei Wild herum. Zu einer Zeit schickte er einen Jäger hinaus. Der sollte ein Reh schießen, aber er kam nicht wieder. "Vielleicht ist ihm ein Unglück zugestoßen", sagte der König und schickte den folgenden Tag zwei Jäger hinaus. Die sollten ihn aufsuchen, aber sie blieben auch weg.
> Der König...

Ein weiteres Märchen beschrieb einen verwitweten König, der seine einzige Tochter sehr liebte. Plötzlich brach Krieg aus, und er wußte nicht, wem er die junge Prinzessin während des Feldzugs anvertrauen sollte. Das dritte Märchen handelte von einem Schneider, der gerne und lange feierte und für einen ausgiebigen Taufschmaus auch keine langen Wege über Land scheute. Bei der nächtlichen Heimkehr verlief er sich im Wald und stand plötzlich vor einer senkrechten Felswand mit einer Spalte, gerade breit genug, einen Menschen durchzulassen.

Versuchsablauf. Die Vl erklärte, daß die Vpn an zwei verschiedenen Experimenten teilnähmen. Im ersten Experiment gehe es um eine mentale Übung, die die Handlungseffizienz im Alltag erhöhe. Diese Übungen seien bereits bei Vpn, die im Berufsleben stehen, erfolgreich angewandt worden, weshalb man nun ihre Effektivität bei studentischen Vpn zu erkunden versuche. Im zweiten Experiment werde schließlich ein neues Verfahren zur Messung der Kreativität erprobt. Den Vpn würden Einleitungen zu drei verschiedenen Märchen vorgelegt und ihre Aufgabe bestehe darin, diese Märchen weiterzuerzählen.

Dann wurden die mentalen Übungen erläutert. In der Versuchsbedingung *Bewußtseinslage des Abwägens* wurden die Vpn zuerst nach einem persönlichen Entschlußproblem befragt. Ein Entschlußproblem lasse sich an der folgenden Fragestellung erkennen: "Soll ich ... tun oder nicht?" Das Problem sollte ein wirkliches Anliegen der Vp sein, und es sollte noch absolut offen sein, ob überhaupt ein Handlungsentschluß gefaßt würde. Weiterhin sollte das Entschlußproblem von der Art sein, daß ein einmal erfolgter Handlungsentschluß eine Reihe von Handlungsinitiierungsproblemem mit sich bringt. Anhand einer Vorlage wurde schließlich die mentale Übung erlernt. Die Vpn erhielten ein Formular, das angeblich von einer früheren Vp ausgefüllt worden war. Diese Vp habe sich nicht entscheiden können, ob sie nun in Urlaub fahren sollte oder nicht.

Schließlich erhielten die Vpn ein noch unbearbeitetes Formular, anhand dessen sie ihr eigenes Entschlußproblem bearbeiten sollten. Die Vpn mußten zunächst die unmittelbaren positiven und negativen Folgen eines Handlungsentschlusses niederschreiben, dann die sich daraus ergebenden langfristigen Folgen. Für all diese verschiedenen kurz- und langfristigen Folgen mußte schließlich die jeweilige Auftretenswahrscheinlichkeit bestimmt werden. Auch zu erwartende Schwierigkeiten beim Versuch, einen Handlungsentschluß zu realisieren, mußten aufgelistet und die Wahrscheinlichkeit, diese zu überwinden, geschätzt werden. Schließlich mußten sowohl positive als auch negative kurz- und langfristige Folgen eines Nicht-Entschlusses in der gleichen Weise bearbeitet werden, wie dies für die Folgen eines potentiellen Handlungsentschlusses geschehen war.

In der Versuchsbedingung *Bewußtseinslage des Planens* wurden die Vpn zuerst gebeten, eine persönliche Zielintention zu benennen, die sie in naher Zukunft (in den nächsten 3 Monaten) realisieren wollten. Eine Zielintention lasse sich an der folgenden Formulierung erkennen: "Ich habe die Absicht, das Vorhaben, das Ziel...". Die Zielintention sollte allerdings relativ schwierig zu realisieren sein, und die Vpn sollten keine neuen Zielintentionen bilden, sondern an eine Zielintention denken, die sie sich schon seit einiger Zeit zu verwirklichen vorgenommen hätten.

Schließlich wurde den Vpn eine Übungsvorlage gezeigt. Dabei handelte es sich wiederum um ein bereits ausgefülltes Formular einer angeblich früheren Vp. Diese hatte die Zielintention "in den Urlaub fahren" bearbeitet. Nachdem die Vpn diese Vorlage studiert hatten, bekamen sie ein unausgefülltes Formular, mit dem sie ihre eigene Zielintention bearbeiten sollten. Zunächst mußten fünf zur Realisierung der Zielintention erforderliche Handlungsschritte aufgelistet werden. Sodann hatten sich die Vpn für jeden einzelnen Schritt festzulegen, wo, wann und auf welche Art und Weise sie ihn auszuführen gedachten.

Nachdem die Vpn der beiden Bewußtseinslage-Bedingungen ihre mentale Übung beendet hatten, erhielten sie einen Fragebogen, der die folgenden Items enthielt: 1) Bitte kennzeichnen Sie auf der folgenden Zeitachse (durch einen Pfeil), wo Sie sich gerade befinden, nämlich wie weit vor der Entschlußbildung oder wie weit danach? (Als Antwortskala wurde eine 13 cm lange Linie angeboten, die am linken Endpunkt mit "weit davon entfernt" und am rechten Endpunkt mit "danach" etikettiert war. In der Mitte war die Linie mit einem Querstrich markiert; darunter stand "Entschlußbildung"). 2) Wie entschlossen fühlen Sie sich im Moment? 3) Haben Sie das Gefühl, sich bereits für eine ganz bestimmte Vorgehensweise entschieden zu haben? 4) Haben Sie das Gefühl, sich bereits auf einen günstigen Zeitpunkt oder eine günstige Gelegenheit dafür festgelegt zu haben? (Jedes einzelne Item war mit einer 9-Punkte-Antwortskala versehen.)

Nach Bearbeitung dieses Fragebogens begann die Vl das sogenannte zweite Experiment. Sie brachte den Vpn drei Märchen (die Reihenfolge wurde systematisch variiert). Die Vpn erhielten folgende Instruktion:

> Alle Märchen, die Sie nun lesen werden, wurden von uns an inhaltlich ähnlichen Stellen unterbrochen. Wir möchten Sie bitten, die Märchen jeweils um die nächsten 3 Sätze zu ergänzen. Es sollen also keine Romane geschrieben werden; das Märchen braucht auch kein Ende zu haben. Lassen Sie bei den Ergänzungen Ihren Gedanken freien Lauf. Es geht hier einzig und allein um Ihre ganz eigenen kreativen Gedanken. Sie sollen also nach 3 Sätzen einfach aufhören und mit dem nächsten Märchen weitermachen.

Den Vpn der *Kontrollgruppe* wurde erklärt, daß ihre mentale Übung zur Steigerung der Handlungseffizienz zunächst mit einer Entspannungsphase beginnen werde. Die Vpn erhielten dann eine Broschüre, die eine Vielzahl schwarz-weißer Landschaftsaufnahmen zeigte. Sie wurden gebeten, diese der Reihe nach in aller Ruhe zu betrachten und auf sich wirken zu lassen. Nach ungefähr 25 Minuten (genau zu dem Zeitpunkt, als die experimentellen Vpn mit ihren mentalen Übungen fertig geworden waren) wurden sie unterbrochen mit dem Hinweis, man wolle jetzt doch gleich das zweite Experiment vorziehen. Der Rest des Versuchsablaufs entsprach dann wieder den experimentellen Bedingungen.

Ergebnisse

Kodierung der Daten. Die erfundenen Märchen der Vpn wurden von zwei Beurteilern unabhängig voneinander ausgewertet. Dabei wurde wie folgt vorgegangen: Zunächst wurden alle Verben unterstrichen, die sich auf die Hauptfiguren der Märchen bezogen (also auf die beiden Könige und den Schneider). Dann wurden die durch diese Verben definierten Episoden klassifiziert und zwar danach, ob die Hauptfigur versuchte, die Aufgabe der Wahl zwischen Handlungszielen zu lösen oder aber die Aufgabe, ein Handlungsziel zu realisieren.

Zu diesem Zweck wurde ein Klassifikationsschema entwickelt, welches die folgenden Kategorien enthielt: *Elaborative Anstrengungen* (*a.* selbständiges Abwägen von Handlungszielen: "...der König zerbrach sich den Kopf darüber, was er denn nun tun sollte..."; *b.* andere zu Rate ziehen: "...der König suchte einen Mönch auf und fragte ihn um Rat...") und *Realisierungsanstrengungen* (*a.* Ausführen von Realisierungshandlungen: "...der Schneider zwängte sich durch die Felsspalte.."; *b.* Bedenken möglicher Realisierungshandlungen: "...der Schneider überlegte sich, wie er die steile Felswand hinaufklettern könnte..."). 81 Prozent der einzelnen Episoden konnten anhand des Klassifikationsschemas eingeordnet werden; die restlichen 19 Prozent bildeten die Kategorie "nicht zuordenbar". Die Übereinstimmung zwischen den Beurteilern betrug 91 Prozent.

Inhalte der benannten persönlichen Entschlußprobleme und geplanten Projekte. Die abwägenden und planenden Vpn bearbeiteten in ihren mentalen Übungen inhaltlich sehr ähnliche Probleme. Wurden die genannten Entschlußprobleme nach ihren Inhalten klassifiziert, so waren 42% ausbildungsbezogen (Soll ich mein Studienfach wechseln?), 31% bezogen sich auf die private Lebensführung (Soll ich von zu Hause ausziehen?) und 27% berührten Beziehungsprobleme (Soll ich meine Freundin loswerden?). Erstaunlicherweise waren auch die genannten Zielintentionen mit einem jeweiligen Anteil von 42, 31 und 27 Prozent über die drei Inhaltskategorien verteilt. Natürlich waren die Probleme hier anders formuliert, nämlich "Ich will mein Studium wechseln bzw. von zu Hause ausziehen" oder "Ich will meine Freundin loswerden."

Beantwortung des post-experimentellen Fragebogens. Deutlich unterschieden sich die beiden experimentellen Gruppen allerdings in der Beantwortung des postexperimentellen Fragebogens. Planende Vpn fühlten sich im Vergleich zu den abwägenden Vpn signifikant (alle $p < .04$) entschlossener und darüberhinaus festgelegter hinsichtlich der Frage, welche Realisierungshandlungen sie wo und wann initiieren wollten. Auf der kontinuierlichen Skala, auf der die Vpn angeben sollten, ob sie sich noch vor oder schon nach dem Entschlußakt fühlten, gaben 24 der 26 abwägenden Vpn an, daß sie noch davor stünden; 25 der 26 planenden Vpn fühlten sich bereits danach.

Elaborative vs. realisierungsbezogene Assoziationen. Die abwägenden, planenden und Kontroll-Vpn schrieben in etwa die gleiche Anzahl von Wörtern, um die unfertigen Märchen zu ergänzen; $F(2,84) = .5$, *ns*. Trotzdem beobachteten wir deutliche Unterschiede bzgl. der Inhalte der gemachten Ergänzungen (siehe *Tab. 3*). Rechnet man eine 2 (Within-Subjects-Factor "zugeschriebene Anstrengung": elaborativ vs. realisierungsbezogen) x 3 (Between-Subjects-Factor "Versuchsbedingung": abwägend, planend, Kontrolle) Varianzanalyse über die Anzahl zugeschriebener Anstrengungen, ist der Interaktionseffekt signifikant; $F(2,84)$

Zugeschriebene Anstrengungen		Bewußtseinslage Abwägen (n=26)	Bewußtseinslage Planen (n=26)	Kontrollbedingung (n=35)
Elaborative Anstrengungen	**($r = .21^*$)**	1.00	.38	.71
Selbständiges Abwägen von Handlungszielen		.69	.27	.49
Andere zu Rate ziehen		.31	.11	.22
Realisierungsanstrengungen	**($r = .29^{**}$)**	5.81	7.85	6.94
Ausführen von Realisierungshandlungen		5.54	7.58	6.71
Bedenken möglicher Realisierungshandlungen		.27	.27	.23

Tab. 3. Zugeschriebene elaborative und realisierungsbezogene Anstrengungen (Studie 6, * $p \leq .05$, ** $p \leq .01$)

$= 4.6, p < .015$. Weiterhin zeigt sich ein hoch signifikanter Haupteffekt für den Within-Subjects-Factor "zugeschriebene Anstrengung"; $F(1,84) = 322.5, p < .001$. Offensichtlich werden den Hauptfiguren der Märchen häufiger Realisierungsanstrengungen zugeschrieben als elaborative Anstrengungen.

Um die Frage beantworten zu können, ob die beobachtete signifikante Interaktion für jedes einzelne der drei Märchen gilt, wurde eine Varianzanalyse gerechnet, die "Märchentyp" als zusätzlichen Within-Subjects-Factor enthielt; der Interaktionseffekt höherer Ordnung wurde jedoch nicht signifikant ($F < 1.0$). Ähnlich wurde mit der Reihenfolge der Darbietung verfahren und diese als zusätzlicher Between-Subjects-Factor in die Analyse aufgenommen. Wiederum zeigte sich kein signifikanter Interaktionseffekt höherer Ordnung ($F < 1.0$). Es erschien deshalb gerechtfertigt, diese beiden Faktoren bei den weiteren Analysen zu vernachlässigen. Weiterhin stellte sich heraus, daß sich die nicht-klassifizierbaren Episoden in etwa gleichmäßig über die Versuchsbedingungen verteilten. Es gab keine signifikanten Unterschiede ($F < .25$).

Um die Hypothese zu prüfen, daß elaborative und realisierungsbezogene Assoziationen bewußtseinslagen-kongruent variieren, wurden zwei einzelne Varianzanalysen (eine für elaborative und eine für realisierungsbezogene Assoziationen) mit linearen Kontrastgewichten (siehe Rosenthal & Rosnow, 1985) gerechnet. Für die Zuschreibung elaborativer Anstrengungen wurden die Gewichtungen so gesetzt, daß die größte Häufigkeit derartiger Assoziationen bei den abwägenden Vpn erwartet wurde, eine geringere in der Kontrollgruppe und die geringste bei den planenden Vpn. Für die Zuschreibung realisierungsbezogener Anstrengungen wurden die Gewichte umgedreht, so daß die größte Häufigkeit bei den planenden und die niedrigste bei den abwägenden Vpn erwartet wurde; mit der Kontrollgruppe wiederum im mittleren Bereich. Diese Analysen zeigten, daß elaborative Assoziationen und realisierungsbezogene Assoziationen sowohl in der Bewußtseinslage des Abwägens als auch des Planens in jeweils kongruenter Weise beeinflußt werden; $F(1,84) = 4.06, p < .025$ bzw. $F(1,84) = 8.48, p < .005$. Korrelationskoeffizienten, die man dadurch erzielt, indem man die linear kodierten Bewußtseinslagenbedinungen mit der Häufigkeit elaborativer bzw. realisierungsbezogener Assoziationen korreliert, verdeutlichen die hypothesen-konformen Befunde (siehe *Tab. 3*).

Diskussion

Offensichtlich nehmen abwägende und planende Bewußtseinslagen Einfluß auf die Gedankenproduktion beim Erzählen von Märchen. Wenn die Vpn aufgefordert werden, ihren Gedanken freien Lauf zu lassen, ist die Gedankenproduktion bereits durch die jeweils vorherrschende Bewußtseinslage in die eine oder andere Richtung ausgerichtet. Dies erstaunt umso mehr, als Märchen einem festgelegten strukturellen Aufbau genügen müssen (Rabkin, 1979; Rumelhart, 1975, 1977). Erst wenn eine Lösung für das zu Beginn des Märchens aufgeworfene Problem gefunden ist, darf es zu Ende kommen. Da derartige Lösungen meist voraussetzen, daß die Hauptfigur aktiv wird, hätte man eigentlich erwarten müssen, daß die Vpn *nur* realisierungsbezogene Einfälle zu Papier bringen.

Dies wäre auch beinahe der Fall gewesen. Der Hauptfigur wurden in der Kontrollgruppe fast ausschließlich realisierungsbezogene Anstrengungen zugeschrieben. Trotzdem setzten sich die Bewußtseinslagen durch. Planende Vpn produzierten gleich noch mehr realisierungsbezogene (und noch weniger elaborative) Einfälle als die Vpn in der Kontrollgruppe, und die Bewußtseinslage des Abwägens unterdrückte erfolgreich realisierungsbezogene Einfälle, während sie elaborative Gedanken förderte. Hätte man als abhängige Variable eine Form der Gedankenproduktion gewählt, die weniger vorstrukturiert ist als das Erfinden von Märchen (z.B. Wortassoziationen), dann wären die Effekte der beiden Bewußtseinslagen wahrscheinlich noch deutlicher ausgefallen.

Interessant ist an der vorliegenden Studie auch, daß die Bewußtseinslage des Planens stärker zur Geltung kam als in den vorangegangenen Studien. Die Vermutung, daß sie sich erst dann zur vollen Blüte entwikkelt, wenn die Vpn die volitionale Aufgabe gründlich bearbeiten, hat sich also bestätigt. Wie die vorliegende Studie zeigt, kann eine gründliche Bearbeitung durch explizite Instruktionen angeregt werden. Beide Bewußtseinslagen wurden induziert, indem die Vl die Vpn aufforderte, ihre eigenen Entschluß- oder Handlungsinitiierungsprobleme nach einem vorher entwickelten Programm zu bearbeiten. Ob die verwendeten Übungsprogramme bereits die bestmögliche Induktion der Bewußtseinslagen des Abwägens und Planens darstellen, mag dahingestellt sein. Jedenfalls induzierten sie im vorliegenden Experiment Bewußtseinslagen, die sogar noch nach einigen Minuten den Gedankenfluß beim Erzählen von Märchen in bewußtseinslagen-kongruenter Weise beeinflußten.

Der Versuchsablauf der vorliegenden Studie erinnert an die sog. *construct priming* Experimente, die in der sozialpsychologischen Forschung zur Analyse der Personwahrnehmung durchgeführt werden. Sie basieren auf den sog. *priming* Experimenten der Kognitiven Psychologie, in denen der Vp ein Wort präsentiert (*prime*) wird und direkt darauf mit geringer Darbietungszeit eine Buchstabenreihe (*target*), die identifiziert werden muß. Dies wird erleichtert, wenn zwischen *prime* und *target* eine semantische Ähnlichkeit besteht (z.B. Neely, 1977). Bei den *construct priming* Studien der Sozialpsychologie (z.B. Higgins, Rholes & Jones, 1977; Bargh & Pietromonaco, 1982) wird den Vpn im Rahmen eines ersten Experiments eine Gruppe von Wörtern gezeigt, aus denen sie Sätze bilden sollen. Einige Minuten später lesen die Vpn in einem davon angeblich unabhängigen, zweiten Experiment die Beschreibung einer Zielperson, über die sie gebeten werden, ein Urteil abzugeben. Die Personenbeschreibung bezieht sich auf Verhaltensweisen, welche nicht eindeutig zu interpretieren sind. Man könnte die Person bspw. als risikofreudig, aber auch als verantwortungslos beurteilen. Wie diese Beurteilung ausfällt, hängt nun davon ab, ob die Konzepte *risikofreudig* oder *verantwortungslos* im ersten Experiment aktiviert wurden. Kommen z.B. die Wörter *mutig* und *tapfer* vor, wird die Person als risikofreudig beurteilt; kam dagegen *unbesonnen* und *unbekümmert* vor, geht das Urteil in Richtung Verantwortungslosigkeit.

Man könnte nun argumentieren, daß die Hauptfiguren in den Märchen auf verschiedene Weise erlebt, wahrgenommen oder beurteilt wurden, je nachdem, ob vorher eine abwägende oder planende Übung stattgefunden hatte. Von den abwägenden Vpn würde der König als eine reflexive Person interpretiert, von den planenden Vpn dagegen als eine entschlossen handelnde Person, weil diese Konzepte in den mentalen Übungen aktiviert wurden. Die von den Vpn erfundenen Märchen brachten schließlich diese Beurteilung der Hauptfigur zum Ausdruck. Ist diese Interpretation der vorliegenden Befunde stichhaltig?

Zunächst ist es unwahrscheinlich, daß durch die abwägende mentale Übung das Konzept *reflexiv* aktiviert wurde. Beim Vollzug dieser Übung kommt weder das Wort reflexiv, noch ein Synonym davon zur Sprache. Es geht um Folgen eines Handlungsentschlusses, und diese können alle möglichen Inhalte betreffen. Außerdem müssen Wahrscheinlichkeiten bestimmt werden, die in Prozentzahlen ausgedrückt werden. Für die volitionale Übung läßt sich ebenfalls ausschließen, daß das Konzept *entschlossen* aktiviert wurde, denn in dieser Übung geht es nur darum, sich bzgl. bestimmter Handlungsschritte auf das Wo, Wann und Wie ihrer Initiierung festzulegen. Die abwägenden und planenden Vpn dürften folglich die Hauptfiguren der Märchen nicht als mit verschiedenen Merkmalen ausgestattete Personen (reflexiv vs. impulsiv) wahrgenommen haben.

Der entscheidende Unterschied zwischen *construct priming* und der hier vertretenen Konzeptualisierung der Bewußtseinslagen des Abwägens und Planens liegt wohl darin, daß die Bearbeitung der Abwäge- bzw. Planungs-Aufgabe nicht ein gespeichertes Konzept bestimmten semantischen Inhalts aktiviert, sondern *cognitive procedures*. Wie die *construct priming* Forschung von aktivierten Konzepten ein gewisses Überdauern der Aktivierung annimmt, gehen wir davon aus, daß die Aktivierung kognitiver Prozeduren ebenfalls eine Zeitlang anhält, solange eben - um in unserer Sprache zu bleiben - bis sich die Bewußtseinslage verflüchtigt.

Zusammenfassung

Die drei Experimente zum Thema Gedankenproduktion in den Bewußtseinslagen des Abwägens und Planens stützen auf recht unterschiedliche Weise, und damit besonders überzeugend, die Hypothese, daß beide Bewußtseinslagen eine kongruente Gedankenproduktion begünstigen. Während zunächst introspektiv, aus dem Gedächtnis reproduzierte Gedanken Gegenstand der empirischen Analyse waren (*Studie 4*), wurden schließlich die spontanen Assoziationen zu unvollständigen Märchen untersucht (*Studie 6*). Auch die Methode zur Herstellung der Bewußtseinslagen wurde variiert. Während zunächst das Vor- vs. Nachentscheidungsparadigma zu diesem Zweck herangezogen wurde (*Studie 4*), kam schließlich ein neues Paradigma zum Einsatz (*Studie 6*), in dem in einem vermeintlich ersten Experiment die Bewußtseinslagen des Abwägens und Planens hergestellt wurden. Dabei mußten die Vpn ein noch offenes persönliches Entschlußproblem abwägen bzw. die Realisierung eines vorgenommenen persönlichen Projektes bis ins Detail planen. Erst dann wurden die Effekte auf die Gedankenproduktion in einem zweiten Schritt (vermeintliches zweites Experiment), nämlich beim Märchenerzählen, erhoben. In *Studie 5* schließlich wurde die Gedankenproduktion nicht mehr beobachtet, sondern manipuliert. Die Vpn mußten sich entweder Gedanken machen, so wie sie in der Bewußtseinslage des Abwägens erwartet werden oder Gedanken, die unserer Annahme nach für die Bewußtseinslage des Planens charakteristisch sind. Als abhängige Variable wurde dann erhoben, ob sich die Vpn eher prä- oder postdezisional fühlen.

6 Informationsanalyse

Die konzeptuelle Analyse der Aufgabe des Abwägens ergab, daß sie einfacher gelöst werden kann, wenn ein verläßliches Wissen über die Erwartungs- und Wertaspekte bzgl. der vorliegenden Wahloptionen (potentielle Ziele) vorliegt. Dieses Wissen kann bisweilen aus dem Gedächtnis abgerufen werden. Ist dies nicht der Fall, wird nach entsprechenden Informationen gesucht und diese werden bevorzugt aufgenommen. Die bislang berichteten Studien legen nahe, daß sowohl das Abrufen dieses Wissens (Gedankenproduktion) als auch das Aufnehmen relevanter Information durch die kognitive Orientierung der Bewußtseinslage des Abwägens begünstigt wird.

Nun genügt eine bloße Aktivierung bereits vorliegenden relevanten Wissens bzw. die Aufnahme von Erwartungs- und Wertinformationen nicht. Eine zufriedenstellende Lösung der Aufgabe des Abwägens verlangt darüber hinaus eine aufgabengemäße Bearbeitung. Nur wenn Erwartungs- und Wertaspekte objektiv bzw. ausgewogen analysiert werden, kommt es zu Handlungsentscheidungen, die nicht gleich wieder revidiert werden müssen, weil sie erst gar nicht realisierbar sind bzw. allzuviel Unerwünschtes mit sich bringen. Eine zufriedenstellende Lösung der Aufgabe des Planens verlangt dagegen, daß Informationen bzgl. der Realisierbarkeit relativ optimistisch und bzgl. der Wünschbarkeit (Anreize) parteiisch betrachtet werden. Man nimmt Partei für das gewählte Ziel, indem man die Realisierungschancen relativ rosig sieht und die positiven Anreize überbewertet. Beides dient dem Zweck, "am Ball zu bleiben", d.h. das einmal gewählte Ziel nicht wegen konkurrierender attraktiver Ziele bzw. befürchteter Realisierungsschwierigkeiten vorschnell aufzugeben.

In den nächsten beiden Studien (*Studie 7* und *8*) wird untersucht, wie ausgewogen die Analyse von Anreizen bei der Entschlußbildung abläuft. In den *Studien 9* und *10* geht es dann darum herauszufinden, ob die Analyse der Realisierbarkeit von Handlungsoptionen beim Abwägen im Vergleich zum Planen realistisch durchgeführt wird, so daß ein korrektes Abbild der objektiv vorliegenden Realisierungsverhältnisse entstehen kann.

Das Gegenredephänomen (Studie 7 und 8)

Der rationalen Analyse von Anreizen einer Handlungsentscheidung sind meist enge Grenzen gesetzt. Unsere kognitiven Kapazitäten sind schnell erschöpft, wenn ein bestimmter Grad an Komplexität erreicht wird, z.B. Dritt- und Viertfolgen zu bedenken sind. Ähnliches gilt, wenn man versucht, die ganze Vielfalt bestehender Werthaltungen bei der Einschätzung der Bedeutsamkeit einer bestimmten Handlungsfolge zum Tragen zu bringen (Simon, 1983). Man muß sich sowohl in der Tiefe der Analyse (Zukunftsperspektive) als auch in der Breite (gegenwärtige Werthaltungen) beschränken. Trotzdem sollte innerhalb dieser Grenzen die

Analyse von Anreizen in der Bewußtseinslage des Abwägens unparteiischer vor sich gehen als in der Bewußtseinslage des Planens.

Um dies zu testen, wurden Universitätsstudentinnen (*Studie 7*) und Bundeswehrsoldaten (*Studie 8*) gebeten, noch offene persönliche Entschlußprobleme zu benennen (Gollwitzer & Heckhausen, 1987, Studie 2 und 3). Dann sollten sie versuchen, Klarheit darüber zu erlangen, ob sie sich zu einem Handlungsentschluß durchringen wollten oder nicht. Die Vpn wurden dazu alleine gelassen. Sobald sie mit der Elaboration dieser Frage fertig waren, erhielten sie den bereits aus *Studie 4* bekannten Introspektionsfragebogen. Die berichteten anreizbezogenen Gedanken wurden daraufhin ausgewertet, ob sie sich auf Anreize bezogen, die einen Handlungsentschluß nahelegten (also positive Anreize eines Handlungsentschlusses und negative Anreize eines Nicht-Entschlusses) oder aber auf Anreize, die dafür sprachen, den *status quo* beizubehalten (also negative Anreize eines Handlungsentschlusses und positive Anreize eines Nicht-Entschlusses).

Methode

Vpn und Versuchsablauf. 24 Münchner Hochschülerinnen nahmen gegen Bezahlung an *Studie 7* teil. Die Untersuchung fand in einem großen Vortragssaal statt. Zunächst mußten die Vpn Kuhls (1985) entscheidungsbezogenen Handlungs- vs. Lageorientierungsfragebogen und eine deutsche Version der Crowne und Marlowe Skala der sozialen Erwünschtheit ausfüllen (Crowne & Marlowe, 1969). Dann wurden sie gebeten, ein persönliches Entschlußproblem zu benennen (als Beispielproblem wurde vorgegeben: Soll ich nach Abschluß meines Studiums ins Ausland gehen?). Nachdem die Vpn ihr eigenes Problem benannt hatten (z.B. Soll ich mein Studium abbrechen? ... das Studienfach wechseln? ... von zu Hause ausziehen?), wurde ihnen ein weiterer Fragebogen vorgelegt. Dieser Fragebogen enthielt folgende Items: Seit wievielen Tagen haben

Sie sich mit ihrem Entschlußproblem bereits beschäftigt? Wie sorgfältig habe Sie das Problem bereits abgewogen? Liegt ein Termin für den Entschluß vor? Wie wahrscheinlich ist es, daß Sie das erwünschte Handlungsziel erreichen? Wie bedeutsam ist dies für Sie?

Schließlich erhielten die Vpn folgende Instruktionen:

"Sie nehmen sich so viel Zeit, wie Sie persönlich für angebracht halten (allerdings ist diese Sitzung erfahrungsgemäß nach ca. 1 Stunde zu Ende!).Sie gehen an das Entschlußproblem so heran, wie Sie auch sonst im Alltag versuchen, Klarheit bei Ihren Entschlußproblemen zu finden.Wenn Sie das Gefühl haben, daß weitere Beschäftigung mit dem Entschlußproblem zu keiner weiteren Klarheit führt, brechen Sie Ihre Bemühungen ab und melden sich beim Versuchsleiter."

Nach Abschluß ihrer Bemühungen, Klarheit zu finden, bearbeiteten die Vpn den introspektiven Fragebogen. Dabei mußten zunächst die zuletzt erlebten Gedanken niedergeschrieben werden und dann die unmittelbar vorausgegangenen Gedanken. Schließlich sollten die einleitenden Gedanken berichtet werden und dann diejenigen, die direkt darauf folgten.

Die 26 Teilnehmer der *Studie 8* waren Studenten der Bundeswehrhochschule München, die sich im Rahmen einer Institutsbesichtigung freiwillig an der Untersuchung beteiligten. Der Ablauf dieser Studie entsprach *Studie 7*. Die persönlichen Entschlußprobleme, die die Soldaten benannten, unterschieden sich nicht nur inhaltlich von denen der Studentinnen (z.B. Soll ich Russisch lernen? Soll ich einen Computer kaufen? ... ein Auto ...? ... eine Skiausrüstung...?). 24 % der Probleme implizierten einen Handlungsentschluß, der das Aufgeben eines bereits begonnenen Projektes bedeutete, während bei den Universitätsstudentinnen knapp über 50 % der benannten Entschlußprobleme von dieser Art waren.

Ergebnisse

Kodierung der Daten. Die Gedankeninhalte wurden nach einem Klassifizierungsschema ausgewertet, das die folgenden Kategorien enthielt: *Erwartungen* (Handlungs-Ergebnis-Erwartungen, Handlungs-bei-Situations-Ergebnis-Erwartungen, Ergebnis-Folge-Erwartungen), *Anreize* (*positive* und *negative* Handlungs-, Ergebnis- und Folgeanreize), *metamotivationale Gedanken* (Gedanken über Abwägestrategien, Selbstinstruktionen) und *entschlußbezogene Gedanken* (ich entschließe mich; ich entschließe mich nicht).

Häufigkeit anreizbezogener Gedanken zu verschiedenen Zeitpunkten der Elaboration. Bei den Studentinnen (*Studie 7*) waren 18 % der klassifizierten Gedanken auf positive Anreize eines Handlungsentschlusses und 27 % auf negative Anreize bezogen. Die restlichen Gedanken (55%) bezogen sich auf Erwartungen, aber auch auf metamotivationale und entschlußbezogene Inhalte. Brachte man diese Gedanken in die zeitliche Reihenfolge, in der sie von den Vpn erlebt wurden, ergab sich das in *Abbildung 5* dargestellte Datenmuster. In dieser Abbildung wird getrennt für die verschiedenen Zeitpunkte der Elaboration (zu Beginn, nach Beginn, vor Abschluß, zum Abschluß) die Anzahl anreizbezogener Gedanken in Prozent der Gesamtzahl berichteter Gedanken dargestellt.

Rechnet man eine 2 (Within-Subjects-Factor: "Qualität der Anreize": positiv vs. negativ) x 4 (Within-Subjects-Factor: "Zeitliche Abfolge": Beginn der Elaboration, nach Beginn der Elaboration, vor Abschluß der Elaboration, zum Abschluß der Elaboration) Varianzanalyse über die Anzahl anreizbezogener Gedankeninhalte, ist der Interaktionseffekt signifikant; $F(3,69) = 3.1$, $p < .04$. Die Haupteffekte erreichen dagegen keine signifikanten F-Werte. Die einfaktorielle Varianzanalyse (ausschließlich über die positiven Anreize) zeigte einen signifikanten F-Wert; $F(3,75) = 2.8$, $p < .05$. Die aus *Abbildung 5* deutlich erkennbare stete Abnahme bei positiven Anreizen führte in einer Trendanalyse zu einem signifikanten *linearen* Trend ($p < .01$). Die einfaktorielle Varianzanalyse

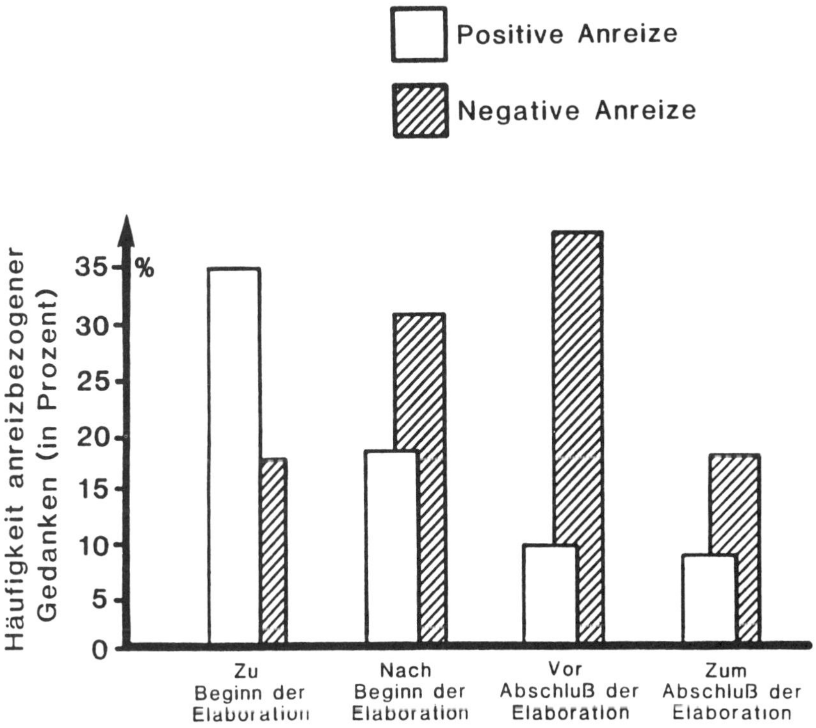

Abb. 5. **Häufigkeit anreizbezogener Gedanken zu verschiedenen Zeitpunkten der Elaboration (Studie 7; N = 24 Hochschülerinnen)**

für die negativen Gedanken zeigte einen *F*-Wert, der das .05 Signifikanzniveau knapp verfehlte; $F(3,75) = 2.4$, $p < .08$; die zugehörige Trendanalyse indizierte einen signifikanten *quadratischen* Trend ($p < .05$). Vergleicht man die Häufigkeit von positiven und negativen Gedanken getrennt für die verschiedenen Zeitpunkte der Elaboration, so findet sich ausschließlich vor Abschluß der Elaboration ein signifikanter Unterschied; $t(23) = 2.2$, $p < .05$.

Bei den Bundeswehrsoldaten (*Studie 8*) bezogen sich 34% der klassifizierten Gedankeninhalte auf positive, 26% auf negative Anreize eines Handlungsentschlusses. Nicht-anreizbezogene Gedanken (Erwartungen plus metamotivationale und entschlußbezogene Inhalte) machten 40% aus. Die 2 x 4 Varianzanalyse führte erneut zu einem signifikanten Interaktionseffekt; $F(3,75) = 3.1$, $p < .04$. Der Haupteffekt für den Faktor "zeitliche Abfolge" wurde diesmal signifikant; $F(3,75) = 3.5$, $p < .02$. Offensichtlich berichteten die Soldaten zu Beginn der Elaboration insgesamt mehr anreizbezogene Gedanken als am Ende. Der Haupteffekt für den Faktor "positive vs. negative Anreize" erreichte allerdings auch bei den Soldaten keinen signifikanten *F*-Wert.

Abbildung 6 zeigt eine mit dem Fortgang der Elaboration verknüpfte drastische Abnahme von Gedanken, die sich auf positive Anreize beziehen. Die einfaktorielle Varianzanalyse über positive Gedanken führte deshalb auch zu einem hochsignifikanten *F*-Wert; $F(3,75) = 5.2$, $p < .007$. Die zugehörige Trendanalyse verweist auf einen linearen Trend ($p < .006$). Wird eine einfaktorielle Varianzanalyse über die negativen Gedanken gerechnet, erweist sich der mit dem Fortgang der Elaboration zunehmende Anstieg negativer Gedanken als nicht signifikant; $F(3,75) = 1.2$, $p > .30$. Vergleicht man schließlich die Unterschiede der Häufigkeit positiver und negativer Gedanken zu den verschiedenen Zeitpunkten der Elaboration, so findet sich nur zu Beginn der Elaboration ein signifikanter Unterschied; $t(23) = 2.9$, $p < .01$.

Mögliche Moderatorvariablen. Um zu prüfen, ob entscheidungsbezogene Handlungs-/Lageorientierung als Moderatorvariable fungiert, d.h. ob das beobachtete Gegenredephänomen etwa nur für Lage- und nicht für

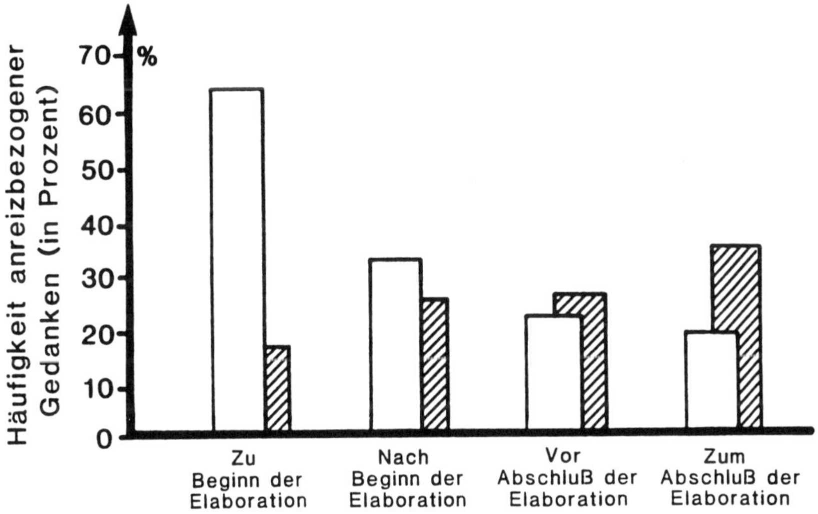

Abb. 6. Häufigkeit anreizbezogener Gedanken zu verschiedenen Zeitpunkten der Elaboration (Studie 8; N = 26 Bundeswehrsoldaten)

Handlungsorientierte gilt, wurde diese Variable (nach zuvor erfolgtem Mediansplit) als zusätzlicher Between-Subjects-Factor in die 2 x 4 Varianzanalyse aufgenommen. Analog wurde mit der sozialen Erwünschtheitsskala verfahren und mit den Items, die sich auf Attribute des Entschlußproblems bezogen. Nur bei den Variablen *Termin* (dichotome Variable: Liegt Termin vor? ja/nein) und *Vertrautheit des Entschlußproblems* (Seit wievielen Tagen beschäftigen Sie sich mit dem Entschlußproblem?) führten diese Analysen zu annähernd signifikanten dreifachen Interaktionen ($p = .20$ bzw. $p = .05$). Das in den *Abbildungen 5* und *6* dargestellte Datenmuster (abnehmende positive Gedanken und zunehmende negative Gedanken) fiel beim Vorliegen eines Termins gleich noch deutlicher aus; dies galt auch für Entschlußprobleme, mit denen sich die Vpn schon seit geraumer Zeit (mehr als 30 Tage) beschäftigten.

Um dem Einwand zu begegnen, daß die beobachteten Elaborationsverläufe nicht typisch für das individuelle Abwägen von Handlungsentschlüssen sind, sondern sich nur artifiziell aus dem Mittel über alle Vpn ergibt, zählten wir aus, wieviele Vpn, die sowohl positive als auch negative anreizbezogene Gedanken erlebten, die positiven *vor* den negativen erlebt hatten. Bei den Universitätsstudentinnen waren das 10 von 13 Vpn; bei den Studenten der Bundeswehrhochschule 13 von 17 Vpn.

Diskussion

Obwohl das Abwägen des Entschlußproblems bei Universitätsstudentinnen und Bundeswehrhochschülern damit begann, daß sie sich zunächst die positiven Konsequenzen vor Augen führten, blieben sie diesen positiven Vorstellungen nicht verhaftet, sondern wandten sich schnell der anderen Seite, nämlich den negativen Konsequenzen zu. Bereitwillig scheinen sie die Rolle des *advocatus diaboli* zu übernehmen, so daß eine ausgewogene Einschätzung des anstehenden Problems möglich wird. Enthusiasmus über die positiven Konsequenzen wird durch eine Gegenrede sofort in Schach gehalten.

Der beobachtete Ablauf der Deliberation bietet sich als eine Heuristik der Entschlußbildung an, die, obwohl überschlagsartig, trotzdem ausgewogen ist. Anstatt *pro* und *contra* systematisch aufzulisten, wie dies von Vertretern rationaler Entscheidungsmodelle erwartet wird (siehe kritisch dazu Jungermann, 1983) und wie man es in der Angewandten Psychologie Personen in Führungspositionen beizubringen versucht (Humphreys, 1977; siehe aber auch die *advocatus diaboli*-Modelle bei Cosier, 1979; Mason, 1969; Schwenk & Cosier, 1980), folgt man einer vereinfachten Vorgehensweise. Im ersten Schritt ruft man sich zunächst die positiven Anreize ins Bewußtsein und motiviert sich auf diese Weise, die Entschlußbildung voranzutreiben. Im zweiten Schritt werden dann die negativen Aussichten aufgetischt, so daß schließlich eine Ansammlung negativer Anreize den positiven Folgen gegenübersteht. Der dritte und letzte Schritt könnte dann die Form einer kritischen Selbstbefragung annehmen: Ist man bereit, für die in Aussicht stehenden positiven Anreize die möglichen negativen Konsequenzen in Kauf zu nehmen? Falls ja, kommt es zur Bildung einer Zielintention. Falls nein, bleibt der Wunsch (z.B. von zu Hause ausziehen, den Freund loswerden, das Studium abbrechen), der die Deliberation angezettelt hatte, ein bloßer Wunsch; seine Realisierung wird zurückgestellt oder ein für allemal *ad acta* gelegt.

Moderatorvariablen. Welche Moderatorvariablen spielen für den Einsatz dieser Heuristik eine Rolle? Auf der Basis der vorliegenden Daten läßt sich diese Frage nur ansatzweise beantworten, weil hier nur eine begrenzte Anzahl möglicher Moderatorvariablen abgefragt und gemessen wurde. Trotzdem gelang es, zwei potentielle moderierende Faktoren zu entdecken. Offensichtlich verlangt das Abwägen eines Entschlusses anhand der Gegenredeheuristik eine gewisse Vertrautheit mit dem Entschlußproblem. Bei "neuen" Entschlußproblemen stehen möglicherweise nur die positiven Konsequenzen im Vordergrund, weil man noch nicht an die negativen Konsequenzen denken mag oder diese einem gar nicht in den Sinn kommen. Je länger man darüber nachdenkt, desto eher werden diese salient. Obendrein besteht eine größere Bereitschaft, diese zu berücksichtigen, weil ja auch der verbindliche Entschlußakt mit der Zeit näherrückt. Letztere Überlegung paßt ganz gut zur Beobachtung, daß beim Vorliegen eines Termins für den Entschlußakt die Gegenredeheuristik zumindest der Tendenz nach verstärkt zum Einsatz kommt. Diese Beobachtung widerspricht übrigens der landläufigen Meinung, daß ausgewogenes Entscheiden/Entschließen nur unter Bedingungen zu erwarten ist, die frei von jeglichem Zeitdruck sind.

Interessant ist auch, daß in beiden Studien weder die Wünschbarkeit eines Handlungsentschlusses noch dessen Realisierbarkeit von Bedeutung waren. Auch die Inhalte der genannten Probleme sowie die Tatsache, daß mit manchen Handlungsentschlüssen das Aufgeben eines anderen, bereits begonnenen Projektes impliziert ist, spielt offensichtlich keine Rolle, sonst hätten sich die bei den Universitätsstudentinnen gemachten Beobachtungen nicht bei den Bundeswehrsoldaten replizieren lassen. Letztere hatten nämlich inhaltlich ganz andere Entschlußprobleme genannt und im Vergleich zu den Studentinnen viel weniger Probleme, die das Aufgeben eines konkurrierenden Projektes implizierten. Zu denken gibt, daß Handlungs-/Lageorientierung (entscheidungsbezogene Subskala) keinen moderierenden Einfluß auf das Auftreten der Gegenredeheuristik hatte. Dies bedeutet nämlich, daß sowohl Lage- als auch Handlungsorientierte die Gegenredeheuristik benützen. Weiterhin ist interessant, daß die Werte auf der sozialen Erwünschheitsskala keinen Einfluß auf den Gebrauch der Heuristik hatten. Damit kann ausgeschlossen werden, daß die Vpn nur deswegen diese ausgewogene Art des Abwägens einschlugen, weil sie vermuteten, daß dies die sozial (und vom Vl) erwünschte Form des Abwägens ist.

Vorentscheidungsstudien im Rahmen der Dissonanztheorie. Der wichtigste Aspekt der beobachteten Gegenredeheuristik ist im Rahmen der vorliegenden Fragestellung natürlich die damit verbundene Ausgewogenheit beim Elaborieren. Da sowohl positive als auch negative Konsequenzen zum Tragen kommen, bestätigen die in *Studie 7* und *8* gemachten Beobachtungen die postulierte Ausgewogenheit des Elaborierens von Anreizen. Das Postulat, daß vor einer Entscheidung unparteiisch (*impartial*) abgewogen wird, ist jedoch nicht neu. Festinger (1957) postulierte in seiner Darstellung der Dissonanztheorie ebenfalls Ausgewogenheit für die Vorentscheidungsphase, obwohl diese Theorie primär die Entstehung und Reduktion kognitiver Dissonanz zu erklären versucht, die als Konsequenz einer bereits erfolgten Wahlentscheidung entstanden ist. Einige Dissonanzforscher interessierten sich aber auch für Vorentscheidungsprobleme (Davidson & Kiesler, 1964; Jecker, 1964; Walster & Festinger, 1964). Allerdings wird prädezisionale Ausgewogenheit in diesen Studien so definiert, daß vor der Entscheidung die Attraktivitätsdiskrepanz der zur Wahl stehenden Alternativen konstant bleibt. Nach der Wahl entstehe zusätzliche Divergenz, d.h. die gewählte Alternative wird dann noch attraktiver eingeschätzt als dies vor der Wahl bereits der Fall war. Leider ist dies eine sehr unglückliche Definition von Ausgewogenheit. Denn man kann ausgewogen abwägen und trotzdem zum Schluß kommen, daß eine der beiden Alternativen attraktiver eingeschätzt werden muß als ursprünglich angenommen - und dies natürlich schon vor der Entscheidung. So finden sich auch einige Studien, die einen prädezisionalen Anstieg der Divergenz berichten (Janis & Mann, 1968; Mann, Chaplin & Janis, 1969).

Eine adäquatere Definition von Ausgewogenheit wurde schließlich von Gerard (1967) sowie von Brock und Balloun (1967) vorgetragen. Diese Autoren definieren anteilsgleiche Aufmerksamkeitsverteilung auf die Informationen der zur Wahl stehenden Alternativen als Ausgewogenheit. Gerard entwickelte ein Verfahren, mit dessen Hilfe bestimmt werden konnte, wie lange die Vpn vor und nach der Wahl die beiden zur Wahl stehenden Objekte (Gemälde) betrachteten. Obwohl sich vor der Wahl eine Ausgewogenheit insofern zeigte, daß das später nicht-gewählte Bild der Tendenz nach länger betrachtet wurde als das gewählte, weiß man natürlich nicht, ob nicht vielleicht doch einseitiges Abwägen vorlag, weil die Vpn möglicherweise beim nicht-gewählten Gemälde auf die abstoßenden, beim gewählten Gemälde dagegen auf die reizvollen Aspekte fokussierten.

Dieses Problem versuchten Beckmann und Gollwitzer (1987) dadurch zu umgehen, indem sie als abhängige Variable die Erinnerungsleistung bzgl. der für beide Wahloptionen dargebotenen Informationen erhoben. Wenn diese Informationen in positive und negative unterschieden wurden (leider *post-hoc*), zeigte sich, daß vor der Entscheidung für beide Optionen positive und negative Informationen ungefähr gleich gut erinnert werden konnten. Dieser Befund legt nahe, daß die positiven und negativen Aspekte beider Wahloptionen vor der Entscheidung jeweils gleich viel Aufmerksamkeit erfuhren. Doch auch hier kann man einwenden, daß dieser Befund nicht den Nachweis erbringt, daß die gleich beachteten positiven und negativen Informationen bei der gedanklichen Elaboration auch wirklich bedacht wurden. Dieses Argument erweist sich für die hier vorgetragenen *Studien 7* und *8* dagegen als nicht stichhaltig. Denn die abhängige Variable in diesen Studien ist der Elaborationsprozeß selbst. Zweifelt man nicht an der Glaubwürdigkeit der introspektiven Berichte, so zeigen die Ergebnisse beider Studien, daß trotz anfänglicher Fokussierung auf positive Anreize eines Handlungsentschlusses die negativen Anreize gegen Ende der Elaboration ebenfalls Beachtung finden und damit sowohl positive als auch negative Anreize in die Elaboration eingehen.

Bearbeitung von Anreizinformation in der Bewußtseinslage des Planens? Planende Vpn sollten derartige Information so bearbeiten, daß die Lösung der Aufgabe des Planens, die im Vorantreiben der Realisierung des gewählten Handlungsziels besteht, nicht behindert wird. Die Wünschbarkeit des intendierten Ziels sollte folglich auf keinen Fall in Frage gestellt werden. Diese Immunisierung der Wünschbarkeit läßt sich durch eine besondere Berücksichtigung der positiven auf Kosten der negativen Anreize bewerkstelligen. Studien zur kognitiven Dissonanztheorie liefern genügend Belege dafür, daß Vpn nach erfolgter Wahl die Attraktivität der gewählten Alternative auf- und die der nicht-gewählten abwerten (Wicklund & Brehm, 1976). Wird postdezisionalen Vpn die Möglichkeit gegeben, zusätzliche Informationen einzuholen, werden Informationen vermieden, die die Attraktivität der getroffenen Wahl in Frage stellen könnten, während potentiell unterstützende Informationen aufgesucht werden (Frey, 1986). Diese Befunde werden häufig als bloßer Ausdruck eines Bedürfnisses nach kognitiver Konsistenz verstanden (Insko, Worchel, Folger & Kutkus, 1975). Es gibt aber auch Erklärungen, die die Funktion der Dissonanzreduktion und -vermeidung für die weitere Handlungsführung betonen (Jones & Gerard, 1967; Wicklund & Frey, 1981). So sprechen Jones und Gerard davon, daß durch Dissonanzreduktion die getroffene Wahl gerechtfertigt wird. Die postdezisionale Wiederaufnahme des Abwägens würde folglich verhindert und eine "unequivocal behavioral orientation" geschaffen.

Diese Sichtweise ist von der hier favorisierten Bewußtseinslagenerklärung nicht sehr weit entfernt. Der einzige Unterschied besteht wohl darin, daß wir - ausgehend von der Analyse der Anforderungen der Aufgabe des Planens - vorhersagen würden, daß das postdezisionale Bedenken von Anreizen überhaupt vermieden wird, da man die Aufgabe des Planens sicherlich effektiver lösen kann, wenn man sich ausschließlich auf Informationen zur Handlungsinitiierung konzentriert. Stellen sich allerdings Zweifel hinsichtlich der Wünschbarkeit des gewählten Ziels ein (weil sich - aus welchen Gründen auch immer - störende Anreizinformationen aufdrängen), dann ist es für die Zielrealisierung von Nutzen, wenn Zweifel an der Wahl des Handlungsziels durch eine Erhöhung der Attraktivität der gewählten Option oder eine Attraktivitätsreduzierung konkurrierender Optionen im Keim erstickt werden. Was im gegebenen Fall dann wirklich geschieht, ob sich postdezisionale zweifelnde Vpn auf die Zielrealisierung konzentrieren und störende Anreizinformationen einfach ignorieren oder ob Rechtfertigungsprozesse ablaufen, hängt wahrscheinlich davon ab, wie sehr sich die störende Anreizinformation dem Bewußtsein aufdrängt.

Kontrollillusionen (Studien 9 und 10)

Die Frage der postdezisionalen Bearbeitung anreizbezogener Informationen hat bereits eine lange experimentelle Tradition. Die Frage der postdezisionalen Bearbeitung von Erwartungsinformationen ist dagegen - sieht man von den Dissonanz-Experimenten zur Bestimmung der Auftretenswahrscheinlichkeit eines Ereignisses (Test) ab, auf das man sich mehr oder weniger gründlich vorbereitet hat (Yaryan & Festinger, 1965; Arrowood

& Ross, 1966) noch nicht experimentell untersucht worden. *Studie 9* und *10* sind ein erster Versuch in diese Richtung.

Während die Bewußtseinslage des Abwägens eine akkurate, objektive Analyse von Handlungs-Ergebnis-Erwartungen begünstigt, sollte in der Bewußtseinslage des Planens eine optimistische Sichtweise vorherrschen. Die verschiedenen Anforderungen der Aufgabe des Abwägens bzw. Planens legen eine solche gegensätzliche Orientierung nahe. Grundlage einer rationalen Entscheidung ist die korrekte Einschätzung der Realisierbarkeit von zur Wahl stehenden potentiellen Handlungszielen, während hingegen das Vorantreiben der Handlungsinitiierung und damit die Realisierung eines gewählten Zieles dadurch begünstigt wird, daß auch angesichts von Schwierigkeiten die Hoffnung, das intendierte Ziel zu erreichen, nicht aufgegeben wird. Solche Persistenz wird dadurch begünstigt, daß Handlungs-Ergebnis-Erwartungen selbst dann hoch gehalten werden, wenn die Realisierungsaussichten nicht (oder nicht mehr) rosig sind. Für die Wahl eines Handlungsziels wäre dagegen eine optimistisch gefärbte Bestimmung von Handlungs-Ergebnis-Erwartungen problematisch, weil man dann Gefahr laufen würde, sich blauäugig Ziele zu setzen, die nicht zu realisieren sind.

Wie aber testet man diese Überlegungen? Alloy und Abramson (1979) entwickelten eine sog. Kontingenz-Lernaufgabe, bei der die Vpn an einem Stimulusapparat eine Vielzahl von Testdurchgängen ausführen müssen. Dabei sollen sie versuchen herauszufinden, wie sie ein auf diesem Apparat montiertes Ziellicht durch Drücken oder Nicht-Drücken einer Tastatur zum Aufleuchten bringen können. Schließlich dürfen sie ein Urteil über das Ausmaß der Kontrolle abgeben, das sie bzgl. des Aufleuchtens des Lichtes zu besitzen glauben. Also darüber, ob sie durch ihr Handeln (Drücken vs. Nicht-Drücken) das gewünschte Ergebnis (häufiges Aufleuchten des Lichtes) mit niedriger oder hoher Wahrscheinlichkeit herbeiführen können (Handlungs-Ergebnis-Erwartung).

Der Vl kann das objektive Ausmaß der Kontrolle variieren, indem er die bedingten Wahrscheinlichkeiten des Aufleuchtens für Drücken und Nicht-Drücken gleich oder unterschiedlich gestaltet. Je geringer die Differenz zwischen diesen bedingten Wahrscheinlichkeiten, desto weniger

Kontrolle besitzen die Vpn über das Aufleuchten des Lichtes. Dazu ein Beispiel: Leuchtet das Licht beim Drücken im Durchschnitt jedes vierte Mal auf und bei Nicht-Drücken ebenfalls jedes vierte Mal, kann die Vp nichts tun, um die Häufigkeit des Aufleuchtens zu erhöhen. Dies gilt auch, wenn beim Drücken und Nicht-Drücken nur jedes vierte Mal das Licht *nicht* aufleuchtet, obwohl dann die absolute Häufigkeit des Aufleuchtens höher als im vorigen Fall ist. Erst wenn bspw. beim Drücken das Licht nur jedes vierte Mal *nicht* aufleuchtet, beim Nicht-Drücken dagegen nur jedes vierte Mal aufleuchtet, hat die Vp Kontrolle über das Licht. Sie braucht nämlich jetzt nur häufiger zu drücken, und schon leuchtet das Licht öfter auf.

Alloy und Abramson (1979) entdeckten dabei, daß bei Kontingenzverhältnissen, wo objektiv keine Kontrolle gegeben ist, die Vpn trotzdem glauben, Kontrolle zu besitzen, wenn das Licht häufig aufleuchtet. Bei einem sog. 25-25 Problem (d.h. das Licht leuchtet bei 25% des Drückens und bei 25% des Nicht-Drückens auf) sind die Kontrollurteile der Vpn relativ korrekt. Die meisten Vpn glauben keine Kontrolle zu besitzen. Bei einem 75-75 Problem (d.h. das Licht leuchtet bei 75% des Drückens und bei 75% des Nicht-Drückens auf) überschätzen die Vpn das Ausmaß der Kontrolle dagegen drastisch. Sie glauben im Durchschnitt, mehr als 50% Kontrolle über das Ziellicht zu haben. Offensichtlich nehmen die Vpn das häufige Aufleuchten des Lichtes fälschlicherweise als ein Anzeichen dafür, Kontrolle über das Aufleuchten zu besitzen.

In den *Studien 9* und *10* (Gollwitzer & Kinney, 1989) wurde abwägenden und planenden Vpn ein 75-75 Problem zur Bearbeitung vorgegeben. Die Hypothese lautete: Abwägende Vpn erkennen, daß sie keine Kontrolle haben, während planende Vpn glauben, Kontrolle zu besitzen. In *Studie 9* wurde abwägenden und planenden Vpn auch ein 25-25 Problem angeboten, um zu prüfen, ob planende Vpn auch unter diesen Bedingungen einer Kontrollillusion unterliegen oder ob sich hier angesichts der häufigen Mißerfolge, das Licht zum Aufleuchten zu bringen, doch die Einsicht durchsetzt, daß sie keine Kontrolle haben. *Studie 9* folgte also einem zweifaktoriellen 2 (abwägende vs. planende Bewußtseinslage) x 2 (25-25 vs. 75-75 Problem) Versuchsplan.

Die abwägende Bewußtseinslage wurde induziert, indem man die Vpn bat, zwischen zwei zur Verfügung stehenden Stimulusapparaten (beide Apparate waren entweder auf das 25-25 oder auf das 75-75 Kontingenz-Verhältnis eingestellt) hin und her zu wechseln, um den für sie günstigeren Stimulusapparat auszuwählen. Die planende Bewußtseinslage wurde wie folgt hergestellt: Die Vpn mußten sich festlegen, in welcher Reihenfolge sie die beiden Apparate benutzen wollten, bevor sie den ersten Apparat bearbeiten durften. Außerdem stand die Bearbeitung nicht unter der Instruktion, den günstigeren Apparat herauszufinden, sondern das Aufleuchten des Lichtes zu maximieren.

In *Studie 10* kam ausschließlich das 75-75 Problem zum Einsatz. Der Versuchsplan enthielt drei Bedingungen: eine abwägende und eine planende Bewußtseinslage sowie eine Kontrollbedingung. Die abwägende und die planende Bewußtseinslage wurden durch die mentalen Übungen induziert, die in der Märchenstudie (Studie 6) mit Erfolg erprobt worden waren. Die Kontrollgruppe bearbeitete das 75-75 Problem ohne jede vorausgegangene mentale Beeinflussung. Die Vpn aller Versuchsgruppen erhielten dieselbe Instruktion zur Bearbeitung der Kontingenz-Lernaufgabe. Sie sollten herausfinden, wie man das Licht zum Aufleuchten bringen kann. Diese Instruktion wurde direkt von Alloy und Abramson (1979) übernommen.

Methode

Vpn und Versuchsmaterial. An *Studie 9* nahmen 64 Studenten der Universität München teil, und zwar gegen eine Bezahlung von 10 DM/Stunde. Eine große Zahl verschiedener Studienfächer war vertreten, und das Durchschnittsalter lag bei 24,6 Jahren.

Die Versuchskabine war mit zwei Stimulus-Apparaten ausgerüstet, Apparat A und Apparat B. Auf beide Apparate war sowohl ein grünes (rechts) als auch ein rotes (links) Lämpchen montiert. Vor jedem Apparat stand, verbunden mit einem Kabel, eine kleine Schaltanlage, die mit einem winzigen roten Warnlicht und einem Druckknopf ausgestattet war. Schließlich befand sich noch eine Magnettafel auf dem Versuchstisch, die in fünf aufeinanderfolgende Quadrate aufgeteilt war. Davor lagen je 5 magnetische Aufkleber, die entweder die Kennzeichnung A oder B trugen.

Die Stimulus-Apparate wurden von einem Microcomputer gesteuert, der sich bei der Vl im Kontrollraum befand. Der Computer errechnete, wann das Licht aufzuleuchten hatte, um das vorgegebene Kontingenz-Verhältnis zu realisieren, und gab auch den Impuls für das Aufleuchten, falls dies angebracht war. Außerdem speicherte der Computer die Handlungen der Vpn (Drücken oder Nicht-Drücken und ob diese zum Aufleuchten des Lichtes geführt hatten). Die Versuchsanweisungen wurden über eine Gegensprechanlage gegeben.

An *Studie 10* nahmen 61 Münchner Universitätsstudentinnen verschiedener Fachrichtungen teil; ebenfalls gegen Bezahlung. Das Durchschnittsalter lag bei 23,4 Jahren. In der Versuchskabine befand sich nur Stimulusapparat A. Das übrige Versuchsmaterial aus *Studie 9* wurde entfernt. In einer benachbarten Versuchskabine lagen die Fragebögen zur Durchführung der abwägenden und planenden mentalen Übung.

Versuchsablauf. Die Vl der *Studie 9* gab in der Bedingung *Bewußtseinslage des Abwägens* die folgenden Instruktionen: Die Vp sollte im ersten Teil des Experimentes versuchen herauszufinden, bei welchem der beiden Apparate (A oder B) sie das Aufleuchten des roten Lichtes besser beeinflussen könne. Sie könne dies erreichen, indem sie entweder die zugehörige Tastatur drückt oder dies unterläßt. Nun kämen einige Leute besser mit Apparat A zurecht, andere dagegen mit Apparat B. Die Vp solle schließlich den Apparat wählen, bei dem sie glaube, mehr Kontrolle über das rote Licht zu haben. Im zweiten Teil des Experimentes dürfe sie dann mit dem Apparat ihrer Wahl arbeiten, und dort gehe es nur noch darum, das Aufleuchten des Lichtes so oft wie möglich zu erreichen.

Im ersten Teil des Experimentes habe die Vp 5 Blöcke zu je 20 Versuchs-Durchgängen zu bewältigen. Jeder einzelne Block müßte auch an dem Apparat zu Ende geführt werden, an dem er begonnen wurde. Die Vp könne allerdings wählen, mit welchem Apparat sie beginnen wolle, und nach jedem Block von 20 Durchgängen dürfe sie den Apparat wechseln. Manchmal lerne man mehr darüber, welcher Apparat nun der richtige sei, wenn man wechselt, manchmal bleibe man besser beim alten Apparat. Dies müsse die Vp allerdings selbst entscheiden. Welche Entscheidung die Vp auch treffe, sie müsse sie der Vl bekanntgeben und an der Magnettafel festhalten. Entschließe sie sich bspw., den nächsten Block von 20 Durchgängen auf Apparat A zu erledigen, so müsse der magnetische Aufkleber A in das zugehörige quadratische Feld auf der Tafel plaziert werden.

Jeder einzelne Versuchsdurchgang werde wie folgt ablaufen: Zunächst werde ein Signallicht aufleuchten (d.h. das grüne Licht). Nachdem dieses Licht erloschen sei, habe man drei Sekunden Zeit zu reagieren, indem man entweder den Knopf drückt oder dies unterläßt. Die Reaktion der Vp führe dann zu einem von zwei möglichen Ereignissen: Entweder leuchtet das rote Licht auf oder es bleibt dunkel. Zwischen den einzelnen Versuchsdurchgängen würden kurze Pausen eingeschoben, die durch das Aufleuchten des winzigen roten Warnlichtes auf der Schaltanlage angezeigt würden. Damit die Vp sich an den Ablauf der Versuchsdurchgänge gewöhnen könne, würden zunächst drei Probedurchgänge durchgeführt.

Nach Abschluß der Probedurchgänge wurde der Vp erklärt, daß sie nach jedem der fünf Blöcke eine Einschätzung der ihrer Meinung nach erzielten Kontrolle abgeben müsse. Die Formulare dazu lägen bereits auf ihrem Tisch. Sie solle nach jedem Block eines davon ausfüllen und dann in den danebenstehenden Briefkasten werfen. Schließlich wurde die Vp gefragt, mit welchem Apparat sie beginnen wolle, und je nach Versuchsbedingung leuchtete das rote Licht häufig (75-75 Problem) oder selten (25-25 Problem) auf. Auch für alle nachfolgenden Blöcke wurden diese Kontingenz-Verhältnisse beibehalten.

Nachdem der erste Block mit 20 Durchgängen erledigt war, füllte die Vp den Kontrollfragebogen aus. Dabei wurde ermittelt, wie hoch die Vp ihre Möglichkeiten einschätzte, auf das Erscheinen des Lichtes durch ihr Betätigen bzw. Nicht-Betätigen der Tastatur Einfluß auszuüben. Die Antwortskala (eine Prozentskala mit 5er Schritten) reichte von *kein Einfluß* über *etwas Einfluß* bis zu *viel Einfluß*. Die Etiketten der Skala wurden wie folgt erklärt: Viel Einfluß bedeute, daß man das Gefühl hat, daß das Bedienen oder Nicht-Bedienen der Tastatur *oft* oder *immer* Einfluß auf das Aufleuchten des roten Lichtes hat. Kein Einfluß bedeutet *selten* oder *nie*; etwas Einfluß dagegen *ab und zu*. Die Vp wurde anschließend danach befragt, wie sicher sie sei, ein korrektes Urteil abgegeben zu haben (10-Punkte Skala: nicht sicher - sehr sicher).

Schließlich mußte die Vp angeben, mit welchem Apparat sie den nächsten Block mit 20 Durchgängen bearbeiten wolle. Nachdem die Vp ihre Entscheidung der Vl bekannt gegeben und auf der Magnettafel vermerkt hatte, begann die Arbeit am zweiten Block. Dieses Vorgehen wiederholte sich, bis alle fünf Blöcke erledigt waren. Dann wurde das Experiment abgebrochen und die Vp über die Ziele der Studie aufgeklärt.

Die Instruktionen für die Vpn in der Bedingung *Bewußtseinslage des Planens* begannen ebenfalls mit der Beschreibung der Funktionsweise der beiden Stimulus-Apparate. Die Vl gab dann allerdings andere Anweisungen: Die Aufgabe der Vp sei es, das rote Licht so oft wie möglich zum Aufleuchten zu bringen. Insgesamt müßten 5 Blöcke mit jeweils 20 Durchgängen bearbeitet werden, und jeder Block müßte an dem Apparat beendet werden, an dem er begonnen wurde. Bevor mit der Bearbeitung des ersten Blocks begonnen werde, müsse sich die Vp jedoch festlegen, in welcher Reihenfolge sie die beiden Apparate benützen wolle. Es gebe viele mögliche Reihenfolgen und wie oft es gelinge, das rote Licht zum Aufleuchten zu bringen, hänge auch von der Wahl der einen oder anderen Reihenfolge ab. Manche Personen erzielten bei Reihenfolgen, die wenig Abwechslung implizieren, gute Leistungen, andere dagegen, wenn die gewählte Reihenfolge mehrere Wechsel zwischen den Apparaten nötig mache.

Die Vl ließ der Vp Zeit, sich zu entscheiden. Dann bat sie die Vp, ihre Entscheidung bekannt zu geben und auf der Magnettafel die gewählte Reihenfolge aufzustecken. Nach den drei Probedurchgängen wurde die Vp informiert, daß sie nach jedem Block von 20 Durchgängen ein Kontrollurteil abzugeben habe. Daraufhin wurden die 5 Blöcke an den Apparaten in der Reihenfolge abgearbeitet, auf die sich die Vp festgelegt hatte. Je nach Problembedingung (25-25 vs. 75-75) leuchtete das rote Licht selten oder häufig auf.

Der Versuchsablauf in *Studie 10* war weit weniger kompliziert. Es handelte sich wiederum um Einzelversuche; diesmal wurde der Versuch allerdings von zwei Versuchsleitern durchgeführt. Die Vl 1 begrüßte die Vp und erklärte, daß sie an zwei verschiedenen Experimenten teilzunehmen hätte. Zuerst werde sie die Aufgaben erklären, die die Vp in ihrem Experiment zu bearbeiten hätte. Dann werde sie die Vp ihrem Kollegen vorstellen, der seine Studie in einem Raum nebenan durchführe. Wenn die Vp damit fertig sei, werde sie ihr Experiment beginnen.

Nach diesen einleitenden Worten erklärte die Vl die Kontingenz-Lernaufgabe (es stand nur noch Apparat A in der Versuchskabine). Die Aufgabe der Vp sei es herauszufinden, wie man das rote Licht zum Aufleuchten bringt. Es gebe zwei Handlungsmöglichkeiten: Entweder man betätigt die Tastatur oder man lehnt sich zurück und tut nichts. Es sei von Vorteil, bei einigen Durchgängen die Tastatur zu betätigen und dies bei anderen zu unterlassen. So könne man herausfinden, wie das Aufleuchten des Lichtes durch das Betätigen bzw. Nicht-Betätigen der Tastatur beeinflußt wird. Insgesamt müßten 40 Durchgänge bearbeitet werden.

Dann wurden detailliertere Instruktionen bzgl. der Funktionsweise der Apparatur gegeben und drei Übungsdurchgänge absolviert. Unmittelbar darauf erschien Vl 2, um die Vp in eine benachbarte Versuchskabine zu begleiten. Je nachdem ob die Vp aufgrund der Randomisierung der *abwägenden* oder der *planenden Versuchsbedingung* zugeteilt worden war, bat sie der Vl 2, ein persönliches, noch offenes Entschlußproblem zu elaborieren bzw. die Realisierung einer verbindlichen Zielintention zu planen. Das Versuchsmaterial sowie die Instruktionen entsprachen den mentalen Übungen, die bei der bereits berichteten Märchenstudie zum Einsatz gekommen waren (*Studie 6*). Nach den Übungen wurden auch die aus *Studie 6* bekannten Fragebögen ausgegeben, um den Erfolg dieser Übungen abschätzen zu können. Nur jeweils ein Item war hinzugefügt worden: Abwägende Vpn wurden gefragt, wie bedeutsam das von ihnen genannte und bearbeitete Entschlußproblem für sie sei. Planende Vpn mußten die Frage beantworten, wieviel es ihnen ausmachen würde, wenn es ihnen nicht gelingen sollte, ihr intendiertes Ziel zu erreichen.

Schließlich kehrte die Vp zur Versuchskabine zurück, die mit dem Kontingenz-Lernapparat ausgestattet war. Dort erinnerte Vl 1 nochmals an die Aufgabe. Die Vp solle versuchen herauszufinden, wie man das rote Licht zum Aufleuchten bringt. Insgesamt seien 40 Durchgänge zu bearbeiten. Dann werde die Vp um ihr Urteil gebeten, wieviel Einfluß sie auf das Aufleuchten des Lichtes nehmen konnte.

In der *Kontrollbedingung* unterbrach Vl 1 ihren Versuch nach dem dritten Übungsdurchgang nicht. Sie begann sofort mit dem Hauptversuch und beendete die 40 Versuchsdurchgänge, bevor sie die Vp dem zweiten Vl vorstellte. Wie in den beiden experimentellen Bedingungen handelte es sich bei der Kontingenz-Lernaufgabe um ein 75-75 Problem, und wie in den beiden experimentellen Bedingungen brach der zweite Vl die Studie schließlich ab und erklärte der Vp den Sinn und Zweck des Experimentes.

Ergebnisse

Verhalten der Vpn (Studie 9). Abwägende und planende Vpn setzten ähnliche Strategien beim Betätigen des Druckknopfes ein. Dies galt für die absolute Häufigkeit der Betätigung des Druckknopfes, die Häufigkeit eines Wechsels von Drücken zu Nicht-Drücken (und umgekehrt) und die Häufigkeit des Beibehaltens einer Handlung (Drücken bzw. Nicht-Drücken), wenn diese Erfolg (Aufleuchten des Lichtes) gebracht hatte. Auch hinsichtlich des Hin- und Herwechselns zwischen den beiden Apparaten unterschieden sich die abwägende und die planende Gruppe nicht signifikant voneinander. Umso erstaunlicher sind deshalb die großen Unterschiede bzgl. der Kontrollurteile.

Kontrollurteile (Studie 9). Eine 5 (Within-Subjects-Factor "Meßzeitpunkt": fünf wiederholte Messungen) x 2 (Between-Subjects-Factor "Problemtyp": 25-25 vs. 75-75 Problem) x 2 (Between-Subjects-Factor

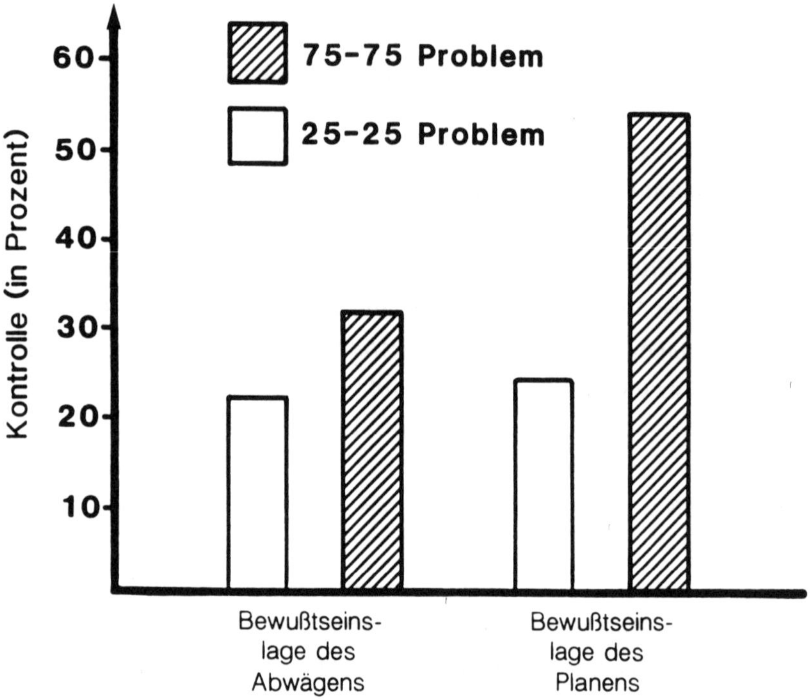

Abb. 7. Kontrollurteile als Funktion von Problemtyp und Bewußtseinslage (Studie 9; pro Bedingung gilt n =16)

"Bewußtseinslage": abwägend vs. planend) Varianzanalyse führte zu signifikanten Haupteffekten des Faktors "Problemtyp"; $F(1,60) = 15.5$, $p < .001$, und des Faktors "Bewußtseinslage"; $F(1,60) = 5.0$, $p < .03$. Diese Effekte sind jedoch nur auf dem Hintergrund des ebenfalls signifikanten Interaktionseffektes zu interpretieren; $F(1,60) = 4.6$, $p < .04$. Der Within-Factor "Meßzeitpunkt" führte weder zu einem signifikanten Haupteffekt noch zu einer Interaktion mit einem (oder beiden) Between-Subjects-Factors. Folglich wurden alle weiteren Analysen über die gemittelten Kontrollurteile der Vpn berechnet.

Aus *Abbildung 7* wird deutlich, daß sowohl die abwägenden ($M = 21.6$) als auch die planenden Vpn ($M = 22.1$) beim 25-25 Problem glaubten, relativ wenig Einfluß auf das Aufleuchten des Lichtes zu haben. Bei planenden Vpn stieg die vermutete Kontrolle jedoch drastisch an ($M = 53.9$), wenn das Licht häufig aufleuchtete (75-75 Problem); $t(60) = 4.3$, $p < .001$. Für die abwägenden Vpn ($M = 31.0$) fiel dieser Zuwachs an vermuteter Kontrolle weit weniger deutlich aus; $t(60) = 1.3$, $p > .20$. Abwägende Vpn schätzten beim 75-75 Problem ihre Kontrollmöglichkeiten jedenfalls wesentlich niedriger ein als die planenden Vpn; $t(60) = 3.1$, $p < .003$.

Die Vpn hatten auch anzugeben, wie sicher sie sich seien, daß ihr Kontrollurteil korrekt ist. Hier gab es keine signifikanten Unterschiede zwischen den beiden Bewußtseinslagen und Problemtypen. Die Vpn wurden mit der Zeit (vom 1. bis zum 5. Urteil) sicherer; $F(4,240) = 4.7$, $p < .05$, und dies galt für beide Problemtypen und beide Bewußtseinslagen in gleicher Weise.

Inhalte der mentalen Übungen (Studie 10). In *Studie 10* wurde zunächst geprüft, ob die bearbeiteten, noch offenen Entschlußprobleme und die verbindlichen Zielintentionen (Projekte) sich inhaltlich unterschieden. Zu diesem Zweck wurden drei Kategorien gebildet: ausbildungsbezogene, persönliche und zwischenmenschliche Probleme bzw. Projekte. Es stellte sich heraus, daß diese verschiedenen Inhalte bei den Entschlußproblemen und den Zielintentionen (Projekten) anteilsmäßig ungefähr gleich häufig vorkamen; χ^2 (2, N = 61) = 2.2, $p = .32$. Aber nicht nur die inhaltliche Vergleichbarkeit der beiden Übungen, auch ihre Wirksamkeit scheint gesichert: Planende Vpn fühlten sich entschlossener als abwägende Vpn ($p < .001$) und stärker auf bestimmte Realisierungshandlungen ($p < .006$) und -gelegenheiten ($p < .001$) festgelegt. 19 der 20 planenden Vpn behaupteten, der Entschlußakt gehöre bereits der Vergangenheit an, während 20 der 21 abwägenden Vpn angaben, ihnen stehe der Entschlußakt noch bevor.

Kontrollurteile (Studie 10). Abwägende Vpn gaben niedrige und damit relativ korrekte Kontrollurteile ab ($M = 22.8$), während die Kontrollgruppe ($M = 46.0$) und vor allem die planenden Vpn ($M = 57.0$) das Ausmaß an möglicher Kontrolle deutlich überschätzten (siehe *Abb. 8*). Eine einfaktorielle Varianzanalyse führte zu einem hochsignifikanten F-Wert; $F(2,58) = 7.8, p < .001$. Die abwägenden Vpn unterschieden sich signifikant von den planenden Vpn, $t(58) = 3.9, p < .001$, und von der Kontrollgruppe; $t(58) = 2.6, p < .015$. Der Unterschied zwischen planenden Vpn und der Kontrollgruppe erreichte keine statistische Signifikanz; $t(58) = 1.2, p = .23$. Die einfaktorielle Varianzanalyse über die Sicherheit, korrekte Urteile abgegeben zu haben, zeigte keinen signifikanten F-Wert, d.h. alle drei Versuchsgruppen waren sich bzgl. ihrer Urteile relativ sicher (gesamt $M = 6.7$ auf einer 10-Punkte-Skala).

Korrelative Befunde (Studie 10). Zwei interessante korrelative Befunde sind noch berichtenswert: Bei den abwägenden Vpn korrelierte die persönliche Bedeutsamkeit des Entschlußproblems, das sie in ihrer mentalen Übung bearbeitet hatten, negativ mit der Höhe des Kontrollurteils; $r = -.34, p = .06$. Offensichtlich wurden die Kontrollurteile umso bescheidener und damit akkurater, je involvierter die Vpn das noch offene Entschlußproblem elaborierten. Ein paralleler Befund ergab sich bei den planenden Vpn. Hier korrelierten die Kontrollurteile positiv mit der Volitionsstärke der Zielintention (Wieviel würde es Ihnen ausmachen, wenn es Ihnen nicht gelingen sollte, Ihr intendiertes Ziel zu erreichen?); $r(20) = .30, p = .10$.

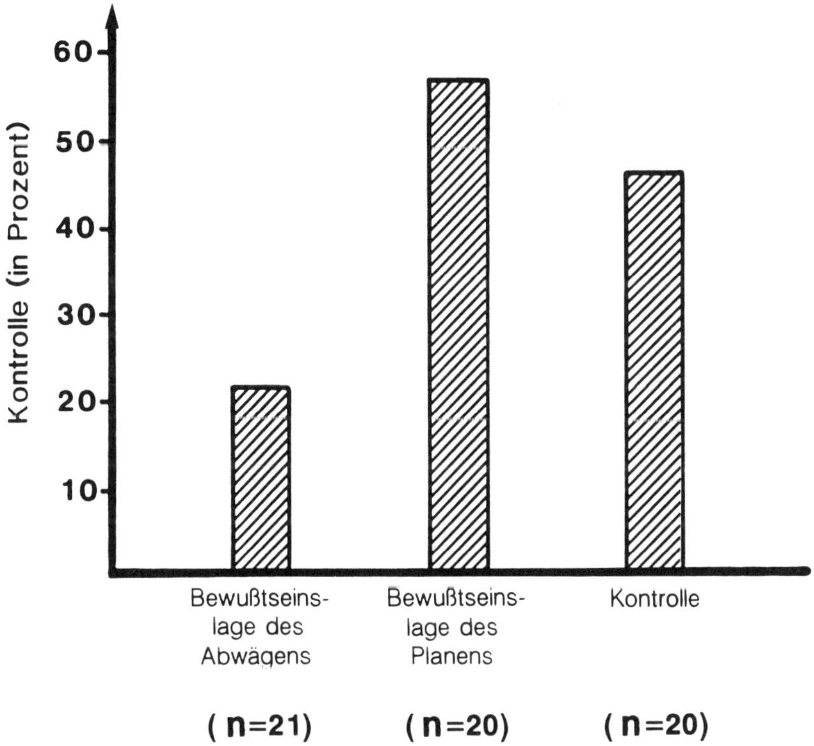

Abb. 8. Kontrollurteile als Funktion der Bewußtseinslage (Studie 10)

Diskussion

In *Studie 9* erkannten die abwägenden Vpn wie erwartet, daß das häufige Auftreten eines erwünschten Handlungsergebnisses (75-75 Problem) nicht gleichzusetzen ist mit hoher Kontrolle über dieses Ereignis. Den planenden Vpn gelang dies nicht. Sie zogen aus der Beobachtung, daß das gewünschte Handlungsergebnis häufig auftritt, die falsche Schlußfolgerung, sie könnten auf dieses Ereignis Einfluß nehmen. Die Hypothese, daß in der Bewußtseinslage des Abwägens erwartungsbezogene Informationen zu relativ akkuraten Schlußfolgerungen führen, in der Bewußtseinslage des Planens dagegen optimistische Schlußfolgerungen vorherrschen, findet durch diesen Befund eine deutliche Bestätigung.

Die optimistische Sichtweise der planenden Vpn findet allerdings dann ein Ende, wenn diese Informationen sehr eindringlich auf einen Kontrollverlust hinweisen. Also in Situationen, wo das gewünschte Handlungsergebnis erst gar nicht oder nur noch selten auftritt (25-25 Problem). Die planende Bewußtseinslage führt also keinesfalls zu einem Realitätsverlust. Das Festhalten an einmal als verbindlich erklärten Zielen dürfte folglich immer dann aufgegeben werden, wenn keine Realisierungsaussichten mehr wahrgenommen werden. Dies ist auch dringend erforderlich, denn nur so kann man sich der Realisierung konkurrierender Zielintentionen wieder zuwenden. Wie lange derartige Entkoppelungsprozesse dauern und wie man sie beschleunigen kann, ist eine noch offene Frage.

Kritischer Einwand: Regelentdecken vs. Belohnungsorientierung. Barry Schwartz (1988) berichtet ein Experiment zur Kontrollillusion, in dem die Vpn in einem Vorversuch eine Knopfdruck-Aufgabe mit zwei Knöpfen bearbeiten mußten. Bei dieser Aufgabe sollten die Vpn entweder bestimmte Regeln entdecken (sie sollten bestimmen, welche Knopfdrucksequenezen zu Belohnungen führen würden; drei verschiedene Belohnungsregeln waren zu entdecken), oder sie wurden regelmäßig belohnt (nach jedem vierten Knopfdrücken, ganz gleich welche Knöpfe gedrückt worden waren). In einer darauffolgenden Kontingenz-Lernaufgabe (75-75 Aufgabe) glaubten Vpn, die im Vorversuch bestimmte Regeln zu entdecken hatten, weniger Einfluß zu haben als die Gruppe mit regelmäßiger Belohnung. Man könnte nun argumentieren, daß die Art und Weise wie wir versuchten, die abwägende Bewußtseinslage herzustellen, eigentlich eine Regelentdeckungsorientierung produzierte, weil wir die Vpn baten herauszufinden, auf welchem Gerät sie bessere Ergebnisse erzielen. Analog könnte man einwenden, daß unsere auf die Induktion einer planenden Bewußtseinslage ausgerichteten Instruktionen eigentlich eine Belohnungsorientierung produzierten, weil wir die Vpn aufforderten, das Ziellicht so oft wie möglich zum Aufleuchten zu bringen.

Es ist jedoch einfach, diese Einwände durch eine andere Induktion der Bewußtseinslagen zu entkräften. Man braucht die Bewußtseinslagen des Planens und Abwägens nur so zu induzieren, wie dies in *Studie 10* geschehen ist. Die Ergebnisse der *Studie 10* machen nämlich deutlich, daß die Bewußtseinslagen des Abwägens und Planens nicht notwendigerweise im Rahmen der Bearbeitung der Kontingenz-Lernaufgabe induziert werden müssen, um zu unterschiedlichen Kontrollurteilen zu führen. Wie bereits in der Märchenstudie (*Studie 6*) produzierten abwägende und planende Bewußtseinslagen, die lange vor der Bearbeitung der kritischen Aufgabe induziert worden waren, ebenfalls hypothesen-konforme Effekte. Und beide mentalen Übungen (die abwägende und die planende) haben nichts mit Regellernen bzw. Belohnungsorientierung zu tun. Besonders interessant und ebenfalls hypothesenstützend sind die korrelativen Befunde der *Studie 10.* Offensichtlich steht die Ausprägung und/oder die zeitliche Stabilität der Bewußtseinslagen des Abwägens und Planens in positiver Beziehung zur persönlichen Bedeutsamkeit der abzuwägenden Entschlußprobleme bzw. der zu realisierenden Zielintentionen (Projekte).

Die *Kontrollgruppe* der *Studie 10* zeigte im Vergleich zu den abwägenden Vpn signifikant höhere Kontrolleinschätzungen, obwohl diese nicht ganz so optimistisch ausfielen wie die der planenden Vpn. Möglicherweise befanden sich die Vpn der Kontrollgruppe ebenfalls in einer, wenn auch weniger stark ausgeprägten planenden Bewußtseinslage. Diese könnte dadurch entstanden sein, daß sich die Vpn der Kontrollgruppe bei der Bearbeitung der Kontingenz-Lernaufgabe spontan, also von sich aus, das Ziel setzten, das Licht so häufig wie möglich zum Aufleuchten zu bringen. Wie die Ergebnisse von *Studie 9* nahelegen, begünstigt diese Instruktion, wenn sie vom Vl gegeben wird, eine planende Bewußtseinslage, die dann illusionäre Kontrollurteile auslöst. Ob sich in *Studie 10* die Vpn der Kontrollgruppe derartige Selbstinstruktionen gegeben haben (und ob dies auch bei den planenden Vpn geschah), läßt sich nachträglich natürlich nicht mehr feststellen. Allerdings sprechen Experimente im Rahmen der Erforschung von Kontrollillusionen dafür, daß beim sog. 75-75 Problem immer dann keine Kontrollillusion zu beobachten ist, wenn die genannte Zielsetzung erschwert wird. So z.B. in einer Studie von Martin, Abramson und Alloy (1984), in der die Vpn das Ausmaß der Kontrolle einschätzen mußten, die eine andere Person auf das Aufleuchten des Lichtes auszuüben in der Lage war. Oder in einer Studie von Vázquez (1987, Studie 4), in der das Aufleuchten des Lichtes mit einem negativen Anreiz verknüpft worden war.

Auch die klassischen Studien Langers (1975), die das Phänomen der Kontrollillusion als gewichtiges Forschungsproblem in der Sozialpsychologie etablierten, sprechen für die hier vorgetragene Interpretation der Befunde der Kontrollgruppe. Langer konnte nämlich beobachten, daß bei typischen Glücksspielen immer dann eine Kontrollillusion auftrat, wenn diese Spiele mit fertigkeitsrelevanten Merkmalen angereichert wurden (z.B. die Vpn mußten das Los durch eine - bestimmte Fertigkeiten voraussetzende - Tätigkeit erwerben, anstatt es zugeteilt zu bekommen). Unter diesen Bedingungen fällt es offensichtlich schwer, das Ziehen eines Loses weiterhin als Glücksspiel zu betrachten. Die Vpn werden stattdessen verführt, sich das Ziel zu setzen, das gewünschte Ergebnis zu realisieren. Als Konsequenz entsteht eine Bewußtseinslage des Planens und die damit verknüpfte optimistische Haltung bei der Analyse von Handlungs-Ergebnis-Erwartungen, die schließlich in der Illusion zum Ausdruck kommt, das Auftreten des Zufallsergebnisses beeinflussen zu können.

Depressiver Realismus. Alloy und Abramson (1979, 1982) führten eine Reihe von Forschungsarbeiten zum Thema Kontrollillusion durch, wobei der Schwerpunkt auf der Analyse des sog. depressiven Realismus lag. Sie entdeckten nämlich, daß depressive im Gegensatz zu nicht-depressiven Vpn relativ korrekte Kontrollurteile fällten, selbst wenn das zu beurteilende unkontrollierbare Ereignis häufig auftrat. Erklärungsversuche für diese Besonderheit des Urteilsverhaltens depressiver Personen reichen von Verweisen auf das Fehlen von selbstwertstützenden Denkstrategien, die Prävalenz von Selbstschemata mit stabilen, negativen Inhalten und auf die bei depressiven Personen besonders gearteten Selbstaufmerksamkeitsprozesse (siehe Alloy & Abramson, 1988).

Die Theorie der Bewußtseinslagen bietet sich als alternativer konzeptueller Rahmen für das Verstehen des depressiven Realismus an. Depressiven Personen dürfte es nämlich im Vergleich zu nicht-depressiven Personen schwerer fallen, sich das Ziel zu setzen, das Auftreten des erwünschten Ereignisses zu maximieren. Dies aufgrund der eindeutig negativen Einschätzung ihrer eigenen Leistungsfähigkeit (Beck, 1967, 1976). Solche Negativüberzeugungen bzgl. der eigenen Person sollten mit Zweifeln darüber einhergehen, ob dieses Ziel überhaupt erreicht werden kann, was dann natürlich eine verbindliche Zielsetzung zu unterdrücken vermag. Wenn depressive Personen gebeten werden, eine Kontingenz-Lernaufgabe zu bearbeiten, dürften diese folglich große Schwierigkeiten haben, sich das häufige Herbeiführen des kritischen Ereignisses zum Ziel zu setzen, was das Entstehen einer Bewußtseinslage des Planens verhindert und damit auch jegliche Kontrollillusion. Vázquezs (1987, Experiment 4) Beobachtung, daß depressive Personen erst dann Kontrollillusionen zeigen, wenn es sich bei den häufig auftretenden, nicht-kontrollierbaren Ereignissen um negative Selbstbeschreibungen handelt, stützt die vorgetragenen Überlegungen. Denn es dürfte depressiven Personen leicht fallen, sich negative Selbstbeschreibungen zum Ziel zu setzen. Dies führt dann offensichtlich dazu, daß auch in den Kontrollurteilen depressiver Personen der illusorische Optimismus zum Ausdruck kommt, den man sonst nur bei nicht-depressiven Personen beobachten kann.

Zusammenfassung

Die Ergebnisse der vier zuletzt dargestellten Experimente machen deutlich, daß Vpn in einer Bewußtseinslage des Abwägens die positiven und negativen Konsequenzen eines Handlungsziels unparteiisch und ausgewogen analysieren (*Studie 7* und *8*). Darüberhinaus schätzen sie Handlungs-Ergebnis-Erwartungen relativ akkurat und objektiv ein. Letzteres ist bei Vpn in planender Bewußtseinslage nicht der Fall: Sie überschätzen sich und zeigen einen illusionären Optimismus (*Studie 9* und *10*).

III FAZIT

7 Bewertung der Befunde

Auf dem Heidelberger Kongreß der Deutschen Gesellschaft für Psychologie im Jahre 1986 stellten Heinz Heckhausen und Mitarbeiter (Heckhausen, Beckmann, Gollwitzer, Halisch, Lütkenhaus & Schütt, 1986) im Rahmen eines Symposiums mit dem verheißungsvollen Titel "Wiederaufbereitung des Wollens" ein Handlungsphasenmodell vor, das kurz das Rubikonmodell genannt wurde. Das Modell gliedert, wie oben ausgeführt, den Handlungsstrom in zeitlich aufeinanderfolgende Phasen: Die Abfolge beginnt mit der prädezisionalen Motivationsphase, in der zwischen rivalisierenden Wünschen gewählt wird. Es schließt sich die Volitionsphase an, in der die Verwirklichung des gewählten Wunsches als verbindliches Ziel in Angriff genommen wird. Diese Phase gliedert sich in eine präaktionale Vorphase, in der noch auf Handlungsmöglichkeiten gewartet wird, und eine aktionale Hauptphase, in der das gewählte Ziel schließlich handelnd realisiert wird. Abschließend folgt die postaktionale Motivationsphase des Bewertens, in der das Erreichte einer kritischen Prüfung unterzogen wird.

Dieses Modell war von Heinz Heckhausen und Mitarbeitern als Forschungsperspektive für die im Herbst 1983 neu gegründete Motivationseinheit am Max-Planck-Institut für psychologische Forschung entwickelt worden (Heckhausen, 1987b,c). Die Verlaufsperspektive des Rubikonmodells geht vom Wünschen über das Wählen zum Wollen und Handeln, ist also vom zunächst noch nicht Realisierten auf das in der Zukunft noch zu Realisierende gerichtet. Dies wird deutlich, wenn man die postulierten kritischen Übergänge zwischen den Phasen betrachtet. Der erste Übergang, der sog. Rubikon, impliziert eine Absichtsbildung, d.h. die Verwandlung eines Wunsches in ein verbindliches Ziel. Der zweite Übergang, die Initiierungsschwelle, steht für das Initiieren von Handlungen, die auf die Realisierung der Absicht ausgerichtet sind. Schließlich impliziert der dritte Übergang den Handlungsabschluß durch das Erzielen von bewertbaren relevanten Handlungsergebnissen. Somit beschreibt das Rubikonmodell die Verwandlung von ursprünglich noch unverbindlichen Wünschen in schließlich gewollte und endlich erzielte Handlungsergebnisse.

Das Modell beschreibt verschiedene "Tendenzen", die dafür verantwortlich sind, wie zügig die Übergänge überschritten werden. Am Rubikon wird die sog. Fazittendenz postuliert, die bestimmt, wann es zur Absichtsbildung kommt; an der Initiierungsschwelle bestimmt die Fiattendenz, wann mit der zielrealisierenden Handlungsausführung begonnen wird. Es wird vermutet, daß die Stärke dieser Tendenzen von einer Reihe von jeweils verschiedenen Variablen abhängig ist. Beide Tendenzen haben allerdings gemeinsam, daß ihre Stärke in Relation dazu gesehen wird, wie zügig die Wunschrealisierung vorankommt.

Da es sich beim Rubikonmodell um ein Modell der Wunschrealisierung handelt, hätte man eigentlich erwarten dürfen, daß Fragen nach den hemmenden und fördernden Faktoren der Wunschrealisierung im Mittelpunkt der empirischen Forschung stehen; also Fragen danach, welche Variablen in welchem Ausmaß die im Modell postulierten Kräfte der Fazit- und Fiattendenz beeinflussen. Interessanterweise war dies nicht der Fall. Forschungsstimulierender war die implizite Annahme des Modells, daß die einzelnen Handlungsphasen verschiedene Phänomene des Motiviertseins ausgrenzen, die nicht ineinander überführbar sind. Diese distinkten Phänomene sind das *Abwägen* zwischen Wünschen, das *Planen* der Realisierung eines gewählten Wunsches (und damit verbindlichen Ziels), zielrealisierendes *Handeln* selbst und schließlich das *Bewerten* der erzielten Ergebnisse.

Wie aber führt man den Nachweis, daß es sich beim Abwägen und Planen um distinkte Formen des Motiviertseins handelt? Hier kam das Konzept der Bewußtseinslagen zum Tragen, das auf Überlegungen basiert, die bereits um die Jahrhundertwende in der Würzburger Schule zum Thema Aufgabenset angestellt wurden. Danach führt die Bearbeitung einer Aufgabe zu einem kognitiven Set (Einstellung), der für die Aufgabenbearbeitung funktional ist, d.h. diese erleichtert. Wenn nun Abwägen und Planen tatsächlich qualitativ unterschiedlich sind, also die Bearbeitung verschiedener Aufgaben implizieren, dann müßte sich beim Abwägen und Planen eine jeweils andere Bewußtseinslage mit jeweils typischen kognitiven Orientierungen einstellen. Die kognitiven Orientierungen beim Abwägen und Planen müßten unterschiedliche Merkmale aufweisen, die für die Lösung der jeweils anstehenden verschiedenen Aufgaben hilfreich sind.

Welche Aufgaben sind nun beim Abwägen und Planen zu bearbeiten, und welche kognitiven Orientierungen sind dafür funktional? Beim Abwägen geht es darum, zwischen der Vielzahl anstehender Wünsche auszuwählen. Auswahlkriterien sind dabei die Attraktivität des ins Auge gefaßten Wunsches und seine Realisierbarkeit. Welche kognitive Orientierung erleichtert die Lösung dieser Aufgabe? Wir haben zunächst an folgende Merkmale gedacht: 1. Information bzgl. Wünschbarkeit (bspw. erwartete Anreize) und Realisierbarkeit (bspw. Handlungs-Ergebnis-Erwartungen) wird besonders effektiv verarbeitet. 2. Anreizbezogene Information wird ausgewogen (also unparteiisch), erwartungsbezogene Information wird objektiv (also nicht sich selbst überschätzend) analysiert. Damit ist sichergestellt, daß keine nur vordergründig attraktiven Wünsche gewählt werden bzw. Wünsche, die sich nicht realisieren lassen. 3. Man ist für alle verfügbaren Informationen offen; d.h. es besteht eine geringe Selektivität bzgl. dessen, was enkodiert wird. Somit werden verschiedene Bewertungs- und Beurteilungsperspektiven zugänglich. Man legt sich nicht vorschnell auf eine bestimmte Sichtweise fest.

Welche Aufgabe ist beim Planen zu lösen? Beim Planen geht es darum, den Beginn des Handelns und den reibungslosen Handlungsablauf vorzubereiten, so daß ein Aufschub der Wunschrealisierung möglichst vermieden wird. Eine kognitive Orientierung mit den folgenden Merkmalen sollte der Lösung dieser Aufgabe dienlich sein: 1. Bevorzugte Verarbeitung handlungsinitiierungs- und durchführungsbezogener Information. 2. Eine parteiische Analyse anreizbezogener Information (die positiven Anreize stehen im Vordergrund) und eine die eigenen Handlungsmöglichkeiten überschätzende Analyse von auf die Realisierbarkeit eines gewählten Ziels bezogener Information. Dies wäre funktional, weil damit gesichert ist, daß auch angesichts von unerwarteten negativen Konsequenzen bzw. Schwierigkeiten die Zielrealisierung beharrlich vorangetrieben wird. 3. Eine reduzierte Aufnahmebereitschaft für verfügbare Informationen, damit unnötige Ablenkungen die Wunschrealisierung nicht gefährden können.

Soweit zu den postulierten Merkmalen der Bewußtseinslagen des Abwägens und Planens. Haben die Ergebnisse der in *Teil II* dieser Monographie berichteten Studien diese Kernhypothesen bestätigen können?

Informationsaufnahme: effektivere Verarbeitung kongruenter Information

Die Hypothese, daß die Bewußtseinslage des Abwägens zur effektiven Verarbeitung anreiz- und erwartungsbezogener Informationen führt, während die Bewußtseinslage des Planens die effektive Verarbeitung durchführungsbezogener Information fördert, findet Bestätigung durch die berichteten Experimente zur Gedankenproduktion (*Studien 4, 5 und 6*). Man darf nämlich davon ausgehen, daß eine effektive Verarbeitung der jeweils relevanten Information auch dadurch zum Ausdruck kommt, daß man sich vergleichsweise mehr Gedanken über diese Inhalte macht. So untersuchten wir die gedankliche Beschäftigung von Versuchspersonen, die vor einer Entscheidung standen und verglichen diese mit Vpn, denen die Realisierung einer bereits getroffenen Entscheidung unmittelbar bevorstand. Wie erwartet, berichteten Vorentscheidungsvpn deutlich mehr anreiz- und erwartungsbezogene Gedanken als Nachentscheidungsvpn; dafür machten sich Nachentscheidungsvpn mehr durchführungsbezogene Gedanken (*Studie 4*).

Man kann hier natürlich einwenden, daß nicht das Abwägen per se die Produktion von anreiz- und erwartungsbezogenen Gedanken produziert haben mag, sondern die Anweisung des Versuchsleiters, die aufgetragene Entscheidung nicht unüberlegt zu treffen, sondern gründlich zu bedenken. Aber derartige Einwände lassen sich durch Veränderungen des Versuchsdesigns ausschalten. In *Studie 5* vertauschten wir einfach die abhängige mit der unabhängigen Variablen. Die Vpn wurden zunächst aufgefordert, sich bewußtseinslagen-kongruente Gedanken zu machen und dann gebeten anzugeben, ob sie sich bzgl. eines persönlichen Problems eher prä- oder postdezisional fühlten. Hypothesenkonform beobachteten wir, daß zur Bewußtseinslage des Abwägens kongruente Gedanken im Vergleich zu Gedanken, die kongruent zur Bewußtseinslage des Planens waren, die Vpn stärker prädezisional empfinden ließen.

Das Versuchsdesign von *Studie 6* ging noch einen Schritt weiter. In einem vermeintlichen ersten Experiment mußten die Vpn entweder ein persönliches, noch offenes Entschlußproblem abwägen (Bewußtseinslage des Abwägens) oder ein bereits vorgenommenes Projekt planen (Bewußtseinslage des Planens). Ein paar Minuten später durften sich die Vpn dann in einem davon vermeintlich unabhängigen zweiten Experiment Gedanken über eine ganz andere Aufgabe machen. Wenn nun die planenden Vpn immer noch vergleichsweise mehr durchführungsbezogene Gedanken produzieren als die abwägenden Vpn, dann ist dies ein deutliches Indiz dafür, daß die Bewußtseinslage des Planens zu mehr duchführungsbezogenen Gedanken anregt als die des Abwägens. Das parallele Argument gilt für anreiz- und erwartungsbezogene Gedanken für die Bewußtseinslage des Abwägens.

In *Studie 6* sollten die Vpn im vermeintlich zweiten Experiment ihnen unvertraute Märchen zu Ende erzählen. Die dabei erfundenen Gedanken waren deutlich von den Bewußtseinslagen des Abwägens und Planens beeinflußt; d.h. jeweils kongruente Gedanken traten vergleichsweise häufiger auf. Vpn in der Bewußtseinslage des Abwägens produzierten mehr deliberative Ergänzungen als die Vpn in der Bewußtseinslage des Planens; planende Vpn dagegen mehr realisierungsbezogene Ergänzungen als abwägende Vpn. Die Kontrollgruppe, die weder ein persönliches Problem abzuwägen hatte noch ein Projekt zu planen, lag bzgl. beider Arten von Ergänzungen genau zwischen den abwägenden und planenden Vpn.

Nun spricht kongruente Gedankenproduktion zwar für eine effektivere Verarbeitung kongruenter Information. Überzeugender wäre jedoch der Nachweis, daß kongruente Information vergleichsweise besser enkodiert und abgerufen werden kann. Diesen Nachweis liefert *Studie 1*. In diesem Experiment wurden durchführungs- und anreizbezogene Gedanken anderer Personen entweder abwägenden oder planenden Vpn als Informationen vorgegeben. Die Vpn wurden schließlich gebeten, diese Informationen, die mit ihrem eigenen Abwäge- oder Planungsproblem inhaltlich nichts zu tun hatten, zu erinnern. Kontrollvpn erinnerten anreizbezogene Gedanken (das Pro und Contra von Entscheidungen betreffend) genauso gut wie Durchführungsgedanken (die die Wahl günstiger Zeitpunkte oder passender Handlungsabfolgen hinsichtlich der Realisierung getroffener Entscheidungen betrafen). Nicht so die abwägenden Vpn; diese erinnerten anreizbezogene Gedanken besser als Durchführungsgedanken. Die planenden Vpn zeigten dagegen eine bessere Gedächtnisleistung für die durchführungsbezogenen als für die anreizbezogenen Gedanken. Die Ergebnisse dieses Gedächtnisexperiments bestätigen unsere Hypothese, daß bewußtseinslagen-kongruente Information sowohl beim Abwägen als auch beim Planen besser verarbeitet wird als inkongruente Information.

Es gilt allerdings festzuhalten, daß dieses Experiment einen bestimmten Informationsinhalt, der kongruent zur Bewußtseinslage des Abwägens ist, *un*analysiert läßt. Es handelt sich dabei um die Information über die Realisierbarkeit von Zielen (sog. Handlungs-Ergebnis-Erwartungen), sowie um Information, die sich auf die Wahrscheinlichkeit des Auftretens möglicher Handlungskonsequenzen beziehen (sog. Ergebnis-Folge-Erwartungen). Ob die Bewußtseinslage des Abwägens auch zur vergleichsweise effektiveren Verarbeitung derartiger Informationen führt, wurde in *Studie 1* nicht geprüft.

Neuerdings hat Heinz-Dieter Schmalt (1989, 1990) zwei Gedächtnis-Experimente zur effektiven Verarbeitung bewußtseinslagen-kongruenter Information durchgeführt, die weiterführende Erkenntnisse lieferten. Die Schmaltschen Experimente fokussieren auf das vergleichsweise effektivere Abrufen (Retrieval) bewußtseinslagen-kongruenter Information. Die Vpn mußten deshalb in einem neutralen Zustand Wörterlisten lernen, die dann entweder in der Bewußtseinslage des Abwägens oder des Planens erinnert werden mußten. Die Bewußtseinslagen wurden durch ein Vor- vs. Nachentscheidungsparadigma induziert. Wie in *Studie 1* mußten die abwägenden Vpn zwischen verschiedenen Versionen eines Tests wählen. Es handelte sich allerdings nicht um einen Kreativitätstest, sondern um einen bekannten Intelligenztest, nämlich den sog. Zahlen-Symbol-Test, der analytisches Denken erfaßt. Bevor die Entscheidung getroffen wurde, mußten die abwägenden Vpn die zuvor gelernte Wortliste erinnern. Die planenden Vpn hatten bereits eine Entscheidung getroffen und warteten darauf, mit der Bearbeitung des gewählten Tests zu beginnen. Das Erinnern der Wörterliste wurde erst in diesem Wartezustand verlangt.

Die Wörterlisten wurden so gestaltet, daß sie sich entweder auf die Thematik "Anreiz-Erwartung" bezogen (Wörter wie z.B. Ärger, Freude bzw. Erwartung, Schwierigkeit) oder auf die Thematik der "Aufgabenbearbeitung" (Wörter wie z.B. Konzentration, Anstrengung, Aufmerksamkeit). In der ersten Studie (Schmalt, 1989) erinnerten die abwägenden Vpn die "Anreiz-Erwartung"-Wörterliste besser als die Wörterliste zur "Aufgabenbearbeitung"; die planenden Vpn dagegen erinnerten die "Aufgabenbearbeitung"-Wörterliste besser als die zum Thema "Anreiz-

Erwartung". Diese Befunde gehen insofern über die Beobachtungen in *Studie 1* hinaus, als hier auch erwartungsbezogene Inhalte aufgenommen wurden. Weiterhin beruhen die Schmaltschen Effekte *allein* auf bewußtseinslagen-kongruentem Retrieval, während die Ergebnisse in *Studie 1* ein Produkt sowohl des bewußtseinslagen-kongruenten Enkodierens als auch des Abrufens sind.

In der zweiten Studie (Schmalt, 1990) exploriert Schmalt den Einfluß von Persönlichkeitsattributen auf diesen Effekt. Dabei ergibt sich, daß bei hoch Leistungsmotivierten der Effekt der Bewußtseinslagenkongruenz der Wörterliste auf die Gedächtnisleistung sowohl für die Bewußtseinslage des Abwägens als auch für die des Planens stärker ausgeprägt ist als bei niedrig Leistungsmotivierten. Beim Persönlichkeitsattribut Lage-/Handlungsorientierung gilt dies nur für die Bewußtseinslage des Planens; hier zeigen handlungsorientierte Personen einen stärkeren Kongruenzeffekt als lageorientierte. Im Rahmen der in dieser Monographie explizierten Bewußtseinslagentheorie bietet sich dafür folgende Erklärung an: Offensichtlich gelingt es Handlungsorientierten besser als Lageorientierten, sich in die Aufgabe des Planens zu involvieren. Dadurch entwickelt sich bei den Handlungsorientierten eine ausgeprägtere Bewußtseinslage des Planens, was dann zu verstärkten Kongruenzeffekten beim Erinnern führt. Bei der Bearbeitung der Aufgabe des Abwägens unterscheiden sich Handlungs- und Lageorientierte dagegen nicht. Dies zeigen auch die Ergebnisse der oben berichteten Studien zum Gegenredephänomen (*Studie 7 und 8*).

Auch die Ergebnisse zum Leistungsmotiv passen in unsere theoretische Perspektive. Nach Atkinsons (1957) Risikowahl-Modell liegt den hoch Leistungsmotivierten mehr an der Wahl adäquater (d.h. mittelschwerer) Ziele als niedrig Leistungsmotivierten. Dies dürfte zu einer vergleichsweise intensiveren Bearbeitung der Aufgabe des Abwägens führen. Auch für die Bearbeitung der Aufgabe des Planens darf man bei hoch Leistungsmotivierten eine vergleichsweise konstruktivere Haltung erwarten, weil Furcht vor Mißerfolg (niedrig Leistungsmotivierte) die Konzentration bei der Aufgabenbearbeitung schwächen sollte.

Schließlich erlaubt unsere theoretische Perspektive auch eine Antwort auf den von Schmalt in seiner zweiten Studie beobachteten Geschlechtsbefund: Nur männliche Vpn zeigen die postulierten Bewußtseinslageneffekte. Dies ist nicht weiter verwunderlich, wenn man bedenkt, daß Bewußtseinslageneffekte nur dann zu erwarten sind, wenn eine intensive Beschäftigung mit der jeweils zugrundeliegenden Aufgabe vorangegangen ist. Geht man davon aus, daß Frauen sowohl das Abwägen zwischen den verschiedenen Versionen des Intelligenztests für analytisches Denken als auch die Planung der Durchführung nicht sehr intensiv betrieben, weil sie sich (im Vergleich zu Männern) sowieso keine großen Erfolgschancen ausrechneten oder weil sogar Mißerfolgsängste aufkamen, wird der zunächst überraschende Geschlechtseffekt verständlich.

Informationsanalyse: ausgewogen und objektiv vs. parteiisch und illusionär

Ausgewogenes vs. parteiisches Bedenken der Wünschbarkeit

Wir hatten vorhergesagt, daß Anreize und Erwartungen in der Bewußtseinslage des Abwägens und Planens jeweils anders analysiert werden, d.h. funktional für die Lösung der spezifischen Aufgabe. Hinsichtlich der Analyse von Information, die die Wünschbarkeit potentieller Ziele betrifft, erwarteten wir in der Bewußtseinslage des Abwägens eine ausgewogene, unparteiische Vorgehensweise, in der Bewußtseinslage des Planens dagegen eine parteiische Analyse; parteiisch in dem Sinne, daß das gewählte Ziel als besonders wünschenswert erscheint.

In den oben beschriebenen *Studien 7* und *8* bemühten wir uns, die postulierte Ausgewogenheit in der Bewußtseinslage des Abwägens anhand des Bedenkens positiver und negativer Anreize zu überprüfen. Wir baten

Hochschülerinnen bzw. Bundeswehrsoldaten, zunächst ein persönliches, noch offenes Entschlußproblem zu benennen. Dann sollten sie versuchen, sich Klarheit zu verschaffen, ob sie in dieser Angelegenheit aktiv werden sollten oder nicht. Die Vpn berichteten schließlich die erlebten Gedanken in einer Form, die es erlaubte, den zeitlichen Ablauf dieser Gedanken zu rekonstruieren.

Die Ergebnisse beider Studien sprechen dafür, daß ausgewogen elaboriert wird. Positive und negative Anreize (d.h. Handlungsfolgen) werden gleich häufig bedacht. Besonders interessant ist die Beobachtung, daß dabei zunächst die positiven Anreize bedacht werden und die negativen erst gegen Ende der Elaboration eine Korrektur herstellen. Unsere Vpn folgten also spontan einem *advocatus diaboli*-Modell, das in der Angewandten Psychologie als eine relativ effektive "Entscheidungshilfe" (decision aid) propagiert wird (Cosier, 1978; Mason, 1969; Schwenk & Cosier, 1980).

Nun ist es natürlich beruhigend zu sehen, daß beide Versuchsgruppen, d.h. Hochschülerinnen und Bundeswehrsoldaten, sehr ähnliche, nämlich ausgewogene Abwägestrategien benützen. Dies stützt unsere Hypothese des ausgewogenen Bedenkens von Anreizen in der Bewußtseinslage des Abwägens. Auf der anderen Seite kommt schnell der Verdacht auf, daß die Form des Abfragens der Gedankenabläufe die Art der Ergebnisse bedingt hat. Erinnern wir uns: Die Vpn wurden gebeten, *zuerst* die zuletzt erlebten Gedanken zu berichten. Nun könnte es aufgrund hier nicht näher zu spezifizierender Gedächtnisprozesse der Fall sein, daß dabei das Erinnern negativer Anreize leichter fällt als das der positiven Anreize. Damit wäre das beobachtete Gegenredephänomen und die dadurch erzielte Ausgewogenheit ein Resultat unserer Abfragemethode und nicht das Abbild wirklich erlebter Abwägeüberlegungen. Weiterhin darf nicht vergessen werden, daß die *Studien 7* und *8* sich nur auf die postulierte Ausgewogenheit in der Bewußtseinslage des Abwägens beziehen. Die postulierte Parteilichkeit in der Bewußtseinslage des Planens wird erst gar nicht geprüft.

Man kann beiden Kritikpunkten durch ein einfaches Versuchsdesign begegnen. Dazu braucht man das Design nur um die Bewußtseinslage des

Planens zu erweitern. Eine Gruppe von Vpn wird wie gehabt darum gebeten, ein noch offenes Entschlußproblem zu benennen. Die zweite, neue Gruppe soll dagegen ein bereits beschlossenes Projekt angeben; allerdings sollte mit der Ausführung von zielrealisierenden Handlungen noch nicht begonnen worden sein. Die Vpn sollten sich derartige Handlungen bislang nur vorgenommen haben. Von beiden Gruppen wird dann verlangt, Klarheit zu finden, ob das zur Wahl anstehende Problem (Bewußtseinslage des Abwägens) bzw. das bereits gewählte Projekt (Bewußtseinslage des Planens) für die Vp das richtige sei.

Wir (mit Juliane Malzacher) haben ein solches Experiment mit männlichen Universitätsstudenten durchgeführt und dabei folgende Ergebnisse erzielt. Die noch unentschlossenen Vpn versuchten Klarheit durch unparteiisches ausgewogenes Bedenken positiver und negativer Anreize zu erzielen. Dies wiederum in Form der Gegenrede; d.h. negative Anreize wurden erst thematisiert, nachdem zuvor die positiven Anreize ins Feld geführt worden waren. Die bereits entschlossenen Vpn suchten Klarheit auf ganz andere Weise. Gedanken an positive Anreize wurden deutlich häufiger berichtet als Gedanken an negative Anreize. Dies bestätigt unsere Hypothese der Parteilichkeit im Sinne der Favorisierung des gewählten Ziels, wie wir dies für die Bewußtseinslage des Planens vorhergesagt haben. Obendrein beobachteten wir ein interessantes Verlaufsbild: Die positiven Anreize werden mit zunehmender Elaboration häufiger bedacht (also nicht wie bei den unentschlossenen Vpn zunehmend seltener). Es sieht also ganz danach aus, daß die entschlossenen Vpn die Klarheitsfindung zu einer Bekräftigung oder gar Rechtfertigung der getroffenen Wahl nützen. Etwaige, zu Anfang der Elaboration vorhandene Zweifel werden im Laufe der Elaboration ausgeräumt. Dieser Befund stützt natürlich nicht nur unsere Hypothese hinsichtlich des ausgewogenen und parteiischen Bedenkens von Anreizen in abwägender bzw. planender Bewußtseinslage. Er macht auch deutlich, daß die in den *Studien 7* und *8* beobachteten Verlaufsformen des Bedenkens von Anreizen in der Bewußtseinslage des Abwägens kein Artefakt der von uns benützten Methode der Gedankenerhebung sind. Wäre dies der Fall, dann hätten wir bei den entschlossenen Vpn der zuletzt berichteten rezenten Studie einen ähnlichen Gedankenverlauf (d.h. mehr negative als positive Gedanken zum Abschluß der Elaboration) beobachten müssen. Dies war jedoch nicht der Fall. Vor und zum Abschluß der Elaboration berichteten entschlossene Vpn deutlich mehr Gedanken über positive als negative Anreize.

Objektives vs. illusionäres Bedenken der Realisierbarkeit

Wie steht es mit der Hypothese, daß in der Bewußtseinslage des Abwägens die Realisierbarkeit potentieller Ziele und damit Information zur Handlungs-Ergebnis-Erwartung objektiv (also akkurat) analysiert wird, während in der Bewußtseinslage des Planens eine die eigenen Handlungsmöglichkeiten überschätzende (also optimistische) Analyse derartiger Informationen vorliegt? Die postulierte unterschiedliche Art der Analyse von realisierbarkeitsbezogener Information (Handlungs-Ergebnis-Erwartung) ließ sich nicht durch einfache Gedankenerhebungen prüfen. Wir bedienten uns deshalb eines erprobten Versuchsparadigmas zur Kontrollillusion (*Studien 9* und *10*, sog. Kontingenz-Lernaufgabe). Dabei müssen Vpn ein Schaltkästchen bedienen und durch Drücken oder Nicht-Drücken herausfinden, ob sie durch ihr Handeln das Aufleuchten eines Ziellichtes beeinflussen können. Dieses Ziellicht ist so geschaltet, daß es nicht von den Vpn kontrolliert werden kann (d.h. die bedingte Wahrscheinlichkeit des Aufleuchtens ist für Drücken und Nicht-Drücken gleich hoch). Die Vpn werden nach einer Reihe von Versuchsdurchgängen gefragt, wieviel Einfluß sie auf das Aufleuchten des Ziellichtes nehmen konnten. Interessanterweise behaupten die Vpn, Kontrolle über das Ziellicht zu haben, sobald dieses sehr häufig (in 75% der Durchgänge) aufleuchtet.

Wir haben nun unsere Vpn in eine abwägende und planende Bewußtseinslage versetzt (*Studien 9* und *10*). In *Studie 9* geschah dies im Rahmen der Kontingenz-Lernaufgabe. Diese wurde erweitert, so daß die Vpn in der Bedingung "Bewußtseinslage des Abwägens" zwischen zwei Kontingenz-

Lernapparaten hin- und herwechseln durften, um herauszufinden, mit welchem Apparat sie besser zurechtkommen. In der Bedingung "Bewußtseinslage des Planens" mußten die Vpn sich dagegen von vornherein festlegen, in welcher Reihenfolge sie die beiden verfügbaren Apparate bearbeiten wollten. Dann sollten sie versuchen, das Ziellicht so oft wie nur irgend möglich zum Aufleuchten zu bringen. In *Studie 10* induzierten wir die beiden Bewußtseinslagen unabhängig von der Art der Bearbeitung der Kontingenz-Lernaufgabe. Die Vpn wurden in eine abwägende oder planende Bewußtseinslage versetzt, indem wir sie ein noch offenes persönliches Entschlußproblem abwägen bzw. ein bereits gewähltes Projekt planen ließen. Ein paar Minuten später mußten die Vpn die Kontingenz-Lernaufgabe bearbeiten, und zwar nach der klassischen Instruktion ("Bitte finden Sie heraus, wieviel Einfluß Sie auf das Aufleuchten des Ziellichtes nehmen können").

In beiden Studien fanden sich drastische Unterschiede in den Kontrollurteilen der abwägenden und planenden Vpn, wenn die Kontingenzverhältnisse so voreingestellt waren, daß das Ziellicht sowohl beim Drücken als auch beim Nicht-Drücken mit gleicher und obendrein sehr großer Häufigkeit aufleuchtete (d.h. in 75% des Drückens und 75% des Nicht-Drückens, sog. 75/75 Aufgabe). Die abwägenden Vpn sprachen sich deutlich weniger Einfluß auf das Aufleuchten des Ziellichtes zu. Damit erweisen sich abwägende Vpn als weniger illusionär als planende Vpn. Dieser Befund spricht für unsere Hypothese, daß beim Abwägen die Realisierbarkeit erwünschter Handlungsergebnisse (in diesen Experimenten das Ziellicht) objektiver eingeschätzt wird als beim Planen.

Studien 9 und *10* haben versucht zu demonstrieren, daß die Bewußtseinslage des Abwägens die bei nicht-depressiven Vpn typischen illusionären Kontrollurteile nach Bearbeitung der sog. 75/75 Aufgabe (d.h. häufiges Auftreten des nicht-kontrollierbaren erwünschten Ergebnisses) zu reduzieren vermag. Es ging uns darum zu zeigen, daß sich abwägende Vpn durch das häufige Aufleuchten des unkontrollierbaren Ziellichtes nicht zu inakkuraten Kontrollurteilen verleiten lassen. Unsere Hypothese würde allerdings auch dann eine Bekräftigung erfahren, wenn es gelänge zu zeigen, daß die Bewußtseinslage des Planens illusionäre Kontrollurteile begünstigt. Nun weiß man aus der kognitiven Depressionsforschung (s. Alloy & Abramson, 1988), daß depressive Vpn, selbst wenn es sich nur um eine Stimmungsdepression handelt, auch bei der sog. 75/75 Aufgabe relativ korrekte Urteile abgeben, also sich wenig Kontrolle über das Ziellicht zuschreiben. Gelingt es, depressiven Vpn bei der Bearbeitung einer 75/75 Aufgabe durch die Induktion der planenden Bewußtseinslage zu einer Kontrollillusion zu "verhelfen"?

In einer rezenten Studie (mit Hedi Wolf) haben wir mit depressiven Patienten Münchner Psychiater und Nervenärzte versucht, diese Frage zu beantworten. Im Mittel waren unsere 60 Versuchsteilnehmer 40,1 Jahre alt; die Altersspanne reichte von 22 bis 66 Jahren. Die Werte auf dem Beckschen Depressions-Inventar streuten zwischen 15 und 45 Punkten, wobei der Mittelwert bei 28,8 Punkten lag. 28 Patienten waren stationär untergebracht, während 32 ambulant behandelt wurden. Etwa einem Drittel der Patienten ($n = 23$) wurden Medikamente verabreicht.

Das Versuchsdesign enthielt drei Gruppen: eine abwägende, eine planende und eine Kontrollgruppe. Die BDI-Werte, aber auch die Anteile stationär oder medikamentös behandelter Patienten unterschieden sich nicht zwischen den Bedingungen. Die Bewußtseinslagen des Abwägens und Planens wurden wie in *Studie 10* induziert. Auch für die Bearbeitung der Kontingenz-Lernaufgabe wurden die Instruktionen der *Studie 10* ausgegeben.

Die Bearbeitung der 75/75 Aufgabe führte schließlich zu folgenden Kontrollurteilen. Im Gegensatz zu den nicht-depressiven Vpn der *Studie 10* beobachteten wir sowohl in der abwägenden als auch in der Kontrollgruppe relativ niedrige Kontrollurteile, die sich in ihrer Höhe nicht voneinander unterschieden. Dieser Befund repliziert den von Alloy und Abramson (1979) entdeckten sog. depressiven Realismus. Bei den nicht-depressiven Vpn der *Studie 10* hatten wir nur in der abwägenden Vpn-Gruppe niedrige Kontrollurteile beobachtet; in der Kontrollgruppe fanden sich recht hohe, illusorische Urteile. Die depressiven Vpn fällten dagegen offensichtlich bereits in der Kontrollgruppe aufgrund einer spontanen Abwägeorientierung von sich aus relativ akkurate, niedrige Kontrollurteile.

Wie urteilten die planenden depressiven Vpn? Diese gaben sehr hohe

Kontrollurteile ab (Mittelwert größer als 80!), die sich sowohl von der Abwäge- als auch auch von der Kontrollgruppe hoch signifikant unterschieden. Dies spricht ganz deutlich für unsere Hypothese, daß die Bewußtseinslage des Planens eine optimistische Einschätzung der Realisierbarkeit erwünschter Handlungsergebnisse begünstigt. Denn man darf davon ausgehen, daß bei Personen mit derartig hohen Depressionswerten, wie dies für unsere depressiven Vpn der Fall war, habituell negative Bewertungen der eigenen Leistungsfähigkeit einen erheblichen Widerstand gegen optimistische Kontrollurteile bilden. Trotzdem hat sich die mit der Bewußtseinslage des Planens einhergehende optimistische Orientierung offensichtlich durchsetzen können.

Unsere Depressionsstudie bekräftigt nicht nur eine bestimmte Hypothese der Bewußtseinslagentheorie, sie hat auch einige ins Auge fallende angewandte Implikationen, die hier wenigstens kurz erwähnt werden sollen. Ein wesentlicher Aspekt des depressiven Leidens ist sowohl für den Betroffenen als auch für seine soziale Umwelt die damit verbundene Passivität, die sich des Denkens, Fühlens und Handelns der depressiven Person bemächtigt. Viele drängende Angelegenheiten bleiben unerledigt, selbst wenn es dabei um persönlich sehr wichtige Dinge oder um ganz einfache, routineartige Alltagshandlungen geht. Der depressive Mensch fühlt sich zur Inangriffnahme und Erledigung dieser "Aufgaben" nicht mehr imstande. Die vorliegende Studie zeigt, daß eine relativ kurze und einfach zu meisternde Planungsübung auch bei depressiven Personen einen Handlungsoptimismus zu generieren vermag, der für eine gewisse Zeit anhält und auf neue Aufgaben generalisiert. Man könnte folglich depressive Patienten die Durchführung einfacher Aufgaben ausführlich planen lassen und dadurch den für die Inangriffnahme und Erledigung von einfachen und komplexen Angelegenheiten so wichtigen Handlungsoptimismus (Bandura, 1990a,b) anregen.

Offenheit für verfügbare Informationen

Für die Bewußtseinslage des Abwägens postulierten wir eine größere Aufnahmebereitschaft (Offenheit) für verfügbare Informationen als für die Bewußtseinslage des Planens. Ließ sich diese Hypothese bekräftigen? Wir sahen zwei verschiedene Möglichkeiten, "Offenheit" zu messen: *a.* Man mißt die Schnelligkeit bei der Informationsaufnahme; denn je schneller Information verarbeitet wird, desto mehr Information kann in einem vorgegebenen Zeitraum enkodiert werden. *b.* Man mißt die Mobilität der Aufmerksamkeitsallokation; mobiler Aufmerksamkeitsfokus bringt auch periphere Information ins Blickfeld und konzentriert sich nicht nur auf zentral präsentierte Information.

Die Schnelligkeit der Informationsaufnahme operationalisierten wir als Weite der Substantivspanne (*Studie 2*). Den Vpn wurden Listen von 5 bis 7 Substantiven in schneller Abfolge vorgelesen, die sie dann fehlerfrei, in der richtigen Reihenfolge zu reproduzieren hatten. Abwägende Vpn erzielten eine größere mittlere Substantivspanne, die sie fehlerfrei reproduzieren konnten, und dies sowohl im Vergleich zu einer Vorhermessung, als auch im Vergleich zu planenden Vpn.

Die Mobilität der Aufmerksamkeitsallokation prüften wir mittels eines sog. *central-incidental* Gedächtnistests (*Studie 3*), bei dem die Vpn aufgefordert werden, sich die zentral dargebotene Information einzuprägen. Die Informationsvorlagen enthielten neben der zentralen auch periphere Information, die dann inzidentell abgefragt wurde. Abwägende Vpn erzielten eine bessere Gedächtnisleistung beim inzidentellen Erinnern der peripher dargebotenen Information als die planenden Vpn. Dieser Befund legt zunächst eine mobilere Aufmerksamkeitsallokation beim Abwägen als beim Planen nahe. Andererseits waren die abwägenden Vpn auch besser im Erinnern der zentralen Information. Diese Beobachtung, die wiederum dafür spricht, daß abwägende Personen effektiver (schneller) enkodieren als planende, wirft für die Interpretation der inzidentellen Gedächtnisleistung ein Problem auf. Es könnte nämlich sein, daß unsere abwägenden Vpn nur deswegen offen für die periphere Information waren, weil sie mit der Aufnahme der zentralen Information nicht ausgelastet waren. Wir hätten aber gerne nachgewiesen, daß abwägende Personen generell ihre Aufmerksamkeit mobiler verteilen, d.h. weniger zentral fokussiert an Informationsvorlagen herangehen.

Die direkteste, aber auch die aufwendigste Methode der Messung von Aufmerksamkeitsallokation ist sicherlich die Erfassung der Augenbewegungen. Dazu gibt es jedoch eine einfache Alternative, die darauf aufbaut, daß die empfundene Länge von Strecken in sog. Illusionsfiguren (z.B. Ponzo-, Poggendorf- oder Müller-Lyer-Illusion) u.a. davon abhängt, wie groß der Bereich ist, dem die Vp Aufmerksamkeit schenkt (zur Bedeutung der Größe des "attentive field" bei optischen Täuschungen siehe Pressey, 1971, 1974). Weiterhin haben Illusionsfiguren den Vorteil, daß sie zentral keine verbale Information darbieten und die Allokation der Aufmerksamkeit folglich unabhängig von der Enkodierungsgeschwindigkeit bzgl. zentraler Information untersucht werden kann.

Wir haben in zwei rezenten Studien (mit Juliane Malzacher) die Aufmerksamkeitsallokation von abwägenden und planenden Vpn anhand modifizierter Müller-Lyer-Figuren untersucht. Bei den klassischen Müller-Lyer-Figuren (siehe *Abbildung 9,* links) wird eine Kürzer-Illusion dadurch erreicht, daß die Beurteilungsstrecke mit nach innen gerichteten Flügeln (in Form von Pfeilspitzen) versehen wird; nach außen gerichtete Flügel (in Form von Pfeilfedern) führen dagegen zu einer Länger-Illusion. Dies in Relation zu einer Vergleichsstrecke, die parallel dazu unter oder über der Beurteilungsstrecke gezeichnet wird. Modifiziert man die Müller-Lyer-Illusion, indem man einen Satz Pfeilfedern und -spitzen zu einem Kreuz vereint und rechts davon zunächst die Beurteilungs- und dann die Vergleichsstrecke mittels Punkten abträgt (siehe *Abbildung 9,* rechts), so entsteht eine Kürzer- oder Länger-Illusion, je nachdem, ob die nach innen gerichteten (Pfeilspitze) oder die nach außen gerichteten Flügel (Pfeilfeder) beachtet werden. Nun ist es allerdings so, daß das Beachten der nach außen gerichteten Flügel (Pfeilfeder) ein größeres Aufmerksamkeitsfeld verlangt als das Beachten der nach innen gerichteten Flügel (Pfeilspitze). Nur wenn man die Aufmerksamkeit in die Peripherie der Figur schweifen

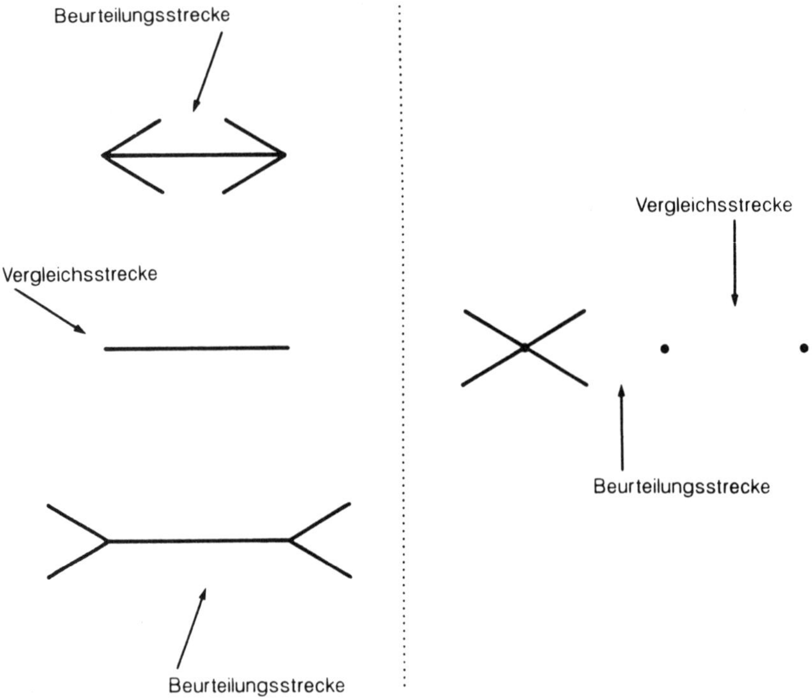

Abb. 9. **Klassische (links) und modifizierte (rechts) Müller-Lyer Figur**

läßt, kann man auch Länger-Illusionen erleben. Bei einer zentralen Aufmerksamkeitsallokation stehen dagegen die nach innen gerichteten Flügel (Pfeilspitze) im Vordergrund und damit das Erleben von Kürzer-Illusionen.

In einer ersten Studie wurden die Vpn zunächst entweder in eine abwägende oder planende Bewußtseinslage versetzt, indem sie ein persönliches noch offenes Entschlußproblem abwogen bzw. die Durchführung eines anstehenden Projektes planten. Dann projizierten wir modifizierte Müller-Lyer-Figuren (wie in *Abb. 9* rechts dargestellt; die 12 cm langen Flügel des Kreuzes waren in einem Winkel von entweder 45° oder 80° auf die beiden Punkte gerichtet, deren Entfernung voneinander 12, 15 oder 18 cm betrug). Die Vpn wurden für jede einzelne Figur gebeten anzugeben, um wieviele Millimeter ihnen die Beurteilungsstrecke kürzer oder länger erschiene als die Vergleichsstrecke. Vor jedem Dia mit einer Müller-Lyer-Figur (5 sec Darbietungszeit) wurde ein Fokussierungsdia präsentiert (3 sec), das in der Mitte des Dias ein Kreuz trug. Die jeweils nachfolgende Müller-Lyer-Figur war so gezeichnet, daß der mittlere der drei Punkte genau dort zu liegen kam, wo im Dia zuvor das Fokussierkreuz abgebildet war.

Wenn abwägende Vpn die von uns postulierte höhere Mobilität der Aufmerksamkeitsallokation besitzen, die es ihnen erlaubt, auch peripheren Bereichen einer Stimulusvorlage Aufmerksamkeit zu schenken, dann sollten abwägende öfter als planende Vpn auch die nach außen gerichteten Flügel (Pfeilfeder) in ihre Betrachtung der Figurvorlage einbeziehen, und dies trotz vorangegangenem Fokussierungsdia. Die planenden Vpn sollten dagegen der durch das Fokussierungsdia angeregten Konzentration auf den Mittelpunkt der Vorlage verhaftet bleiben, was den nach innen gerichteten Flügeln (Pfeilspitze) mehr Aufmerksamkeit zukommen läßt als den nach außen gerichteten. Die von den Vpn abgegebenen Längenschätzungen bekräftigen diese Hypothese. Die 38 planenden Vpn empfänden die Beurteilungsstrecken als deutlich kürzer als die Vergleichsstrecken (im Mittel fast 3 Millimeter), während die 37 abwägenden Vpn die Beurteilungsstrecken nur geringfügig kürzer einschätzten als die Vergleichsstrecken (im Mittel nicht einmal einen Millimeter kürzer).

Bevor wir eine Replikationsstudie durchführten, versuchten wir einen Beleg dafür zu finden, daß Kürzer-Illusionen mit einer zentralen Aufmerksamkeitsallokation einhergehen. Wir gingen dabei wie folgt vor: Eine neue Gruppe von Vpn (N = 39) wurde gebeten, die modifizierten Müller-Lyer-Figuren zu bearbeiten. Obendrein testeten wir die Lesegeschwindigkeit für zentral dargebotene Informationen, denn diese müßte bei zentraler Aufmerksamkeitsallokation erhöht sein. Es wurden folglich weitere Dias dargeboten, die jeweils im Zentrum mit einem Substantiv beschriftet waren. Die Präsentation jedes einzelnen Dias wurde mit einem Fokussierungsdia eingeleitet, und die Vpn wurden aufgefordert, das dargebotene Wort so schnell wie möglich zu lesen. Die eine Hälfte der Vpn bearbeitete zuerst die Müller-Lyer-Figuren; die andere Hälfte begann mit der Messung der Lesegeschwindigkeit. Die Korrelation zwischen Lesegeschwindigkeit und empfundener Abweichung der Beurteilungsstrecke von der Vergleichsstrecke war signifikant positiv (r =.37, p < .02). Je kürzer die Beurteilungsstrecke in Relation zur Vergleichsstrecke eingeschätzt wird, desto schneller ist offensichtlich auch das Lesen der zentral dargebotenen Wörter. Dieser Befund stützt natürlich unsere Annahme, daß Kürzer-Illusionen mit zentraler Aufmerksamkeitsallokation einhergehen, und er ermutigte uns zu einer zweiten Studie mit Müller-Lyer-Figuren.

In dieser Studie kam dann ein sog. Within-Design zum Einsatz, indem alle 20 Vpn sowohl in die Bewußtseinslage des Abwägens als auch in die des Planens versetzt wurden. Dies geschah anhand der mentalen Übungen, die in der vorangegangenen Studie verwendet wurden. Die eine Hälfte der Vpn bearbeitete zuerst die Abwäge- und dann die Planungsübung; für die andere Hälfte war die Reihenfolge umgekehrt. Nach jeder Übung wurde ein Set von modifizierten Müller-Lyer-Figuren präsentiert. Diese Sets bestanden aus den in der vorangegangenen Studie benützten Figuren, die nur geringfügig erweitert wurden (neben 45° und 80° wurden die Flügel des Kreuzes auch auf 65° gesetzt). Allerdings wurde die Darbietungsgröße um 50% verkleinert, und die Vpn wurden gebeten anzugeben, ob sie hinsichtlich der Beurteilungsstrecke eher eine Kürzer- oder Länger-Illusion erleben würden. Zählt man die Art der erlebten Illusionen getrennt für zuvor abwägende und planende Vpn aus, so berichten abwägende Vpn mehr Länger- und weniger Kürzer-Illusionen als die planenden Vpn. Die Reihenfolge der Bearbeitung der beiden mentalen Übungen zur Induktion der Bewußtseinslagen spielte dabei keine Rolle.

Die Bewußtseinslage des Abwägens geht also mit einer mobileren Aufmerksamkeitsallokation einher als die des Planens. Dies erlaubt es abwägenden Vpn, auch periphere Bereiche einer Informationsvorlage zu berücksichtigen. Im vorliegenden Experiment führt dies dazu, daß auch die nach außen gerichteten Flügel (Pfeilfeder) der modifizierten Müller-Lyer-Figuren vergleichsweise stärkere Beachtung erfahren, was schließlich im Vergleich zu den planenden Vpn zu mehr Länger-Illusionen führt. Letztere beachten insbesondere die nach innen gerichteten Flügel (Pfeilspitze), die Kürzer-Illusionen begünstigen.

Zusammenfassung

Zusammengenommen machen die Ergebnisse der berichteten Experimente deutlich, daß man beim Abwägen und Planen verschiedene Aufgaben bewältigen muß, und daß man deshalb Abwägen und Planen als distinkte Phänomene des Motiviertseins betrachten sollte. Sie sprechen somit ein Schlußwort zur Kontroverse, ob man zwischen *goal setting* und *goal striving* unterscheiden muß. Kurt Lewin (Lewin, Dembo, Festinger & Sears, 1944) war in seinen späten Arbeiten ganz entschieden dieser Meinung und verwies darauf, daß es notwendig sei, für die Erklärung dieser Phänomene jeweils eigene Theorien heranzuziehen; für die Wahl von Zielen sog. Erwartung x Wert Modelle und für deren Realisierung willenspsychologische Modelle. Atkinson (1957) und andere Leistungsmotivationsforscher waren anderer Ansicht. Sie versuchten mit nur einer Theorie, einer Erwartung x Wert Theorie, nicht nur die Wahl von Handlungszielen, sondern auch die Effizienz der Realisierung gewählter Ziele vorherzusagen. Erst vor wenigen Jahren begann sich daran Kritik zu regen (Klinger, 1977; Kuhl, 1983); zu Recht, wie unsere Ergebnisse zeigen.

8 Weiterführende Forschung

In welche Richtung soll sich eine zukünftige Bewußtseinslagenforschung entwickeln? Drei verschiedene Möglichkeiten bieten sich an. Besonders lohnend erscheint uns, die Bewußtseinslagenforschung auf die Aufgaben des Handelns und des Bewertens auszuweiten. Dabei gilt es zunächst Hypothesen hinsichtlich der Merkmale dieser Bewußtseinslagen zu entwickeln; ansatzweise wurde dies oben im Rahmen der Darstellung der Bewußtseinslagen des Abwägens und Planens bereits versucht. Die Operationalisierung der Bewußtseinslagen des Handelns und Bewertens wird einiges Fingerspitzengefühl erfordern. Es müssen nämlich erst passende mentale Übungen entwickelt werden. Beim Induzieren der Bewußtseinslage des Handelns wird die Schwierigkeit darin liegen zu verhindern, daß spontan ein erstes Bewerten des Erreichten einsetzt. Beim Induzieren der Bewußtseinslage des Bewertens wird man darauf achten müssen, daß die Reaktion auf die Qualität des Erreichten (Erfolg oder Mißerfolg) die vorhergesagten Bewußtseinslageneffekte nicht verdeckt.

Interessant erscheint auch eine intensivere Beschäftigung mit der Frage, *wie* die in *Teil II* berichteten Bewußtseinslageneffekte zustande kommen. Die Frage nach den Wirkmechanismen soll im ersten Abschnitt dieses letzten Kapitels für die Bewußtseinslagen des Abwägens und Planens ausführlicher diskutiert werden. Eng verknüpft ist damit auch die Frage nach den Bedingungs-(Moderator-)variablen; d.h. wann darf man die postulierten Bewußtseinslageneffekte nicht mehr erwarten und wann sind sie besonders stark ausgeprägt.

Schließlich erscheint es an der Zeit, die Bedeutung der in dieser Monographie vorgetragenen Bewußtseinslagenforschung für andere Forschungsrichtungen auszuloten. Im zweiten Abschnitt dieses Kapitels wird dies exemplarisch vorgeführt, und zwar für die sog. Entscheidungsforschung und die Selbstkonzeptforschung.

Wann und wie wirken die Bewußtseinslagen des Abwägens und Planens?

Die kognitiven Merkmale einer Bewußtseinslage sind nicht immer gleich stark ausgeprägt. Von welchen Bedingungen ist dies abhängig? Wir vermuten, daß diese *Moderatorvariablen* für jede der oben dargestellten handlungsbezogenen Bewußtseinslagen (die abwägende, planende, aktionale und bewertende) verschieden sind. Jedoch scheinen alle diese Variablen mit dem Engagement zusammenzuhängen, mit der an die Lösung der jeweils typischen Aufgabe der einzelnen Handlungsphasen herangegangen wird (prädezisionale, präaktionale, aktionale und postaktionale).

Nehmen wir als Beispiel die Aufgabe des Abwägens, die darin besteht, begehrenswerte, realisierbare Wünsche zu bestimmen. Wie stark man sich von der Bearbeitung dieser Aufgabe involvieren läßt, hängt von Qualitäten der in Frage stehenden Wünsche ab, aber auch vom situativen Kontext und verschiedenen Persönlichkeitsmerkmalen. Vermindern müßte sich die Intensität des Abwägens durch folgende Faktoren: durch die Einschränkung der individuellen Entscheidungsfreiheit durch andere (z.B. Vorgesetzte, die dann doch das letzte Wort haben), durch Gewohnheiten oder starke Bedürfnisse (da dann von vornherein klar ist, welcher Wunsch gewählt wird) oder durch übergeordnete Ziele (sog. "goal closed decisions"; Toda, 1976). Eine Intensivierung des Abwägens müßte sich dagegen dann einstellen, wenn verschiedene Wünsche gleichermaßen begehrenswert erscheinen oder wenn die Durchführbarkeit und Wünschbarkeit eines bestimmten Wunsches in Konflikt geraten. Hohe Verantwortlichkeit für die zu treffende Entscheidung und eine vermutete geringe Widerrufbarkeit der einmal getroffenen Entscheidung sowie eine große Menge relevanter verfügbarer Informationen und eine große Vertrautheit mit dem vorliegenden Abwäge-Problem sind weitere Variablen, die zu intensivem Abwägen führen sollten. Auch dürften depressive Zustände (Pietromonaco & Rook, 1987) und hohe Selbstaufmerksamkeit (Wicklund & Ickes, 1972) die Involviertheit erhöhen. Als dem Engagement beim Abwägen förderliche Persönlichkeitsvariablen wären folgende zu nennen: die sog. uncertainty orientation (Sorrentino & Short, 1986), der sog. sensitization coping style (Olson & Zanna, 1979) und hohe Leistungsmotivation (siehe Schmalt, 1990; Lage-/Handlungsorientierung scheint dagegen nur die Art des Planens zu beeinflussen). Schließlich dürfte das Abwägen auch noch durch Selbst- (siehe Mischels Arbeiten zur Selbstregulation; Mischel, 1983) und Fremdinstruktionen (z.B. des Versuchsleiters) zu verstärken sein.

Da all die genannten Variablen potentiell hemmend oder fördernd auf die Intensität des Abwägens einwirken, sind sie als Bedingungsvariablen der Stärke der Ausprägung der postulierten kognitiven Merkmale der abwägenden Bewußtseinslage in Betracht zu ziehen. In ähnlicher Weise dürfte das Involviertsein mit den Aufgaben, die Handlungsinitiierug voranzutreiben (planende Bewußtseinslage), begonnene Handlungen reibungslos zu Ende zu führen (aktionale Bewußtseinslage) und Erreichtes zu bewerten (bewertende Bewußtseinslage) von Merkmalen des situativen

Kontexts, von Persönlichkeitsvariablen und Merkmalen der zu lösenden Aufgabe abhängen. Das Ausmaß des aktuellen Sichauseinandersetzens mit diesen verschiedenen Aufgaben bestimmt schließlich, wie ausgeprägt die postulierten kognitiven Merkmale dieser verschiedenen Bewußtseinslagen ausfallen werden.

Aber nun zu den Wirkungsmechanismen, d.h. zur Frage, wie Bewußtseinslagen ihre Effekte entfalten. Die hier vertretene Konzeptualisierung von "Bewußtseinslage" geht davon aus, daß die vermittelnden *Mechanismen* von Bewußtseinslageneffekten in den kognitiven Prozessen zu suchen sind, die die Lösung der die Bewußtseinslage generierenden Aufgabe erleichtern. Bei der empirischen Analyse abwägender und planender Bewußtseinslagen beobachteten wir, daß diese die Gedankenproduktion einer Person beeinflussen konnten, das Erinnern kongruenter Information, die Analyse der Information über Wünschbarkeit und Realisierbarkeit, und schließlich auch die Enkodierungsgeschwindigkeit sowie die Aufmerksamkeitsallokation bei der Aufnahme von Information. Die Bewußtseinslagen des Abwägens und des Planens können offensichtlich alles Wissen, das für die Lösung der jeweils zugehörigen Aufgaben funktional ist, leichter zugänglich machen. Ein Teil dieses Wissens ist semantisch kategorial oder episodisch und bezieht sich auf die die Bewußtseinslage generierende Aufgabe (d.h. die zu treffende Entscheidung oder das zu planende Vorhaben). Der andere Teil ist prozedural und bezieht sich darauf, wie Wünsche im allgemeinen abgewogen (abwägende Bewußtseinslage) oder anstehende Vorhaben geplant werden (planende Bewußtseinslage). Es ist dieser prozedurale Teil, für den wir einen Transfer auf nachfolgende, inhaltlich neue Aufgaben beobachtet haben.

In diesem Sinne ähneln die beobachteten Bewußtseinslageneffekte sog. *cognitive tuning* Effekten, die erstmals von Zajonc (1960) thematisiert und später von Brock und Fromkin (1968), Cohen (1961), Leventhal (1962) sowie Higgins, McCann und Fondacaro (1982) exploriert wurden. Diese Forschungstradition bediente sich eines Experimentalparadigmas, in dem den Vpn eine von zwei unterschiedlichen Aufgabenstellungen zugeteilt wird. Eine Hälfte der Vpn soll den Eindruck, den sie sich über eine bestimmte Person gebildet hat, anderen mitteilen (sog. *transmitter set*); die andere Hälfte wird instruiert, daß sie die Meinungen anderer über eine bestimmte Person zur Kenntnis nehmen sollen (sog. *receiver set*). Danach wird untersucht, wie die Vpn Informationen über diese Person auswerten und welche Informationen dabei unberücksichtigt bleiben. Diese Studien demonstrieren, daß unterschiedliche Aufgabenzuweisungen die Analyse der vorliegenden Informationen beeinflussen können. Die vorgetragene Forschung zur planenden und abwägenden Bewußtseinslage erweitert diese Idee, indem davon ausgegangen wird, daß die Bearbeitung der Aufgaben des Abwägens und Planens jeweils eigenständige Bewußtseinslagen schaffen, die durch eine Reihe differenzierender kognitiver Merkmale gekennzeichnet wird.

Die beobachteten Bewußtseinslageneffekte sollten nicht mit Forschungsergebnissen verwechselt werden, die unter dem Etikett "the new look in social perception" (Bruner, 1957; Bruner & Goodman, 1947) bekannt geworden sind. Mit diesen Untersuchungen wurde nur der Begriff der *category accessibility* eingeführt. Wie leicht ein bestimmter Stimulus im Sinne einer gegebenen Kategorie enkodiert wird, hängt danach nicht nur davon ab, ob Stimulus und Kategorienmerkmale zusammenpassen. Es wird vielmehr argumentiert, daß auch andere Faktoren wie Erwartung und Bedürfnisse die Wahrscheinlichkeit erhöhen können, daß der Stimulusinput im Sinne einer ganz bestimmten Kategorie (und nicht im Sinne einer konkurrierenden Kategorie) enkodiert wird. In rezenten Arbeiten wurde gezeigt, daß einfaches Aktivieren (sog. *priming*) eines Konzepts in einer Aufgabe, die Zugänglichkeit (*accessibility*) dieses Konzepts in einer davon unabhängigen, nachfolgenden Aufgabe erhöhen kann, in der bspw. das Verhalten einer bestimmten Person interpretiert werden muß (Higgins, Rholes & Jones, 1977; Srull & Wyer, 1979). Im allgemeinen konzentriert sich diese Forschung darauf, wie eine bestimmte Kategorie zugänglicher gemacht werden kann, so daß verfügbare Informationen im Sinne dieses Konzepts interpretiert werden. In unserer Bewußtseinslagenforschung wird dagegen exploriert, wie die Bearbeitung der Aufgaben des Abwägens und Planens dazu führt, daß bestimmte funktionale kognitive Prozeduren leichter zugänglich werden. Daher steht unsere Forschung denjenigen neueren Ansätzen näher, die versuchen, die Wirkung von gesetzten Zielen oder übernommenen Rollen auf die Elaboration und Organisation von Information zu bestimmen (Srull & Wyer, 1986; Zukier, 1986).

Die Bewußtseinslagen des Abwägens und Planens leiten die Aufmerksamkeit bei der Aufnahme von Information, sie lenken den Gedankenfluß, und sie bestimmen die Art der Bearbeitung von Anreiz- und Erwartungsinformationen. Können diese Effekte bewußt beeinflußt werden, und handelt es sich deshalb bei den Bewußtseinslagen um sog. *active sets* (Higgins & King, 1981)? Oder sind Bewußtseinslagen sog. *passive sets*, die ausschließlich auf *automatischen* Prozessen beruhen, die nicht bewußt ablaufen (Posner & Snyder, 1975; Posner & Warren, 1972; Shiffrin & Schneider, 1977; Logan, 1980)?

Zunächst ist festzuhalten, daß die hier diskutierten Bewußtseinslageneffekte eine Folge der Bearbeitung der Aufgabe des Abwägens bzw. Planens sind. Diese Bearbeitung kann ganz bewußt verschieden gestaltet werden. Sie kann mehr oder weniger gründlich sein, häufig unterbrochen werden, zügig abgeschlossen oder in die Länge gezogen werden. Dadurch ändert sich die Stärke der Ausprägung der zugehörigen Bewußtseinslagen und ihrer kognitiven Orientierungen. Hier findet jedoch möglicherweise die bewußte Kontrolle über diese kognitiven Orientierungen ihr Ende. Es erscheint nämlich sinnvoll anzunehmen, daß die mit den Bewußtseinslagen assoziierten kognitiven Orientierungen nicht notwendigerweise bewußt sein müssen, um ihre Effekte entfalten zu können. Sie können durchaus automatisch zu den ihnen eigenen Effekten führen.

Nun gibt es in der Literatur heftige Auseinandersetzungen darüber, welche Merkmale einen *echten* automatischen Prozeß kennzeichnen. Prozesse, die die eine Forschungsgruppe als automatisch bezeichnet (z.B. Shiffrin & Schneiders *automatic attentional processes*, die zum Zeitpunkt der Präsentation der kritischen Stimuli die allgemeine Verarbeitungskapazität reduzieren), qualifizieren nach der Definition anderer Forschungsgruppen (z.B. Posner & Snyders Kriterium, daß automatische Prozesse *per definitionem* keine allgemeinen, unspezifischen Verarbeitungskapazitäten abziehen) nicht als automatisch. So wird auch die Frage diskutiert, ob ausschließlich durch externale Stimuli ausgelöste Prozesse automatisch sind und ob für automatische Prozesse gelten soll, daß sie nicht bewußt gestoppt werden können, wenn sie einmal in Gang gesetzt wurden (Bargh, 1984). Wie fruchtbar diese Diskussion ist, mag dahingestellt sein. Sie macht zumindest deutlich, daß die Dichotomie automatisch vs. kontrolliert ihre Schwächen hat und daß eine kontinuierliche Konzeptualisierung, die verschiedene Mischverhältnisse von automatisch und kontrolliert kennt, für die Erforschung nicht-bewußter Informationsverarbeitung angemessener sein dürfte (Bargh, 1989; Uleman, 1989).

Eine kontinuierliche Konzeptualisierung von *automatisch* scheint jedenfalls angebracht, wenn man die Wirkungsweise der kognitiven Orientierungen der Bewußtseinslagen des Abwägens und Planens auf die Frage hin untersuchen will, wieviel davon automatisch und wieviel kontrolliert abläuft. Denn wahrscheinlich können sowohl planende Vpn ihre Tendenz zur optimistischen Beurteilung von Erwartungen unterdrücken als auch abwägende Vpn ihre Offenheit gegenüber inzidentellen Informationen. Trotzdem dürften diese Orientierungen zumindest nicht bewußt einsetzen. Ähnliches gilt für die Aufnahme bewußtseinslagenkongruenter Information.

Gerade die nicht-bewußte Aufnahme von Information verdient es, empirisch untersucht zu werden, denn es besteht durchaus die Möglichkeit, daß Information, die kongruent zur vorherrschenden Bewußtseinslage ist, auch subliminal aufgenommen werden kann. Zur Analyse des Verarbeitens subliminaler Informationen bietet sich zunächst das Paradigma des *visual masking* (z.B. Marcel, 1983) an, in dem bewußtes Erkennen visuell dargebotener Informationen durch sofort folgende Maskierreize verhindert wird. Eine alternative Methode stellt das sog. dichotische Hören dar. Dem einen Ohr wird irrelevante Information dargeboten, und die Vp wird aufgefordert, diese nachzusprechen (*shadowing*). Auf das andere Ohr wird neben irrelevanter Information auch kritische Information (in unserem Fall bewußtseinslagenkongruente Information) übertragen. Man geht davon aus (z.B. Logan, 1980), daß die nicht-bewußte Verarbeitung der kritischen Information die bewußte Verarbeitung auf dem jeweils anderen Ohr erschwert. Dies sollte in Fehlern beim Nachsprechen oder wenigstens in einer verstärkten Aufmerksamkeitszuwendung auf die bewußt zu verarbeitende Information zum Ausdruck kommen (was durch einen

Leistungsabfall in zusätzlich eingeführten Doppelaufgaben gemessen werden kann; Bargh, 1982). Auf diese Weise ließe sich testen, ob die mit der Bewußtseinslage des Abwägens und Planens einhergehenden kognitiven Orientierungen bereits bei der nicht-bewußten Aufnahme von Information wirksam werden. Dies wäre eine weitere, besonders überzeugende Demonstration der These, daß diese Bewußtseinslagen die Aufnahme kongruenter Information sensibilisieren.

Abschließend bleibt noch die Frage zu beantworten, wie man sich den beobachteten Transfer der mit abwägenden und planenden Bewußtseinslagen einhergehenden kognitiven Orientierungen auf nachfolgende, inhaltlich verschiedene Aufgaben erklären soll. Dieser Effekt erinnert an Luchins' (1942) Untersuchungen zum Problemlösen, in denen er folgendes demonstrierte: Wenn Vpn wiederholt Rechenaufgaben lösen, die eine bestimmte Strategie nahelegen, wenden die Vpn diese Strategie auf nachfolgende Rechenaufgaben an, auch wenn andere, einfachere Lösungswege möglich wären oder ganz andere erforderlich sind. Offensichtlich können gut eingeübte mentale Operationen vom Trainingskontext auf nachfolgende, nicht unmittelbar passende Situationen übertragen werden. Welche Merkmale der nachfolgenden Situation (oder Aufgabe) diesen Transfereffekt begünstigen, wieviel Zeit vergehen darf, bevor solche Effekte verschwinden und was genau mit den mentalen Prozeduren (Operationen) während der Einübungsphase geschieht, ist dabei weitgehend ungeklärt. Neuere Untersuchungen von J. R. Anderson zum Erwerb kognitiver Fertigkeiten verweisen zumindest auf die Art der Forschung, mit der man der Beantwortung dieser Fragen einen Schritt näher kommen könnte (Anderson, 1982, 1987; im Bereich der sozialen Kognition siehe Smith & Lerner, 1986; Smith, Branscombe & Borman, 1988).

Worauf wirken die Bewußtseinslagen des Abwägens und Planens?

Entwicklungsmöglichkeiten des Konzepts der abwägenden und planenden Bewußtseinslage werden insbesondere dann sichtbar, wenn man sich die Frage nach weiteren, bislang noch nicht thematisierten Effekten stellt. Hier ist bei weitem noch nicht alles untersucht worden, was von den beiden Bewußtseinslagen affiziert sein dürfte. Was dies noch alles sein könnte, wird klarer, wenn man die Analyse der Anforderungen beim Abwägen und Planen vertieft. So ist es beim Lösen der Aufgabe des Abwägens bspw. wichtig zu wissen, von wem eine bestimmte Information stammt. Handelt es sich um eine kompetente Person und ist diese Person *pro* oder *contra*? Dieses Wissen ist für die Gewichtung der in die Elaboration eingehenden Informationen von Bedeutung. Daraus läßt sich ableiten, daß abwägende Vpn im Gegensatz zu einer Kontrollgruppe leichter erinnern können sollten, wer welche Information übermittelte. Mit anderen Worten, sie sollten ein vergleichsweise besseres Gedächtnis für Informationsquellen haben. Die Frage des Gedächtnisses für Informationsquellen wird neuerdings in der Gedächtnisforschung thematisiert, und zwar als sog. *source discrimination* (Johnson & Hasher, 1987).

Auch im Umgang mit Informationsquellen sollten die abwägenden Vpn einen besonderen Stil entwickeln. Sie sollten versuchen, so viele Meinungen wie nur möglich zu hören und diese bei der Elaboration angemessen zu berücksichtigen. Die Art des Informationseinholens sollte folglich nicht verifizierend, d.h. auf die Bestätigung der eigenen Meinungen und Ansichten ausgerichtet sein (Swann, 1983, 1990; siehe zuammenfassend zum sog. *confirmation bias* Stangor & Ford, im Druck). Außerdem sollten Informationsquellen gemieden werden, die sich in autoritärer Weise mehr Gehör zu verschaffen suchen als ihnen zusteht. Jugendliche in einer Identitätskrise, ausgelöst durch intensives Abwägen, ob nun das eine oder andere Lebensziel (in den Bereichen Beruf, Religion, Partner) gewählt werden soll, zeigen viele dieser Merkmale. So stellen sich Zweifel bzgl.

der eigenen Werte ein (Newman & Newman, 1973), es zeigt sich eine höhere *integrative complexity* bei der Aufnahme von Informationen und eine Offenheit gegenüber verschiedenen Informationsquellen, wobei autoritäre Personen gemieden werden (Podd, Marcia & Rubin, 1970; Toder & Marcia, 1973).

Schließlich wäre es für die angemessene Berücksichtigung verschiedener Informationsquellen sicherlich von Vorteil, wenn sich beim Abwägen eine Abwartehaltung einstellt, d.h. man fühlt sich nicht gedrängt, mit dem Abwägen zum Ende zu kommen. Die Aufgabe des Planens sollte dagegen von einer Erledigungshaltung profitieren. Denn bei großem Erledigungsdruck ist man eher bereit, sich festzulegen (Vorsätze zu bilden), was ja ein wesentlicher Aspekt des Vorantreibens der Handlungsinitiierung ist. Wir haben (mit Isabel Überall) versucht, in zwei Zeigarnikexperimenten diese "dynamischen" Orientierungen des Abwartens und Erledigens für abwägende bzw. planende Vpn nachzuweisen. Die Hypothese war, daß planende Vpn die unerledigten Aufgaben besser erinnern sollten als abwägende. Dies ließ sich jedoch nicht nachweisen. Möglicherweise läßt sich die postulierte Abwarte- und Erledigungshaltung bei abwägenden bzw. planenden Personen jedoch in einem Wiederaufnahmeparadigma demonstrieren. Hier sollten die planenden Vpn eine größere Wiederaufnahmerate zeigen als die abwägenden Vpn.

Die erfolgreiche Bearbeitung der Aufgabe des Planens wird u.a. auch dadurch begünstigt, daß aktiv nach Gelegenheiten zur Handlungsinitiierung gesucht wird. Man darf also vermuten, daß situative Kontexte, in denen günstige Gelegenheiten häufig auftreten, von planenden Vpn selektiv aufgesucht werden. Auch dürften versteckte Gelegenheiten im Vergleich zu einer Kontrollgruppe schneller erkannt werden. Schließlich sollten planende Vpn vergleichsweise geschickter im Umgestalten von situativen Kontexten sein, so daß sich daraus die eine oder andere günstige Gelegenheit entwickelt. Gerade im Bereich sozialer Interaktionen ließen sich derartige Überlegungen ausbauen und testen.

Schließlich wäre noch der Frage nachzugehen, ob Informationen zur Handlungsinitiierung in der Bewußtseinslage des Abwägens und Planens unterschiedlich *bearbeitet* werden. Man denke bspw. an Informationen über eine günstige Gelegenheit zur Handlungsinitiierung. Abwägende Vpn sollten versuchen herauszufinden, mit welchen Handlungs-Ergebnis-Erwartungen und Ergebnis-Folge-Erwartungen diese Gelegenheit verknüpft ist, d.h. das Interesse liegt primär auf der Frage, ob und mit welchem Effekt man eine bestimmte Gelegenheit nützen kann. Planende Vpn sollten dagegen primär an der Frage interessiert sein, wann und wo diese Gelegenheit auftritt und wie sie zu erkennen ist. Denn planenden Vpn geht es vor allem darum, günstige Gelegenheiten nicht zu verpassen. Diese unterschiedliche Orientierung bei der Aufnahme von Information über Gelegenheiten zur Handlungsinitiierung mag sogar zu falschen Schlußfolgerungen führen. So könnte es der Fall sein, daß abwägende Vpn von günstigen Gelegenheiten (i.S. der Handlungs-Ergebnis-Erwartung) fälschlicherweise annehmen, daß diese nicht zu verpassen sind.

Wahrscheinlichkeits- und Werturteile

Die Befunde der oben berichteten Studien zur Kontrollillusion (*Studie 9* und *10*) werfen die Frage auf, ob die abwägende Bewußtseinslage generell die Akkuratheit von Wahrscheinlichkeitsurteilen fördert, oder ob dies nur dann gilt, wenn es sich um Handlungs-Ergebnis-Erwartungen handelt. Beim Abwägen von Wünschen ist die Wahrscheinlichkeit, mit der diese sich realisieren lassen, also ihre Realisierbarkeit, ein zentrales Auswahlkriterium. Wahrscheinlichkeitsurteile spielen aber auch bei der Einschätzung der Wünschbarkeit (dem zweiten Auswahlkriterium beim Abwägen von Wünschen) eine entscheidende Rolle. Die Einschätzung des erwarteten Werts hängt nämlich u.a. davon ab, mit welcher Wahrscheinlichkeit man erwartet, daß das erzielte Ergebnis zu den erhofften oder befürchteten Konsequenzen führt. Um den erwarteten Wert konkurrierender Wünsche zu bestimmen, müssen die Auftretenswahrscheinlichkeiten dieser Konsequenzen bedacht werden.

Wie wir aus der Entscheidungsforschung wissen (Baron, 1988; Slovic, Lichtenstein & Fischhoff, 1988), ist es im allgemeinen nicht einfach, akkurate Wahrscheinlichkeitsurteile zu fällen. Um diese Aufgabe zu erleichtern, bringen wir sog. Urteils-Heuristiken zum Einsatz (Nisbett & Ross, 1980; Tversky & Kahneman, 1973, 1974), die allerdings schnell zu Fehlurteilen führen (z.B. die sog. *gambler's fallacy* oder die sog. *conjunction fallacy*), wenn sie in Situationen angewandt werden, für die sie nicht entwickelt wurden. Weiterhin neigen wir generell dazu, die Auftretenswahrscheinlichkeit von positiven (Hoch, 1985) und häufigen Ereignissen (Fischhoff, Slovic & Lichtenstein, 1977) zu überschätzen. Wir bleiben auch einmal getroffenen Wahrscheinlichkeitsurteilen verhaftet, selbst wenn die Befundlage eine Korrektur nahelegt, d.h. es gelingt uns in solchen Fällen nicht, das Bayessche Theorem anzuwenden (Birnbaum & Mellers, 1983).

Treffen Vpn in abwägender Bewußtseinslage generell bessere Wahrscheinlichkeitsurteile und vermeiden somit die bekannten Fehlurteile? Oder können hier nur Statistikkenntnisse Abhilfe schaffen, wie dies bereits in verschiedenen Studien demonstriert worden ist (siehe Nisbett, Fong, Lehmann & Cheng, 1987)? Für einige der oben beschriebenen Fehlurteile scheint eine intensive Einführung in Prinzipien der Statistik unumgänglich (z.B. wenn es um die Anwendung des Bayesschen Theorems geht). Andere Fehlurteile, wie z.B. das Phänomen der Überschätzung der Auftretenswahrscheinlichkeit für positive Ereignisse, dürften allein durch eine abwägende Bewußtseinslage eine Korrektur erfahren, wenn es sich bei diesen Ereignissen um erwünschte Handlungsergebnisse oder Ergebniskonsequenzen handelt.

Bevor man jedoch in der Entscheidungsberatung die Induktion abwägender Bewußtseinslagen als Entscheidungshilfe ins Auge faßt, sollte zunächst in systematischer Laborforschung herausgefunden werden, ob und welche *Biases* beim Fällen von Wahrscheinlichkeitsurteilen durch diese Bewußtseinslage reduziert werden. Die Beobachtung, daß in sog. Geschworenenentscheidungen die bekannten *Biases* vergleichsweise weniger deutlich werden (persönliche Mitteilung durch R. Nisbett), spricht allerdings für die Wirksamkeit der Bewußtseinslage des Abwägens. Denn die Geschworenen werden im allgemeinen explizit instruiert, ihre Entscheidung gründlich zu bedenken.

Interessant für die Entscheidungsberatung ist folgendes Attribut der Bewußtseinslage des Abwägens. Wie oben ausgeführt, können einmal aktivierte Bewußtseinslagen auch in einem anderen Kontext noch ihre Wirkung entfalten. Dies hat sicherlich mit der Aktivierung kognitiver Prozeduren zu tun, die dann in einem anderen Kontext, der den Einsatz dieser Prozeduren erlaubt, leichter zugänglich sind. Auch sehr sophistizierte Entscheidungsberatungen scheitern nun häufig daran, daß die Ratsuchenden bereits eine Vorentscheidung getroffen haben und deshalb für relevante Informationen kein offenes Ohr mehr haben. Hier könnte die Aktivierung der abwägenden Bewußtseinslage durch eine entsprechende mentale Übung an einem anderen, noch völlig offenen persönlichen Problem hilfreich sein, weil dadurch möglicherweise eine erneute Offenheit angeregt wird.

Schließlich stellt sich die Frage, ob die Bewußtseinslage des Abwägens auch zu einer vollkommeneren Analyse der *Wünschbarkeit* einer Wahloption führt. Wie verschiedene Entscheidungsforscher immer wieder beklagen, ist auch diese Analyse häufig fehlerhaft (Baron, 1988; Slovic, Lichtenstein & Fischhoff, 1988). So werden bspw. geringe Unterschiede zwischen den Wahlalternativen völlig ignoriert; es werden vereinfachte Strategien bevorzugt (z.B. die sog. *elimination by aspects*); sog. *Tradeoffs* zwischen gleich wichtigen Konsequenzen werden nicht vollzogen; negative Konsequenzen werden anders gewichtet als positive (sog. *framing effect*); und schließlich werden Konsequenzen, die mit hoher Wahrscheinlichkeit eintreten, in ihrem Wert überschätzt (sog. *certainty effect*). Erschwerend kommt dann noch hinzu, daß viele potentielle Konsequenzen erst gar nicht bedacht und relevante Wertvorstellungen, Einstellungen und übergeordnete Ziele bei der Bestimmung der Attraktivität der Konsequenzen erst gar nicht thematisiert werden. Auch hier kann man natürlich wieder die Frage aufwerfen, ob bereits eine abwägende Bewußtseinslage das Auftreten solcher Fehler reduzieren kann, oder ob erst ein explizites Entscheidungstraining Abhilfe schafft.

Bislang wurde die Frage, ob sich solche Fehler durch eine abwägende Bewußtseinslage reduzieren lassen, weder in der Labor- noch in der angewandten Forschung systematisch untersucht. Allerdings legen Befunde aus dem Bereich der Personwahrnehmung nahe, daß dies der Fall sein könnte. Während man sich einen ersten Eindruck von einer anderen Person bildet, richtet man seine Aufmerksamkeit auf relativ seltene Handlungen und Aspekte dieser Person, die nicht zum Gesamtbild der betreffenden Person passen (z.B. inkonsistente oder widersprüchliche Aspekte). Hat man aber einmal einen Eindruck gewonnen, ist es die konsistente Information, die bevorzugt beachtet wird (siehe Higgins & Bargh, 1987, im Überblick). Geht man nun davon aus, daß zu Beginn der Eindrucksbildung eine abwägende Bewußtseinslage vorliegt, so spricht dies dafür, daß diese Bewußtseinslage eine vollkommene Analyse vorliegender Informationen (also auch der inkonsistenten) begünstigt. Inkonsistente Informationen werden interessanterweise immer auch dann berücksichtigt, wenn der Beobachter aufgrund selbstgesetzter Ziele oder Anweisungen durch andere angehalten ist, sein Urteil gründlich zu bedenken (Darley, Fleming, Hilton & Swann, 1988; Hilton, Klein & Hippel, 1991; Lewicka, 1979; Neuberg, 1989; Neuberg & Fiske, 1987; Tetlock, 1983). Auch hier darf man davon ausgehen, daß beim Beobachter eine Bewußtseinslage des Abwägens vorlag.

Selbstkonzept

Ein wesentliches Kriterium beim Abwägen von Wünschen ist die Realisierbarkeit. Nur solche Wünsche sollten ins Auge gefaßt werden, von denen man annehmen darf, daß sie auch verwirklichbar sind. Nun ist die Einschätzung der Realisierbarkeit von Wünschen u.a. auch davon abhängig, in welchem Ausmaß man glaubt, relevante Fähigkeiten und Fertigkeiten zu besitzen. Geht man davon aus, daß sich menschliche Wünsche ziemlich erschöpfend in die Inhaltsbereiche Leistung, Affiliation und sozialer Einfluß klassifizieren lassen, so sollte das Selbstkonzept einer Person hinsichtlich ihrer Begabung in diesen Bereichen einen Einfluß darauf haben, wie hoch die Realisierbarkeit der Wünsche aus diesen Inhaltsbereichen jeweils eingeschätzt wird. Das empfundene eigene Anstrengungspotential (d.h. wie lange man glaubt, gegen Widerstände ankämpfen zu können) sollte sogar die Realisierbarkeitsurteile von Wünschen aus all diesen Inhaltsbereichen positiv beeinflussen.

Induziert man eine Bewußtseinslage des Abwägens, so wissen wir durch die Ergebnisse der *Kontrollillusionsstudien 9* und *10*, daß die Realisierbarkeit von erwünschten, nicht-kontrollierbaren Handlungsergebnissen vergleichsweise bescheidener, d.h. weniger optimistisch gesehen wird. Wir haben diese Befunde dahingehend interpretiert, daß abwägende Vpn die in der Kontingenz-Lernaufgabe erhaltene Rückmeldung besonders kritisch analysieren. Die Frage ist nun, ob die abwägende Bewußtseinslage auch eine kritische Analyse von Aspekten des Selbstkonzepts anzuregen vermag, die mit der Verwirklichung von Wünschen in direktem Zusammenhang stehen. Nun werden gerade diese Aspekte (Begabung in den Bereichen Problemlösen, soziale Sensitivität, soziale Einflußnahme und Anstrengungspotential) von den meisten Menschen habituell positiv bewertet. Taylor (1989; Taylor & Brown, 1988) spricht davon, daß wir uns gerne als Helden und Alleskönner begreifen. Weiterhin gilt, daß derartig allgemeine Aspekte des Selbstkonzepts eine große Stabilität aufweisen; selbst wenn gewisse Erfahrungen eine Korrektur nahelegen, hält man an der zuvor bestehenden Selbsteinschätzung fest (Markus & Kunda, 1986). Man ist, wenn überhaupt, nur dazu bereit, die Einschätzung der eigenen im Vergleich zu anderen Personen anzupassen. Es wäre deshalb eine sehr eindrucksvolle Demonstration der Nachwirkung einer abwägenden Bewußtseinslage, wenn es gelänge nachzuweisen, daß durch eine mentale Abwägeübung das Selbstkonzept der Begabung in den benannten Bereichen vergleichsweise bescheidener eingeschätzt wird.

Diesen Nachweis haben wir (mit Juliane Malzacher und Birgit Steller) in folgender Studie zu führen versucht. Zunächst entwickelten wir zwei verschiedene Fragebögen. Der *erste* bestand aus Items, die in der Ich-Form formuliert waren. Für jeden der genannten vier Inhaltsbereiche wurden einige Items angeboten, wie z.B. "Ich bin sehr sensibel gegenüber den Gefühlen anderer", "Für schwierige Probleme finde ich im allgemeinen eine angemessene Lösung", "Ich besitze Führungstalent", "Ich besitze schier unerschöpfliche Energien". Die Vpn (Universitätsstudenten) sollten angeben, inwieweit diese Aussagen auf sie zuträfen. Im *zweiten* Fragebogen wurden die Vpn gebeten, für jede einzelne Aussage anzugeben, inwieweit andere Hochschulstudenten diese Fähig- und Fertigkeiten besitzen würden. Bevor die Vpn diese beiden Fragebögen bearbeiteten, wurden sie anhand der bereits erprobten mentalen Übungen (siehe oben, *Studien 6* und *10*) in eine abwägende oder planende Bewußtseinslage versetzt.

Es zeigten sich deutliche Bewußtseinslageneffekte in der Beantwortung *beider* Fragebögen. Nicht nur waren die abwägenden mehr als die planenden Vpn bereit, anderen Universitätsstudenten den Besitz dieser nützlichen Fähig- und Fertigkeiten zuzugestehen. Die abwägenden Vpn schätzten auch für sich selbst den Besitz dieser Fähig- und Fertigkeiten bescheidener ein als die planenden Vpn. Diese Befunde attestieren den Bewußtseinslagen des Abwägens und Planens, daß sie selbst die Einschätzung von Selbstaspekten zu beeinflussen vermögen, von denen man gemeinhin annimmt, daß diese sehr stabil sind (Markus & Kunda, 1986). Die Bewußtseinslage des Abwägens reduziert offensichtlich erfolgreich die chronische Positivität von Selbstkonzepten der Begabung, während die Bewußtseinslage des Planens diese erhält.

Damit erweisen sich die Nacheffekte beider Bewußtseinslagen erneut als funktional für die Lösung der jeweils anstehenden Aufgabe. Beim Planen geht es darum, die Verwirklichung von gewählten Wünschen (Zielen) voranzutreiben. Wie die Forschungsarbeiten Banduras (1990a,b) zeigen, verbessern positive Einschätzungen des eigenen Leistungspotentials die Qualität des Problemlösens und des Zielstrebens. Die Arbeiten Taylors (1989) zeigen obendrein, daß eine positive Haltung zum eigenen Selbst (Held, Alleskönner) auch die produktive Auseinandersetzung mit (sogar massiven) Rückschlägen begünstigt. Auch dies dürfte der konsequenten Verwirklichung einmal ins Auge gefaßter Ziele dienlich sein. Beim Abwägen dagegen geht es darum, auf keinen Fall Wünsche in die engere

Auswahl zu nehmen oder sich sogar für sie zu entscheiden, die sich nicht realisieren lassen. Eine Überschätzung der eigenen Fähig- und Fertigkeiten wäre eine echte Gefahr, weil man sich dann verführen ließe, Wünsche zu verfolgen, die sich nicht verwirklichen lassen. Die Frage, wann sich eine optimistische, illusorische Einschätzung der Leistungsfähigkeit des eigenen Selbst als dysfunktional erweist (Baumeister, 1989), ist im Rahmen unserer Theoriebildung deshalb einfach zu beantworten. Illusorischer Optimismus beim Abwägen führt schnell zu unvernünftigen Entscheidungen; illusorischer Optimismus beim Planen führt (soweit ein gewisser Grenzwert nach oben hin eingehalten wird) dagegen zu einer effizienteren Verwirklichung gesetzter Ziele.

Zusammenfassung

Weiterführende Forschung zum Thema Bewußtseinslagen des Abwägens und Planens sollte insbesondere versuchen, einen Beitrag für andere Forschungsgebiete zu liefern, wie z.B. Wahrscheinlichkeits- und Werturteile, verifizierende Strategien bei der Personwahrnehmung, Gedächtnis für Informationsquellen sowie Höhe und Stabilität von Selbstkonzepten der Begabung. Darüber darf allerdings die Frage nach den Wirkungsmechanismen von Bewußtseinslagen nicht vergessen werden, die wir in aktivierten kognitiven Prozeduren vermuten. Auch die Bedingungen, die für Bewußtseinslageneffekte besonders förderlich sind, wären noch intensiver zu erforschen. Schließlich sind bislang nur die Bewußtseinslagen des Abwägens und Planens ins Auge gefaßt worden. Diese Begrenzung ist jedoch nicht zwingend; die Analyse der Bewußtseinslagen des Handelns und Bewertens dürfte mindestens ebenso interessant werden wie die Erforschung der Bewußtseinslagen des Abwägens und Planens bereits ist.

Literatur

Abelson, R. P. & Levi, A. (1985). Decision making and decision theory. In G. Lindzey & E. Aronson (Eds.), *Handbook of social psychology* (Vol. 1, pp. 231-309). New York: Random House.

Ach, N. (1905). *Über die Willenstätigkeit und das Denken.* Göttingen: Vandenhoeck & Ruprecht.

Ach, N. (1910). *Über den Willensakt und das Temperament.* Leipzig: Quelle & Meyer.

Ach, N. (1911). Über den Willen. Eine Replik von N. Ach. In N. Ach (Hrsg.), *Untersuchungen zur Psychologie und Philosophie* (Bd. 1, Heft 4). Leipzig: Quelle & Meyer.

Ach, N. (1935). Analyse des Willens. In E. Abderhalden (Hrsg.), *Handbuch der biologischen Arbeitsmethoden* (Bd. 6). Berlin: Urban & Schwarzenberg.

Alloy, L. B. & Abramson, L. Y. (1979). Judgment of contingency in depressed and nondepressed students: Sadder but wiser? *Journal of Experimental Psychology: General, 108*, 441-485.

Alloy, L. B. & Abramson, L. Y. (1982). Learned helplessness, depression, and the illusion of control. *Journal of Personality and Social Psychology, 42*, 1114-1126.

Alloy, L. B. & Abramson, L. Y. (1988). Depressive realism: Four theoretical perspectives. In L. B. Alloy (Ed.), *Cognitive processes in depression* (pp. 223-265). New York: Guilford Press.

Allport, G. W. (1935). Attitudes. In C. Murchison (Ed.), *A handbook of social psychology* (pp. 798-844). Worchester: Clark University Press.

Anderson, C. A. (1983). Imagination and expectation: The effect of imagining behavioral scripts on personal intentions. *Journal of Personality and Social Psychology, 45*, 293-305.

Anderson, J. R. (1976). *Language, memory, and thought.* Hillsdale, NJ: Erlbaum.

Anderson, J. R. (1982). Acquisition of cognitive skill. *Psychological Review, 89*, 369-406.

Anderson, J. R. (1987). Skill acquisition: Compilation of weak-minded problem solutions. *Psychological Review, 94*, 192-210.

Anderson, J. R. & Bower, G. H. (1973). *Human associative memory.* Washington, D. C.: Winston.

Arrowood, A. J. & Ross, L. (1966). Anticipated effort and subjective probability. *Journal of Personality and Social Psychology, 4*, 57-64.

Atkinson, J. W. (1957). Motivational determinants of risk-taking behavior. *Psychological Review, 64*, 359-372.

Atkinson, J. W. (1964). *An introduction to motivation.* Princeton, NJ: Van Nostrand.

Atkinson, J. W. (1974). Strength of motivation and efficiency of performance. In J. W. Atkinson & J. O. Raynor (Eds.), *Motivation and achievement* (pp. 193-218). Washington, D.C.: Winston.

Atkinson, J. W. (1983). *Personality, motivation, and action.* New York: Praeger.

Atkinson, J. W. & Birch, D. (1970). *The dynamics of action.* New York: Wiley.

Atkinson, J. W. & Feather, N. T. (1966). *A theory of achievement motivation.* New York: Wiley.

Atkinson, J. W. & Reitman, W. R. (1956). Performance as a function of motive strength and expectancy of goal attainment. *Journal of Abnormal and Social Psychology, 53*, 361-366.

Bandura, A. (1990a). Reflections on nonability determinants of competence. In R. J. Sternberg & J. Kolligian, Jr. (Eds.), *Competence considered* (pp. 315-362). New Haven: Yale University Press.

Bandura, A. (1990b). Self-regulation of motivation through anticipatory and self-reactive mechanisms. In R. A. Dienstbier (Ed.), *Perspectives on motivation* (pp. 69-164). Lincoln, NE: University of Nebraska Press.

Bargh, J. A. (1982). Attention and automaticity in the processing of self-relevant information. *Journal of Personality and Social Psychology, 43*, 425-436.

Bargh, J. A. (1984). Automatic and conscious processing of social information. In R. S. Wyer & T. K. Srull (Eds.), *Handbook of social cognition* (Vol. 3, pp. 1-43). Hillsdale, NJ: Erlbaum.

Bargh, J. A. (1989). Conditional automaticity: Varieties of automatic influence in social perception and cognition. In J. S. Uleman & J. A. Bargh (Eds.), *Unintended thought* (pp. 3-51). New York: Guilford Press.

Bargh, J. A. & Pietromonaco, P. (1982). Automatic information processing and social perception. *Journal of Personality and Social Psychology, 43*, 437-449.

Bargh, J. A. & Thein, R. D. (1985). Individual construct accessibility, person memory, and the recall-judgment link: The case of information overload. *Journal of Personality and Social Psychology, 49*, 1129-1146.

Baron, J. (1988). *Thinking and deciding.* New York: Cambridge University Press.

Bartlett, F. C. (1932/1967). A theory of remembering. In F. C. Bartlett (Ed.), *Remembering: A study in experimental and social psychology* (pp. 197-214). Cambridge: University Press.

Baumeister, R. F. (1989). The optimal margin of illusion. *Journal of Social and Clinical Psychology, 8*, 176-189.

Beach, L. R. & Mitchell, T. R. (1978). A contingency model for the selection of decision strategies. *Academy of Management Review, 3*, 439-449.

Beck, A. T. (1967). *Depression: Clinical, experimental, and theoretical aspects*. New York: Hoeber.

Beck, A. T. (1976). *Cognitive therapy and the emotional disorders*. New York: International Universities Press.

Beckmann, J. (1984). *Kognitive Dissonanz: Eine handlungstheoretische Perspektive*. Berlin, Heidelberg, New York: Springer-Verlag.

Beckmann, J. & Gollwitzer, P. M. (1987). Deliberative versus implemental states of mind: The issue of impartiality in pre- and postdecisional information processing. *Social Cognition, 5*, 259-279.

Beckmann, J. & Kuhl, J. (1984). Altering information to gain action control: Functional aspects of human information processing in decision-making. *Journal of Research in Personality, 18*, 224-237.

Bernoulli, D. (1738). Specimen theoriae novae de mensara sostis. *Commentarii Academiae Scientiarum Imperialis Petropolitanae, 5*, 175-192.

Birenbaum, G. (1930). Untersuchungen zur Handlungs- und Affekt-psychologie. *Psychologische Forschung, 13*, 218-284.

Birnbaum, M. H. & Mellers, B. A. (1983). Bayesian inference: Combining base rates with opinions of sources who vary in credibility. *Journal of Personality and Social Psychology, 45*, 792-804.

Blaney, P. H. (1986). Affect and memory: A review. *Psychological Bulletin, 99*, 229-246.

Bobrow, D. G. & Norman, D. A. (1975). Some principles of memory schemata. In D. G. Bobrow & A. Collins (Eds.), *Representation and understanding* (pp. 131-150). New York: Academic Press.

Bobrow, D. G. & Winograd, T. (1977). An overview of KRL, a knowledge representation language. *Cognitive Science, 1*, 3-46.

Bolles, R. C. (1972). Reinforcement, expectancy, and learning. *Psychological Review, 79*, 394-409.

Boring, E. G. (1950). *A history of experimental psychology*. New York: Appleton-Century-Crofts.

Bower, G. H. (1981). Mood and memory. *American Psychologist, 36*, 129-148.

Bradley, G. W. (1978). Self-serving biases in the attribution process: A re-examination of the fact or fiction question. *Journal of Personality and Social Psychology, 36*, 56-71.

Bransford, J. D. & Johnson, M. K. (1973). Considerations of some problems of comprehension. In W. G. Chase (Ed.), *Visual information processes* (pp. 383-428). New York: Academic Press.

Brehm, J. W. & Cohen, A. R. (1962). *Explorations in cognitive dissonance*. New York: Wiley.

Brehm, J. W., Wright, R. A., Solomon, S., Silka, L. & Greenberg, J. (1983). Perceived difficulty, energization and the magnitude of goal valence. *Journal of Experimental Social Psychology, 19*, 21-48.

Brock, T. C. & Balloun, J. L. (1967). Behavioral receptivity to dissonant information. *Journal of Abnormal and Social Psychology, 6*, 413-428.

Brock, T. C. & Fromkin, H. L. (1968). Cognitive tuning set and behavioral receptivity to discrepant information. *Journal of Personality, 36*, 108-125.

Brockner, J. & Rubin, J. Z. (1985). *Entrapment in escalating conflicts: A social psychological analysis*. New York: Springer-Verlag.

Bruner, J. S. (1957). On perceptual readiness. *Psychological Review, 64*, 123-152.

Bruner, J. S. & Goodman, C. C. (1947). Value and need as organizing factors in perception. *Journal of Abormal and Social Psychology, 42*, 33-44.

Buchanan, B. (1974). Building organizational commitments: The socialization of managers in work organizations. *Administrative Science Quarterly, 19*, 533-546.

Carver, C. S. & Scheier, M. F. (1981). *Attention and self-regulation: A control-theory approach to human behavior.* New York: Springer-Verlag.

Case, R., Kurland, D. M. & Goldberg, J. (1982). Operational efficiency and the growth of short-term memory span. *Journal of Experimental Child Psychology, 33*, 386-404.

Chapman, D. W. (1932). Relative effects of determinate and indeterminate *Aufgaben. American Journal of Psychology, 44*, 163-174.

Chi, M. T. H. (1976). Short-term memory limitations in children: Capacity or processing deficits? *Memory and Cognition, 4*, 559-572.

Clark, M. & Isen, A. M. (1982). Toward understanding the relationship between feeling states and social behavior. In A. H. Hastorf & A. M. Isen (Eds.), *Cognitive social psychology* (pp. 73-108). New York: Elsevier/North Holland.

Cohen, A. R. (1961). Cognitive tuning as a factor affecting impression formation. *Journal of Personality, 29*, 235-245.

Cohen, C. E. (1981). Goals and schemata in person perception: Making sense from the stream of behavior. In N. Cantor & J. F. Kihlstrom (Eds.), *Personality, cognition, and social interaction* (pp. 45-68). Hillsdale, NJ: Erlbaum.

Cosier, R. A. (1978). The effect of three potential aids for making strategic decisions on prediction accuracy. *Organizational Behavior and Human Performance, 22*, 295-306.

Craik, F. I. M. & Lockhart, R. S. (1972). Levels of processing: A framework for memory research. *Journal of Verbal Learning and Verbal Behavior, 11*, 671-684.

Cramer, P. (1968). *Word association.* New York: Academic Press.

Crowne, D. P. & Marlowe, D. (1964). *The approval motive: Studies in evaluative dependence.* New York: Wiley.

Csikszentmihalyi, M. (1975). *Beyond boredom and anxiety*. San Francisco: Jossey Bass.

Darley, J. M., Fleming, J. H., Hilton, J. L. & Swann, W. B. Jr. (1988). Dispelling negative expectancies: The impact of interaction goals and target characteristics on the expectancy confirmation process. *Journal of Experimental Social Psychology, 24*, 19-36.

Davidson, J. R. & Kiesler, S. B. (1964). Cognitive behavior before and after decisions. In L. Festinger (Ed.), *Conflict, decision, and dissonance* (pp. 8-21). Stanford, CA: Stanford University Press.

Dellarosa, D. & Bourne, L. E. (1984). Decisions and memory: Differential retrievability of consistent and contradictory evidence. *Journal of Verbal Learning and Verbal Behaviour, 23*, 669-682.

Dempster, F. N. (1981). Memory span: Sources of individual and developmental differences. *Psychological Bulletin, 89*, 63-100.

Dempster, F. N. (1985). Short-term memory development in childhood and adolescence. In C. J. Brainerd & M. Pressley (Eds.), *Basic processes in memory development* (pp. 209-248). New York: Springer-Verlag.

Düker, H. (1966). Narziß Ach (1871 - 1946) zum Gedenken. *Archiv für die gesamte Psychologie, 118*, 189-194.

Easterbrook, J. A. (1959). The effect of emotion on cue utilization and the organization of behavior. *Psychological Review, 66*, 183-201.

Emmons, R. A. (1989). The personal strivings approach to personality. In L. A. Pervin (Ed.), *Goal concepts in personality and social psychology* (pp. 87-126). Hillsdale, NJ: Erlbaum.

Entwisle, D. R. (1972). To dispel fantasies about fantasy-based measures of achievement motivation. *Psychological Bulletin, 77*, 377-391.

Erdelyi, M. H. (1974). A new look at the new look: Perceptual defense and vigilance. *Psychological Review, 81*, 1-25.

Ericsson, K. A. & Simon, H. A. (1980). Verbal reports as data. *Psychological Review, 87*, 215-251.

Escalona, S. K. (1940). The effect of success and failure upon the level of aspiration and behavior in manic-depressive psychoses. *University of Iowa Studies on Child Welfare, 16*, 199-302.

Farrell, D. & Rusbult, C. E. (1981). Exchange variables as predictors of job satisfaction, job commitment, and turnover: The impact of rewards, costs, alternatives, and investments. *Organizational Behavior and Human Performance, 28*, 78-95.

Feather, N. T. (1963). Persistence at a difficult task with alternative task of intermediate difficulty. *Journal of Abnormal and Social Psychology, 66*, 604-609.

Feather, N. T. (1967). Valence of outcome and expectation of success in relation to task difficulty and perceived locus of control. *Journal of Personality and Social Psychology, 7*, 372-386.

Festinger, L. (1942). A theoretical interpretation of shifts in level of aspiration. *Psychological Review, 49*, 235-250.

Festinger, L. (1957). *A theory of cognitive dissonance.* Evanstone, IL: Row Peterson.

Fischhoff, B., Slovic, P. & Lichtenstein, S. (1977). Knowing with certainty: The appropriateness of extreme confidence. *Journal of Experimental Psychology: Human Perception and Performance, 3*, 552-564.

Frey, D. (1986). Recent research on selective exposure to information. In L. Berkowitz (Ed.), *Advances in Experimental Social Psychology* (Vol. 19, pp. 41-80). New York: Academic Press.

Frey, B. S. & Gülker, G. (1988). Psychologie und Volkswirtschaftslehre: Möglichkeiten einer interdisziplinären Zusammenarbeit. In E. Boettcher (Hrsg.), *Studien über Interdisziplinarität.* Tübingen: Mohr.

Gallistel, C. R. (1980). *The organization of action: A new synthesis.* Hillsdale, NJ: Erlbaum.

Gallistel, C. R. (1985). Motivation, intention, and emotion: Goal-directed behavior from a cognitive-neuro-ethological perspective. In M. Frese & J. Sabini (Eds.), *Goal-directed behavior: The concept of action in psychology* (pp. 48-65) Hillsdale, NJ: Erlbaum.

Gerard, H. B. (1967). Choice difficulty, dissonance, and the decision sequence. *Journal of Personality, 35*, 91-108.

Gibson, J. J. (1941). A critical review of the concept of set in contemporary experimental social psychology. *Psychological Bulletin, 38*, 781-817.

Glanzer, M. & Razel, M. (1974). The size of the unit in short-term storage. *Journal of Verbal Learning and Verbal Behavior, 13*, 114-131.

Glass, A. L. & Holyoak, K. J. (1986). *Cognition*. New York: Random House.

Glass, A. L., Holyoak, K. J. & Santa, J. L. (1979). *Cognition*. Reading, Mass.: Addison-Wesley.

Gollwitzer, P. M. (1987). Suchen, Finden und Festigen der eigenen Identität: Unstillbare Zielintentionen. In H. Heckhausen, P. M. Gollwitzer & F. E. Weinert (Hrsg.), *Jenseits des Rubikon: Der Wille in den Humanwissenschaften* (S. 176-189). Berlin, Heidelberg, New York: Springer-Verlag.

Gollwitzer, P. M. (1990). Action phases and mind-sets. In E. T. Higgins & R. M. Sorrentino (Eds.), *Handbook of motivation and cognition: Foundations of social behavior* (Vol. 2, pp. 53-92). New York: Guilford Press.

Gollwitzer, P. M. (1991). *Durchführungsregeln für motivationspsychologische Studien am Max-Planck-Institut für psychologische Forschung*. Unveröffentlichtes Manuskript, Max-Planck-Institut für psychologische Forschung, München.

Gollwitzer, P. M., Earle, W. B. & Stephan, W. G. (1982). Affect as a determinant of egotism: Residual excitation and performance attributions. *Journal of Personality and Social Psychology, 43*, 702-709.

Gollwitzer, P. M. & Heckhausen, H. (1987). *Breadth of attention and the counterplea heuristic: Further evidence on the motivational and volitional mind-set distinction*. Unveröffentlichtes Manuskript, Max-Planck-Institut für psychologische Forschung, München.

Gollwitzer, P. M., Heckhausen, H. & Ratajczak, H. (1990). From weighing to willing: Approaching a change decision through pre-or postdecisional mentation. *Organizational Behavior and Human Decision Processes*, *45*, 41-65.

Gollwitzer, P. M. & Kinney, R. F. (1989). Effects of deliberative and implemental mind-sets on the illusion of control. *Journal of Personality and Social Psychology*, *54*, 531-542.

Gollwitzer, P. M., Heckhausen, H. & Steller, B. (1990). Deliberative vs. implemental mind-sets: Cognitive tuning toward congruous thoughts and information. *Journal of Personality and Social Psychology*, *59*, 1119-1127.

Gollwitzer, P. M. & Liu, C. (im Druck). Wiederaufnahme. In J. Kuhl & H. Heckhausen (Hrsg.), *Enzyklopädie der Psychologie. Teilband C/IV/4: Motivation, Volition, Handlung*. Göttingen: Hogrefe.

Gollwitzer, P. M. & Wicklund, R. A. (1985). The pursuit of self-defining goals. In J. Kuhl & J. Beckmann (Eds.), *Action control: From cognition to behavior* (pp. 61-85). Heidelberg: Springer-Verlag.

Hacker, W. (1985). Activity: A fruitful concept in industrial psychology. In M. Frese & J. Sabini (Eds.), *Goal-directed behavior: The concept of action in psychology* (pp. 262-284). Hillsdale, NJ: Erlbaum.

Hagen, J. W. & Hale, G. A. (1973). The development of attention in children. In A. Pick (Ed.), *Minnesota Symposia in Child Psychology* (Vol. 7, pp. 117-140). Minneapolis: University of Minnesota Press.

Heckhausen, H. (1963). *Hoffnung und Furcht in der Leistungsmotivation.* Meisenheim: Hain.

Heckhausen, H. (1967). *The anatomy of achievement motivation.* New York: Academic Press.

Heckhausen, H. (1977). Achievement motivation and its constructs: A cognitive model. *Motivation and Emotion, 1,* 283-329.

Heckhausen, H. (1981). Neuere Entwicklungen in der Motivationsforschung. In W. Michaelis (Ed.), *Bericht über den 32. Kongreß der Deutschen Gesellschaft für Psychologie, Zürich* (S. 325-335). Göttingen: Hogrefe.

Heckhausen, H. (1984). *Bruchstücke für eine vorläufige Intentions- oder Volitionstheorie.* Unveröffentlichtes Manuskript, Max-Planck-Institut für psychologische Forschung, München.

Heckhausen, H. (1987a). Intentionsgeleitetes Handeln und seine Fehler. In H. Heckhausen, P. M. Gollwitzer & F. E. Weinert (Hrsg.), *Jenseits des Rubikon: Der Wille in den Humanwissenschaften* (S. 143-175). Berlin, Heidelberg, New York: Springer-Verlag.

Heckhausen, H. (1987b). Perspektiven einer Psychologie des Wollens. In H. Heckhausen, P. M. Gollwitzer, & F. E. Weinert (Hrsg.), *Jenseits des Rubikon: Der Wille in den Humanwissenschaften* (S. 121-142). Berlin, Heidelberg, New York: Springer-Verlag.

Heckhausen, H. (1987c). Wünschen, Wählen, Wollen. In H. Heckhausen, P. M. Gollwitzer & F. E. Weinert (Hrsg.), *Jenseits des Rubikon: Der Wille in den Humanwissenschaften* (S. 3-9). Berlin, Heidelberg, New York: Springer-Verlag.

Heckhausen, H., Beckmann, J., Gollwitzer, P. M., Halisch, F., Lütkenhaus, P. & Schütt, M. (1986). *Wiederaufbereitung des Wollens.* Symposium auf dem 35. Kongreß der Deutschen Gesellschaft für Psychologie in Heidelberg am 30. September 1986.

Heckhausen, H. & Gollwitzer, P. M. (1986). Information processing before and after the formation of an intent. In F. Klix & H. Hagendorf (Eds.), *In memoriam Hermann Ebbinghaus: Symposium on the structure and functions of human memory* (pp. 1071-1082). Amsterdam: Elsevier/North Holland.

Heckhausen, H. & Gollwitzer, P. M. (1987). Thought contents and cognitive functioning in motivational versus volitional states of mind. *Motivation and Emotion, 11*, 101-120.

Heckhausen, H. & Kuhl, J. (1985). From wishes to action: The dead-ends and short-cuts on the long way to action. In M. Frese & J. Sabini (Eds.), *Goal-directed behavior: The concept of action in psychology* (pp. 134-160). Hillsdale, NJ: Erlbaum.

Henle, M. (1944). The influence of valence on substitution. *The Journal of Psychology, 17*, 11-19.

Higgins, E. T. (1981). Role-taking and social judgment: Alternative developmental perspectives and processes. In J. H. Flavell & L. Ross (Eds.), *Social cognitive development: Frontiers and possible futures* (pp. 119-153). Cambridge: Cambridge University Press.

Higgins, E. T. & Bargh, J. A. (1987). Social cognition and social perception. *Annual Review of Psychology, 38*, 369-425.

Higgins, E. T., Fondacaro, R. & McCann, C. D. (1981). Rules and roles: The "communication game" and speaker-listener processes. In W. P. Dickson (Eds.), *Children's oral communication skills* (pp. 289-312). New York: Academic Press.

Higgins, E. T. & King, G. (1981). Accessibility of social constructs: Information-processing consequences of individual and contextual variability. In N. Cantor & J. F. Kihlstrom (Eds.), *Personality, cognition, and social interaction* (pp. 69-121). Hillsdale, NJ: Erlbaum.

Higgins, E. T., McCann, D. & Fondacaro, R. (1982). The "communication game": Goal-directed encoding and cognitive consequences. *Social Cognition, 1*, 21-37.

Higgins, E. T., Rholes, W. S. & Jones, C. R. (1977). Category accessibility and impression formation. *Journal of Experimental Social Psychology, 13*, 141-154.

Higgins, E. T. & Sorrentino, R. M. (1990). (Eds.). *Handbook of motivation and cognition: Foundations of social behavior* (Vol. 2). New York: Guilford Press.

Hilton, J. L., Klein, J. G. & Hippel, W. (1991). Attention allocation and impression formation. *Personality and Social Psychology Bulletin, 17*, 548-559.

Hoch, S. J. (1985). Counterfactual reasoning and accuracy in predicting personal events. *Journal of Experimental Psychology: Learning, Memory, and Cognition, 11*, 719-731.

Hoppe, F. (1930). Erfolg und Mißerfolg. *Psychologische Forschung, 14*, 1-63.

Humphrey, G. (1951). *Thinking*. London: Methuen.

Humphreys, P. C. (1977). Applications of multiattribute utility theory. In H. Jungermann, & de Zeeuw (Eds.), *Decision making and change in human affairs*. Amsterdam: Reidel.

Insko, C. A., Worchel, S., Folger, R. & Kutkus, A. (1975). A balance theory interpretation of dissonance. *Psychological Review, 82*, 169-183.

Isen, A. M. (1984). Toward understanding the role of affect in cognition. In R. S. Wyer & T. S. Srull (Eds.), *Handbook of social cognition* (Vol. 3, pp. 179-236). Hillsdale, NJ : Erlbaum.

Janis, I. L. & Mann, L. (1968). A conflict-theory approach to attitude change and decision-making. In A. Greenwald, T. Brock & T. Ostrom (Eds.), *Psychological foundations of attitudes* (pp. 327-360). New York: Academic Press.

Janis, I. L. & Mann, L. (1977). *Decision making*. New York: Free Press.

Jecker, J. D. (1964). The cognitive effects of conflict and dissonance. In L. Festinger (Ed.), *Conflict, decision, and dissonance* (pp. 21-32). Stanford, CA: Stanford University Press.

Johnson, M. K. & Hasher, L. (1987). Human learning and memory. *Annual Review of Psychology, 38*, 631-668.

Jones, E. E. & Gerard, H. B. (1967). *Foundations of social psychology*. New York: John Wiley & Sons.

Jones, E. E. & Thibaut, J. W. (1958). Interaction goals as bases of inference in interpersonal perception. In R. Tagiuri & K. Petrullo (Eds.), *Person perception and interpersonal behavior* (pp. 151-178). Stanford, CA: Stanford University Press.

Jungermann, H. (1983). The two camps on rationality. In R. W. Scholz (Ed.), *Decision making under uncertainty* (pp. 63-86). Amsterdam: Elsevier/North-Holland.

Kahneman, D. (1973). *Attention and effort*. Englewood Cliffs, NJ: Prentice-Hall.

Kanter, R. M. (1972). *Commitment and community: Communes and utopias in sociological perspective*. Cambridge, MA: Harvard University Press.

Karabenick, S. A. & Youssef, Z. T. (1968). Performance as a function of achievement motive level and perceived difficulty. *Journal of Personality and Social Psychology, 10*, 414-419.

Kelley, H. H. (1983). Love and commitment. In H. H. Kelley, E. Berscheid, A. Christensen, J. H. Harvey, T. L. Huston, G. Levinger, E. McClintock, L. A. Peplau & D. R. Peterson (Eds.), *Close relationships* (pp. 265-314). San Francisco: W. H. Freeman.

Kelley, H. H. & Stahelski, A. J. (1970). The social interaction basis of cooperators' and competitors' beliefs about others. *Journal of Personality and Social Psychology, 16*, 66-91.

Kerlinger, F. N. & Pedhuzar, E. J. (1973). *Multiple regression in behavioral research.* New York: Holt, Rinehart and Winston.

Kiesler, L. A. (1971). *The psychology of commitment.* New York: Academic Press.

Kintsch, W. (1977). *Memory and cognition.* New York: John Wiley & Sons.

Kintsch, W. & van Dijk, T. A. (1978). Toward a model of text comprehension and production. *Psychological Review, 85*, 363-394.

Klein, G. S. (1970). *Perception, motives, and personality.* New York: Alfred Knopf.

Klinger, E. (1977). *Meaning and void: Inner experience and the incentives in people's lives.* Minneapolis: University of Minnesota Press.

Kornadt, H. J. (1988). Motivation und Volition: Anmerkungen und Fragen zur wiederbelebten Willenspsychologie. *Archiv für Psychologie, 140*, 209-222.

Külpe, O. (1889). Die Lehre vom Willen in der neueren Psychologie. *Philosophische Studien, 5*, 179-244, 381-446.

Külpe, O. (1893). *Grundriß der Psychologie.* Leipzig: Engelmann.

Kuhl, J. (1978). Standard setting and risk-preference: An elaboration of the theory of achievement motivation and an empirical test. *Psychological Review, 85*, 239-248.

Kuhl, J. (1983). *Motivation, Konflikt und Handlungskontrolle.* Berlin: Springer-Verlag.

Kuhl, J. (1984). Volitional aspects of achievement motivation and learned helplessness: Toward a comprehensive theory of action control. In B. A. Maher & W. B. Maher (Eds.), *Progress in experimental personality research* (pp. 99-171). New York: Academic Press.

Kuhl, J. (1985). Volitional mediators of cognition-behavior consistency: Self-regulatory processes and action versus state orientation. In J. Kuhl & J. Beckmann (Eds.), *Action control* (pp. 101-128). Berlin, Heidelberg, New York: Springer-Verlag.

Kuhl, J. (1986). Motivational chaos: A simple model. In D. R. Brown & J. Veroff (Eds.), *Frontiers of motivational psychology* (pp. 54-71). New York: Springer-Verlag.

Kuhl, J. (1987). Motivation und Handlungskontrolle: Ohne guten Willen geht es nicht. In H. Heckhausen, P. M. Gollwitzer & F. E. Weinert (Hrsg.), *Jenseits des Rubikon: Der Wille in den Humanwissenschaften* (S. 101-120). Berlin, Heidelberg, New York: Springer-Verlag.

Kukla, A. (1972). Foundations of an attributional theory of performance. *Psychological Review, 79*, 454-470.

Langer, E. J. (1975). The illusion of control. *Journal of Personality and Social Psychology, 32,* 311-328.

Lazarsfeld, P. F. (1972). *Qualitative analysis: Historical and critical analysis.* Boston: Allyn & Bacon.

Leventhal, H. (1962). The effects of set and discrepancy on impression change. *Journal of Personality, 30*, 1-15.

Lewicka, M. (1979). Effect of cognitive set - to diagnose or to evaluate - upon impression formation and change. *Polish Psychological Bulletin, 10*, 21-30.

Lewin, K. (1926). Vorsatz, Wille und Bedürfnis. *Psychologische Forschung, 7*, 330-385.

Lewin, K. (1936). *Principles of topological psychology.* New York: McGraw- Hill.

Lewin, K. (1951). Intention, will, and need. In D. Rapaport (Ed.), *Organization and pathology of thought* (pp. 95-153). New York: Columbia University Press.

Lewin, K., Dembo, T., Festinger, L. & Sears, P. S. (1944). Level of aspiration. In J. McV. Hunt (Ed.), *Personality and the behavior disorders* (pp. 333-378). New York: Ronald.

Lingle, J. H. & Ostrom, T. M. (1979). Retrieval selectivity on memory-based judgments. *Journal of Psychology, 37*, 180-194.

Lissner, K. (1933). Die Entspannung von Bedürfnissen durch Ersatzhandlungen. *Psychologische Forschung, 18*, 218-250.

Locke, E. A. (1968). Toward a theory of task motivation and incentives. *Organizational Behavior and Human Performance, 3*, 151-189.

Logan, G. D. (1980). Attention and automaticity in stroop and priming tasks: Theory and data. *Cognitive Psychology, 12*, 523-553.

Luchins, A. S. (1942). Mechanization in problem solving. *Psychological Monographs, 54*, 1-95.

Lund, M. (1985). The development of investment and commitment scales for predicting continuity of personal relationships. *Journal of Social and Personal Relationships, 2*, 3-23.

Mahler, W. (1933). Ersatzhandlungen verschiedenen Realitätsgrades. *Psychologische Forschung, 18*, 27-89.

Mandler, G. & Sarason, S. B. (1952). A study of anxiety and learning. *Journal of Abnormal and Social Psychology, 46*, 378-387.

Mann, L., Chaplin, R. & Janis, I. L. (1969). Effects of anticipation of forthcoming information on predecisional processes. *Journal of Personality and Social Psychology, 11*, 10-16.

Marbe, K. (1901). *Experimentell-Psychologische Untersuchungen über das Urteil.* Leipzig: Wilhelm Engelmann.

Marbe, K. (1915). Der Begriff der Bewußtseinslage. *Fortschritte der Psychologie und ihrer Anwendungen, 3*, 27-39.

Marcel, A. J. (1983). Conscious and unconscious perception: An approach to the relations between phenomenal experience and perceptual processes. *Cognitive Psychology, 15*, 238-300.

Markus, H. & Kunda, Z. (1986). Stability and malleability of the self-concept. *Journal of Personality and Social Psychology, 51*, 858-866.

Martin, D. J., Abramson, L. Y. & Alloy, L. B. (1984). Illusion of control for self and others in depressed and nondepressed college students. *Journal of Personality and Social Psychology, 46,* 125-136.

Mason, R. O. (1969). A dialectic approach to strategic planning. *Management Science, 15*, 403-414.

Mayer, A. & Orth, J. (1901). Zur qualitativen Untersuchung von Assoziationen. *Zeitschrift für Psychologie, 26*, 1-13.

McClelland, D. C. (1958). Methods of measuring human motivation. In J. W. Atkinson (Ed.), *Motives in fantasy, action, and society* (pp. 7-42). New York: Van Nostrand.

McClelland, D. C. (1980). Motive dispositions. In L. Wheeler (Ed.), *Review of personality and social psychology* (Vol. 1, pp. 10-41). Beverly Hills: Sage.

McClelland, D. C. (1985). How motives, skills, and values determine what people do. *American Psychologist, 40*, 812-825.

McClelland, D. C., Atkinson, J. W., Clark, R. & Lowell, E. L. (1953). *The achievement motive*. New York: Appleton-Century-Crofts.

Mehrabian, A. (1969). Measures of achieving tendency. *Educational and Psychological Measurement, 29*, 445-451.

Meyer, W. U. (1973). *Leistungsmotiv und Ursachenerklärung von Erfolg und Mißerfolg*. Stuttgart: E. Klett.

Michotte, A. & Prüm, E. (1910). Étude éxperimentale sur le choix volontaire et ses antecédents immediats. *Archives de Psychologie, 10*, 119-299.

Mierke, K. (1955). *Wille und Leistung*. Göttingen: Hogrefe.

Miller, D. T. & Ross, M. (1975). Self-serving biases in the attribution of causality: Fact or fiction. *Psychological Bulletin, 82*, 213-225.

Miller, G. A. (1956). The magic number seven, plus or minus two: Some limits in our capacity for processing information. *Psychological Review, 63*, 81-97.

Miller, G. A., Galanter, E. & Pribram, K. H. (1960). *Plans and structure of behavior*. New York: Holt.

Miller, P. H. & Weiss, M. G. (1981). Children‘s attention allocation, understanding of attention, and performance on the central incidental learning task. *Child Development*, *52*, 1183-1190.

Mills, J. (1965). The effect of certainty on exposure to information prior to commitment. *Journal of Experimental Social Psychology*, *1*, 348-355.

Mischel, W. (1983). Delay of gratification as process and as person variable in development. In D. Magnusson & V. P. Allen (Eds.), *Human development: An interactional perspective* (pp. 149-165). New York: Academic Press.

Mowday, R. T., Porter, L. W. & Steers, R. M. (1982). *Employee-organization linkage: The psychology of commitment, absenteeism, and turnover*. New York: Academic Press.

Neely, J. H. (1977). Semantic priming and retrieval from lexial memory: Roles of inhibitionless spreading activation and limited capacity attention. *Journal of Experimental Psychology General*, *106*, 226-254.

Neuberg, S. L. (1989). The goal of forming accurate impressions during social interactions: Attenuating the impact of negative expectancies. *Journal of Personality and Social Psychology*, *56*, 374-386.

Neuberg, S. L. & Fiske, S. T. (1987). Motivational influences on impression formation: Outcome dependency, accuracy-driven attention, and individuating processes. *Journal of Personality and Social Psychology*, *53*, 431-441.

Newman, B. M. & Newman, P. R. (1973). The concept of identity: Research and theory. *Adolescence*, *13*, 157-166.

Nisbett, R. E., Fong, G. T., Lehmann, D. R. & Cheng, P. W. (1987). Teaching reasoning. *Science*, *238*, 625-631.

Nisbett, R. E. & Ross, L. (1980). *Human inference: Strategies and shortcomings of social judgments*. Englewood Cliffs, NJ: Prentice Hall.

Nisbett, R. E. & Wilson, T. D. (1977). Telling more than we can know: Verbal reports on mental processes. *Psychological Review*, *84*, 231-259.

Norman, D. A. & Bobrow, D. G. (1976). On the role of active memory processes in perception and cognition. In C. N. Cofer (Ed.), *The structure of human memory* (pp. 114-132). San Francisco: W. H. Freeman.

Norman, D. A. & Bobrow, D. G. (1979). Descriptions: An intermediate stage in memory retrieval. *Cognitive Psychology, 11*, 107-123.

Nygard, R. (1977). *Personality, situation, and persistence.* Oslo: Universitetsforlaget.

Olson, J. M. & Zanna, M. P. (1979). A new look at selective exposure. *Journal of Experimental Social Psychology, 15,* 1-15.

O'Reilly, C. O., III & Chatman, J. (1986). Organizational commitment and psychological attachment: The effects of compliance, identification, and internalization to prosocial behavior. *Journal of Applied Psychology, 71*, 492-499.

Orth, J. (1903). Gefühl und Bewußtseinslage. In T. Ziegler & T. Ziehen (Hrsg.), *Sammlung von Abhandlungen aus dem Gebiete der Pädagogischen Psychologie und Physiologie* (Bd. 6, Heft 4). Berlin.

Ovsiankina, M. (1928). Die Wiederaufnahme unterbrochener Handlungen. *Psychologische Forschung, 11*, 302-379.

Pietromonaco, P. & Rook, K. (1978). Decision style in depression: The contribution of perceived risks vs. benefits. *Journal of Personality and Social Psychology, 52*, 399-408.

Podd, M. H., Marcia, J. E. & Rubin, B. M. (1970). The effects of ego identity and partner perception on a prisoner's dilemma game. *Journal of Social Psychology, 82*, 117-126.

Posner, M. I. & Snyder, C. R. R. (1975). Attention and cognitive control. In R. L. Solso (Ed.), *Information processing and cognition: The Loyola Symposium* (pp. 55-85). Hillsdale, NJ: Erlbaum.

Posner, M. I. & Warren, R. E. (1972). Traces, concepts, and conscious constructions. An A. W. Melton & E. Martin (Eds.), *Coding processes in human memory* (pp. 25-44). Washington, DC: V. H. Winston.

Pressey, A. W. (1971). An extension of assimilation theory to illusions of size, area, and direction. *Perception & Psychophysics, 9*, 172-176.

Pressey, A. W. (1974). Evidence for the role of attentive fields in the perception of illusions. *Quarterly Journal of Experimental Psychology, 26*, 464-471.

Rabkin, E. S. (1979). *Fantastic worlds: Myths, tales, and stories*. Oxford: Oxford University Press.

Rapaport, D. (1951). *Organization and pathology of thought*. New York: Columbia University Press.

Raynor, J. O. (1969). Future orientation and motivation of immediate activity: An elaboration of the theory of achievement motivation. *Psychological Review, 76*, 606-610.

Rees, H. J, & Israel, H. E. (1935). An investigation of the establishment and operation of mental sets. *Psychological Monographs, 46*, 1-26.

Rholes, W. S., Riskind, J. H. & Lane, L. W. (1987). Emotional states and memory biases: Effects of cognitive priming and mood. *Journal of Personality and Social Psychology, 52*, 91-99.

Rosenblatt, P. C. (1977). Needed research on commitment in marriage. In G. Levinger & H. L. Rausch (Eds.), *Close relationships: Perspectives on the meaning of intimacy* (pp. 73-86). Amherst: University of Massachussetts Press.

Rosenthal, R. & Rosnow, R. L. (1985). *Contrast analysis: Focused comparisons in the analysis of variance*. New York: Cambridge University Press.

Rumelhart, D. E. (1975). Notes on a schema for stories. In D. G. Bobrow & A. M. Collins (Eds.), *Representation and understanding* (pp. 211-236). New York: Academic Press.

Rumelhart, D. E. (1977). Understanding and summarizing brief stories. In D. LaBerge & J. Samuels (Eds.), *Basic processes in reading and comprehension* (pp. 265-303). Hillsdale, NJ: Erlbaum.

Rumelhart, D. E. & Ortony, A. (1977). The representation of knowledge in memory. In R. C. Anderson, R. J. Spiro & W. E. Montague (Eds.), *Schooling and the acquisition of knowledge* (pp. 99-135). Hillsdale, NJ: Erlbaum.

Ruoff, A. (1986). *Häufigkeitswörterbuch gesprochener Sprache*. Tübingen: Niemeyer.

Salancik, G. R. (1977). Commitment and the control of organizational behavior and belief. In B. M. Staw & G. R. Salancik (Eds.), *New directions in organizational behavior* (pp. 1-54). Chicago: St. Clair Press.

Sandvoß, H. (1933). Über die Beziehungen von Determination und Bewußtsein bei der Realisierung unerledigter Tätigkeiten. *Archiv für die gesamte Psychologie, 89*, 139-192.

Savage, L. J. (1954). *The foundations of statistics*. New York: Wiley.

Schank, R. & Abelson, R. P. (1977). *Scripts, plans, goals and understanding*. Hillsdale, NJ: Erlbaum.

Schmalt, H.-D. (1989). Motivationszustand und Informationsverarbeitung. *Psychologische Beiträge*.

Schmalt, H.-D. (1990). Zustands- und dispositionsabhängige Unterschiede bei der Informationsverarbeitung. *Zeitschrift für experimentelle und angewandte Psychologie, 37*, 486-504.

Schneider, K. (1973). *Motivation unter Erfolgsrisiko*. Göttingen: Hogrefe.

Schneider, W. & Weinert, F. E. (1987). *Memory development: Universal changes and individual differences*. Paper presented at the workshop on transitional mechanisms in cognitive-emotional child development: The longitudinal approach. Grächen: Switzerland.

Schönbach, P. (1970). *Sprache und Attitüden*. Stuttgart: Hans Huber.

Schwartz, B. (1988). The experimental synthesis of behavior: Reinforcement, behavioral stereotypy, and problem solving. In G. H. Bower (Ed.), *The psychology of learning and motivation: Advances in research and theory* (Vol. 22, pp. 93-135). New York: Academic Press.

Schwenk, C. R. & Cosier, R. A. (1980). Effects of the expert, devil's advocate, and dialectical inquiry method on prediction performance. *Organizational Behavior and Human Performance, 26*, 409-424.

Selz, O. (1910). Die experimentelle Untersuchung des Willensaktes. *Zeitschrift für Psychologie, 57*, 241-270.

Semmer, N. & Frese, M. (1985). Action theory in clinical psychology. In M. Frese & J. Sabini (Eds.), *Goal-directed behavior: The concept of action in psychology* (pp. 296-310). Hillsdale, NJ: Erlbaum.

Shiffrin, R. M. & Schneider, W. (1977). Controlled and automatic human information processing: II. Perceptual learning, automatic attending and a general theory. *Psychological Review, 84*, 127-190.

Sigmar, J. (1926). Hemmungen bei der Realisierung von Willensakten. *Archiv für die gesamte Psychologie, 52*, 91-176.

Sigwart, C. (1889). *Der Begriff des Wollens und sein Verhältnis zum Begriff der Ursache*. Freiburg: J. C. B. Mohr.

Siipola, E. M. (1935). A group study of some effects of preparatory set. *Psychological Monographs, 46*, 27-38.

Simon, H. A. (1983). *Reason in human affairs*. Oxford: Blackwell.

Slovic, P., Lichtenstein, S. & Fischhoff, B. (1988). Decision making. In R. C. Atkinson, R. J. Hernstein, G. Lindzey & R. D. Luce (Eds.), *Stevens' handbook of experimental psychology: Learning and cognition* (Vol. 2, pp. 673-738). New York: Wiley.

Smith, E. R. & Branscombe, N. R. (1987). Procedurally mediated social inferences: The case of category accessibility effects. *Journal of Experimental Social Psychology, 23*, 361-382.

Smith, E. R., Branscombe, N. R. & Borman, C. (1988). Generality of the effects of practice on social judgment tasks. *Journal of Personality and Social Psychology, 54*, 385-395.

Smith, E. R. & Lerner, M. (1986). Development of automatism of social judgments. *Journal of Personality and Social Psychology, 50*, 246-259.

Snyder, M., Tanke, E. D. & Berscheid, E. (1977). Social perception and interpersonal behavior: On the self-fulfilling nature of stereotypes. *Journal of Personality and Social Psychology, 35*, 656-666.

Sorrentino, R. M. & Higgins, E. T (1986). *Handbook of motivation and cognition: Foundations of social behavior* (Vol. 1). Chichester: John Wiley & Sons.

Sorrentino, R. M. & Short, J. (1986). Uncertainty orientation, motivation, and cognition. In R. M. Sorrentino & E. T. Higgins (Eds.), *Handbook of motivation and cognition: Foundations of social behavior* (Vol. 1, pp. 379-403). New York: Guilford Press.

Srull, T. K. (1981). Person memory: Some tests of associative storage and retrieval models. *Journal of Experimental Psychology: Human Learning and Memory*, *7*, 440-463.

Srull, T. K. (1984). Methodological techniques for the study of person memory and social cognition. In R. S. Wyer & T. K. Srull (Eds.), *Handbook of social cognition*, (Vol. 2, pp. 1-72). Hillsdale, NJ: Erlbaum.

Srull, T. K. & Wyer, R. S. (1979). The role of category accessibility in the interpretation of information about persons: Some determinants and implications. *Journal of Personality and Social Psychology*, *37*, 1660-1672.

Srull, T. K. & Wyer, R. S. (1986). The role of chronic and temporary goals in social information processing. In R. M. Sorrentino & E. T. Higgins (Eds.), *Handbook of motivation and cognition: Foundations of social behavior* (Vol. 1, pp. 503-549). New York: Guilford Press.

Stangor, C. & Ford, T. E. (in press). Accuracy and expectancy-confirming processing orientations and the development of stereotypes and prejudice. In W. Stroebe & M. Hewstone (Eds.), *European review of social psychology* (Vol. 3). Chichester: Wiley.

Stephan, W. G. & Gollwitzer, P. M. (1981). Affect as a mediator of attributional egotism. *Journal of Experimental Social Psychology*, *17*, 443-458.

Strack, F. (1988). Social cognition: Sozialpsychologie innerhalb des Paradigmas der Informationsverarbeitung. *Psychologische Rundschau*, *39*, 72-82.

Süllwold, F. (1969). Theorie und Methodik der Einstellungsmessung. In C. F. Graumann (Hrsg.), *Sozialpsychologie: Theorien und Methoden* (Handbuch der Psychologie, Bd. 7, 1. Halbband, S. 475-514). Göttingen: Hogrefe.

Swann, W.B., Jr. (1983). Self-verification. Bringing social reality into harmony with the self. In J. Suls & A. G. Greenwald (Eds.), *Psycholo-*

gical perspectives on the self (Vol. 2, pp. 33-66). Hillsdale, NJ: Erlbaum.

Swann, W. B. Jr. (1990). To be adored or to be known?: The interplay of self-enhancement and self-verification. In E. T. Higgins & R. M. Sorrentino (Eds.), *Handbook of motivation and cognition: Foundations of social behavior* (Vol 2., pp. 408-448). New York: Guilford Press.

Taylor, S. E. (1986). *Health Psychology*. New York: Random House.

Taylor, S. E. (1989). *Positive illusions: Creative self-deception and the healthy mind.* New York: Basic Books, Inc., Publishers.

Taylor, S. E. & Brown, J. D. (1988). Illusion and well-being: A social psychological perspective on mental health. *Psychological Bulletin, 103*, 193-210.

Taylor, S. E. & Thompson, S. C. (1982). Stalking the elusive "vividness" effect. *Psychological Review, 89,* 155-181.

Tesser, A. (1978). Self-generated attitude change. In L. Berkowitz (Ed.), *Advances in experimental social psychology* (Vol. 11, pp. 289-338). New York: Academic Press.

Tetlock, P. E. (1983). Accountability and complexity of thought. *Journal of Personality and Social Psychology, 45*, 74-83.

Toda, M. (1976). The decision process: A perspective. *International Journal of General Systems, 3,* 79-88.

Toder, N. L. & Marcia, J. E. (1973). Ego identity status and response to conformity pressure in college women. *Journal of Personality and Social Psychology, 26,* 287-294.

Treisman, A. M. (1977). Focused attention in the perception and retrieval of multidimensional stimuli. *Perception and Psychophysics, 22,* 1-11.

Treisman, A. M. (1982). Perceptual grouping and attention in visual search for features and for objects. *Journal of Experimental Psychology: Human Perception and Performance, 8,* 194-214.

Treisman, A. M. & Gelade, G. (1980). A feature-integration theory of attention. *Cognitive Psychology, 12,* 97-136.

Trope, Y. (1975). Seeking information about one's own ability as a determinant of choice among tasks. *Journal of Personality and Social Psychology, 32,* 1004-1013.

Tulving, E. & Donaldson, W. (1972). *Organization of memory.* New York: Academic Press.

Tulving, E. & Thomson, D. M. (1973). Encoding specificity and retrieval processes in episodic memory. *Psychological Review, 80,* 352-373.

Tversky, A. & Kahneman, D. (1973). Availability: A heuristic for judging frequency and probability. *Cognitive Psychology, 5,* 207-232.

Tversky, A. & Kahneman, D. (1974). Judgment under uncertainty: Heuristics and biases. *Science, 185,* 1124-1131.

Uleman, J. S. (1989). A framework for thinking intentionally about unintended thoughts. In J. S. Uleman & J. A. Bargh (Eds.), *Unintended thought* (pp. 425-449). New York: Guilford Press.

Vallacher, R. R. & Wegner, D. M. (1985). *A theory of action identification.* Hillsdale, NJ: Erlbaum.

Vázquez, C. (1987). Judgment of contingency: Cognitive biases in depressed and non-depressed subjects. *Journal of Personality and Social Psychology, 52,* 419-431.

von Cranach, M. (1982). The psychological study of goal-directed action: Basic issues. In M. von Cranach & R. Harré (Eds.), *The analysis of action* (pp. 35-73). Cambridge: Cambridge University Press.

Vroom, V. H. (1964). *Work and motivation.* New York: Wiley.

Wachtel, P. L. (1969). Conceptions of broad and narrow attention. *Psychological Bulletin, 68,* 417-429.

Walster, E. & Festinger, L. (1964). Decisions among imperfect alternatives. In L. Festinger (Ed.), *Conflict, decision, and dissonance* (pp. 131-145). Stanford, CA: Stanford University Press.

Watson, J. B. (1930). *Behaviorism.* New York: Norton.

Watt, H. J. (1905). Experimentelle Beiträge zu einer Theorie des Denkens. *Archiv für die gesamte Psychologie, 4,* 289-436.

Weiner, B. (1972). *Theories of motivation : From mechanism to cognition.* Chicago: Markham.

Weiner, B. (1974). An attributional interpretation of expectancy-value theory. In B. Weiner (Ed.), *Cognitive views on human motivation* (pp. 51-69). New York: Academic Press.

Wicklund, R. A. (1986). Orientation to the environment versus preoccupation with human potential. In R. M. Sorrentino & E. T. Higgins (Eds.), *Handbook of motivation and cognition: Foundations of social behavior* (Vol 1, pp. 64-95). New York: Guilford Press.

Wicklund, R. A. & Brehm, J. W. (1976). *Perspectives on cognitive dissonance*. Hillsdale, NJ: Erlbaum.

Wicklund, R. A. & Frey, D. (1981). Cognitive consistency: Motivational versus non-motivational perspectives. In J. P. Forgas (Ed.), *Social cognition* (pp. 141-163). London: Academic Press.

Wicklund, R. A. & Gollwitzer, P. M. (1982). *Symbolic self-completion*. Hillsdale, NJ: Erlbaum.

Wicklund, R. A. & Ickes, W. J. (1972). The effect of objective self-awareness in predecisional exposure to information. *Journal of Experimental Social Psychology, 8*, 378-387.

Woodworth, R. S. & Schlosberg, H. (1954). *Experimental Psychology*. New York: Holt, Rinehart & Winston.

Woodworth, R. S. & Sells, S. B. (1935). An atmosphere effect in formal syllogistic reasoning. *Journal of Experimental Psychology, 18*, 451-460.

Wundt, W. (1887). *Grundzüge der physiologischen Psychologie* (Bd. 3). Leipzig: Engelmann.

Wundt, W. (1907). Über Ausfrageexperimente und über die Methoden der Psychologie des Denkens. *Psychologische Studien, 3*, 301-360.

Wyer, R. S. (1976). Effects of previously formed beliefs on syllogistic inference processes. *Journal of Personality and Social Psychology, 33*, 307-316.

Wyer, R. S. & Srull, T. K. (1981). Category accessibility: Some theoretical and empirical issues concerning the processing of social stimulus information. In E. T. Higgins, C. P. Herman & M. P. Zanna (Eds.),

Social cognition (The Ontario Symposium on personality and social psychology, Vol. 1, pp. 161-197). Hillsdale, NJ: Erlbaum.

Yaryan, R. & Festinger, L. (1965). Preparatory actions and belief in the probable occurance of future events. *Journal of Abnormal and Social Psychology, 149,* 269-274.

Zajonc, R. B. (1960). The process of cognitive tuning in communication. *Journal of Abnormal and Social Psychology, 61,* 159-167.

Zeigarnik, B. (1927). Das Behalten von erledigten und unerledigten Handlungen. *Psychologische Forschung, 9,* 1-85.

Zukier, H. (1986). The paradigmatic and narrative models in goal-guided inference. In R. M. Sorrentino & E. T. Higgins (Eds.), *Handbook of motivation and cognition: Foundations of social behavior* (Vol. 1, pp. 465-502). New York: Guilford Press.

Autorenverzeichnis

In der Reihe
MOTIVATIONSFORSCHUNG
sind bisher folgende Bände erschienen

Band 1: Motivation unter Erfolgsrisiko
von Klaus Schneider

Band 2: Leistung und Chancengleichheit
von Heinz Heckhausen

Band 3: Motivation und Berufswahl
von Uwe Kleinbeck

Band 4: Häusliche Umwelt und Motiventwicklung
von Clemens Trudewind

Band 5: Studienmotivation und Studienverhalten
von Bernd-Achim Wilcke

Band 6: Die Messung des Leistungsmotivs
von Heinz-Dieter Schmalt

Band 7: Aggression und Katharsis
von Horst Zumkley

Band 8: Leistungsbewertung und Lernmotivation
von Falko Rheinberg

Band 9: Fähigkeit und Motivation in erwartungswidriger Schulleistung
herausgegeben von Heinz Heckhausen

Band 10: Motivationsförderung im Unterricht
von Gerburgis Weßling-Lünnemann

Band 11: Zweck und Tätigkeit
von Falko Rheinberg

Band 12: Hilflosigkeit, Depression und Handlungskontrolle
von Joachim C. Brunstein